4
15

5
6

FORZA ITALIA
FORZA AZZURR

ZAIRE

WM 74
14

WM 74

X. Fußballweltmeisterschaft Deutschland 1974

Herausgegeben von Hennes Weisweiler

C. Bertelsmann Verlag

Eine Gemeinschaftsproduktion
von Hennes Weisweiler mit dem
Sport-Informations-Dienst (sid)

Produktion:
Roland Gööck

Chefredaktion:
Karl Adolf Scherer

Layout:
Hans Roßdeutscher

Bildredaktion:
Ulrich Kaiser
Willi Reibel

Dokumentarische Beratung:
Friedebert Becker

Inhaltsverzeichnis, Autoren, Bildquellen:
Seite 254–256

C. Bertelsmann Verlag, München, Gütersloh, Wien
Gesamtherstellung Mohndruck Reinhard Mohn OHG, Gütersloh

ISBN 3-570-00036-2

Die Weltmeister

URUGUAY 1930

Mit Schaljapin nach Südamerika

Alfred Fierarus Erinnerungen an das Abenteuer von 1930

Es war wie ein Traum. Wir, die rumänischen Spieler, konnten es damals nicht fassen, daß sich unser Land als erstes für die Weltmeisterschaft gemeldet hatte. Eine Reise über 11 000 Kilometer! Was tat es, daß wir von Bukarest bis Genua in der Holzklasse fuhren. Für das Geld, das ein Schlafwagen gekostet hätte, kauften wir uns einen Weltmeisterschaftsanzug. Am 19. Juni 1930 verließen wir Genuas Hafen. Das Schiff hieß »Conte Verde«. Wir waren 15 Spieler; 12 von ihnen sahen zum erstenmal das Mittelmeer. In Villefranche kamen die Franzosen an Bord, in Barcelona die Belgier. Nur die Jugoslawen hatten ein anderes Schiff genommen, die »Florida« aus Marseille. Da hatten wir ganz Europa für die erste Weltmeisterschaft.
Doch ob Franzosen oder Belgier; unser berühmtester Reisegefährte war der große russische Sänger Fedor Schaljapin, der mit seiner Tochter, einer damals 18jährigen Schönheit, und einem Hund nach Südamerika fuhr. Über den Hund sagte man, er belle immer dann, wenn der Sänger eine falsche Note singt. Schaljapin, Tanzabende, der Äquatorball, Training auf dem Deck, Ballspiele; auf die Dauer konnte das nicht fesseln. Wir träumten nur von Südamerika. Am 28. Juni 1930 waren wir in Rio de Janeiro, einen Tag später in Santos. Damals hieß es: Wer Santos sagt, der denkt Kaffee. Heute ist das schon anders: Wer Santos sagt, der denkt Pele. Also Fußball siegte gegen Kaffee. Am 2. Juli wurden wir im Hafen von Montevideo mit Böllerschüssen herzlich empfangen. Die Stadt war ganz auf Fußball und die Weltmeisterschaft eingestellt. Die beste Zahnpasta Uruguays hatte damals keinen Namen, sondern die Zähne von Andrade. Man wußte damals zwar nicht den Namen des schönsten uruguayanischen Tangos, aber man wußte, daß er Scarone gefiel.
Das Centenario-Stadion sahen wir am zweiten Tag nach unserer Ankunft. Zwei der vier Tribünen hießen Colombes und Amsterdam, die anderen beiden Montevideo und Olimpica – zur Erinnerung an die Olympiasiege Uruguays 1924 und 1928. Um das ganze Spielfeld lief ein zweieinhalb Meter breiter Wassergraben und der später üblich gewordene Zaun. Die traditionelle »Furia Latina«

Alfred Fieraru

Rumänien war 1930 das erste europäische Land, das sich für die Weltmeisterschaft in Uruguay meldete. Bukarest hatte Fußballtradition und Männer mit Phantasie. 15 Spieler reisten damals nach Südamerika, unter ihnen Jean Lapusneanu, später Rechtsanwalt, Rudi Wetzer, mit seinen 72 Jahren heute Rumäniens ältester Trainer, und Alfred Fieraru, auf deutsch Eisenbeißer. Fredi Fieraru, Jahrgang 1910, war damals 19 Jahre alt und Debütant in der Nationalmannschaft. Neunmal trug er das Nationaltrikot im Fußball. Nebenbei spielte er auch in Rumäniens Eishockey-Nationalmannschaft; 1932 konnte man ihn bei den Europameisterschaften in Berlin sehen. Schließlich war er auch Eiskunstläufer, und kein schlechter. 1936 in Garmisch-Partenkirchen kam er im olympischen Paarlauf mit Irina Timcik-Minculescu auf den 13. Rang. Bis 1957 wurde er 32mal rumänischer Meister im Eiskunstlauf (Herren und Paare).

Die ersten Weltmeister: Uruguays Gestido, Nasazzi, Ballesteros, Mascheroni, Andrade, Fernandes (stehend von links) und Dorado, Scarone, Castro, Cea und Iriarte (gebückt)

Auf dem italienischen Schiff »Conte Verde« reiste Rumäniens Nationalelf 1930 zur ersten WM nach Montevideo; Hin- und Rückreise und Aufenthalt in Südamerika dauerten vier Monate

mußte eben gebremst werden.
Im ersten Spiel traf Rumänien am 14. Juli auf Peru und gewann mit 3:1 (1:0). Wir spielten im Pocitos-Stadion des Clubs Penarol. Auf der Tribüne saß die gesamte Nationalmannschaft von Uruguay, die in unserer Gruppe ausgelost war. Der Sieg gegen Peru wurde mit zwei verletzten Spielern teuer bezahlt. Das dritte Tor für Rumänien schoß im übrigen Nicolae Covaci, der ältere Bruder des später berühmten Trainers von Ajax Amsterdam, Stefan Covaci. Nicolae Covaci, der heute als Pensionär in Timisoara lebt, nahm im übrigen als einziger rumänischer Fußballspieler an drei Weltmeisterschaften teil, 1930, 1934 und 1938 . . .
Nach dem 3:1 über Peru begann das Zittern vor der Begegnung mit Uruguay. Für das Publikum Montevideos waren wir der große Gegner. Wir konnten deshalb nicht die Romantiker spielen, wie es die Akteure von Bolivien taten, die bei der Aufstellung Trikots trugen mit je einem Buchstaben auf dem Rücken. Aneinandergereiht ergab das: Viva Uruguay – das waren just elf Buchstaben. Uruguay hatte Peru nur mit Mühe 1:0 schlagen können. Der Gastgeber bekam plötzlich Zweifel.
Das Spiel Uruguay–Rumänien wurde am 21. Juli im Centenario-Stadion angesetzt; wir, die Rumänen, hatten plötzlich die Fähigkeit, die

Die Männer vor Andrade: Hector Scarone (links) und Humberto Castro, Uruguays Sturmspitzen

Guillermo Stabile, Argentinien (rechts), erster WM-Torschützenkönig (acht Tore)

Tribünen bis auf den letzten Platz zu füllen. Wie erwartet, haben wir verloren. Doch unerwartet mit 0:4. Schon in der ersten Halbzeit waren wir groggy, als wir drei Tore in sechs Minuten hinnehmen mußten. Uns hatte tatsächlich die »himmlische Mannschaft« – so nannten die Uruguayaner ihr Team – besiegt . . .
Ein paar Tage später fuhren wir nach Buenos Aires und trugen ein Freundschaftsspiel gegen Racing aus. Abends sahen wir in der Oper unseren alten Bekannten Schaljapin in »Boris Godunow«. Es war ein Genuß, ihn zu hören.
Das Finale der Weltmeisterschaft, eine wahre Fiesta, stieg am 30. Juli. Der Pokal blieb in Montevideo. Uruguay–Argentinien, das war der Kampf von »Los Titanos«. Uruguay siegte 4:2. Das Orchester von Andrade besiegte die erstklassigen Solisten Argentiniens.
Es war schon August, als wir auf der »Duilio« unsere Rückreise nach Europa antraten. Im Atlantik erkältete ich mich schwer: eine doppelseitige Lungenentzündung. In der Nähe von Gibraltar wurde ein Priester an mein Krankenbett gerufen; er sollte mir die Beichte abnehmen, und ich war bereit. Ich sagte: »Pater, meinen größten Fehler machte ich in der 63. Minute des Spiels gegen Peru, da ist mir der Stürmer Lavelle davongelaufen und hat das einzige Tor für sein Land geschossen. Errare humanum est!« Das Lateinische war natürlich das einzige, was er verstand. Und die Freunde erzählten mir später, daß ich in meinen Fieberphantasien immer nur mit einem Gegner gekämpft hätte, und der hieß Andrade.

URUGUAY 1930
Turnier 13. bis 30. Juli

13 Teilnehmer: Argentinien, Belgien, Bolivien, Brasilien, Chile, Frankreich, Jugoslawien, Mexiko, Paraguay, Peru, Rumänien, Uruguay und USA.

1. Uruguay
Spiele gegen Peru 1:0, Rumänien 4:0, Jugoslawien 6:1 und Argentinien 4:2.

2. Argentinien
Spiele gegen Chile 3:1, Mexiko 6:3, Frankreich 1:0, USA 6:1 und Uruguay 2:4.

3. Jugoslawien
Spiele gegen Brasilien 2:1, Bolivien 4:0 und Uruguay 1:6; kein Spiel um den dritten Platz.

3. USA
Spiele gegen Belgien 3:0, Paraguay 3:0 und Argentinien 1:6; kein Spiel um den dritten Platz.

Andrade - der Pele seiner Zeit

Es war an einem glutheißen Sonnentag des Jahres 1924, man schrieb den 25. Mai. Das olympische Fußballturnier in Paris hatte begonnen. Zum erstenmal tauchte ein südamerikanisches Land auf, Uruguay. Niemand im guten alten Europa nahm den Neuling ernst; die meisten wußten nicht einmal, daß auch in Südamerika Fußball gespielt wurde. Als Uruguay gegen Jugoslawien antrat, verliefen sich die knapp 5000 Zuschauer im Stade de Colombes. Das 7:0 (3:0) der »Urus« war eine Sensation – der weitere Weg der Elf mit Siegen über die USA (3:0), Frankreich (5:1), Holland (2:1) und im Finale gegen die Schweiz (3:0) geradezu unfaßbar. Ergraute Experten entdeckten ein Fußballand – mehr noch, einen unvergeßlichen Spieler. Er hieß José Leone Andrade. Der gutgewachsene Neger war der einzige Farbige in seiner Mannschaft, ja der erste überhaupt, der in Europa an einem Länderspiel teilnahm. Andrade war 22 Jahre alt und spielte Fußball, daß die Besucher vor Begeisterung tobten. Er konnte einfach alles mit dem Ball. Er glänzte als Solist, er arbeitete für das Team, war Meister in der Defensivarbeit, konnte aber mit noch größerer Wirkung den Angriff antreiben. Dabei spielte er so fair, so körperlos, daß ihm kaum ein Foul unterlief. Als Uruguay 1928 den Olympiasieg wiederholte – gegen Holland 2:0, Deutschland 4:1, Italien 3:2 und Argentinien 1:1 und 4:2 –, gab es im ersten Endspiel gegen Argentinien 25 Freistöße gegen Uruguay. Nicht einen verschuldete Andrade.

1930 gewann Uruguay in Montevideo die erste Weltmeisterschaft.

Argentinien führte vor 90000 Zuschauern, damals eine sagenhafte Besuchermenge, mit 2:1, aber die zweite Hälfte gehörte Andrade, der als rechter Läufer seine Mannschaft zum 4:2 trieb. Andrade wurde zur legendären Figur des südamerikanischen Fußballs, so wie es später einmal mit Pele der Fall werden sollte.

José Leone Andrade,
* 20. November 1901,
† 5. Oktober 1957,
Olympiasieger 1924 und 1928,
Weltmeister 1930,
31 Länderspiele für Uruguay

ITALIEN 1934

Der Untergang des Wunderteams

Dr. Friedebert Beckers
Mosaik der zweiten
Weltmeisterschaft

Sogar London hatte 1932 Österreich bei seiner unglücklichen und doch triumphalen 3:4-Niederlage gegen England Ovationen dargebracht. Wer sollte also 1934 in Italien dem jahrelang gefeierten, sieggewohnten Wiener Wunderteam den Weltmeistertitel streitig machen?
England fehlte. Es gehörte nicht der FIFA an und ignorierte auch eine inoffizielle Einladung des Veranstalters. Uruguay weigerte sich, in Europa seinen Titel zu verteidigen, immer noch gekränkt, daß es 1930 von den Europäern weitgehend boykottiert worden war. Argentinien schickte nur Amateure. Italien hatte in 13 Länderspielen innerhalb von 22 Jahren Österreich nur einmal besiegt. Vor der Tschechoslowakei empfand man in Wien noch am meisten Respekt, hatte sie doch im Mai die Engländer in Prag 2:1 geschlagen.
Man klagte in Wien, daß der geniale Schöpfer und Chef des Wunderteams, Hugo Meisl, eine von Punktespielen abgekämpfte Mannschaft ohne jede Vorbereitung sofort nach Italien hetzte. Hier mußte sie in heißen Stadthotelhallen die Zeit mit Kartenspielen zubringen. Die anderen Nationalmannschaften traf man dagegen am Comer See, am Lago Maggiore, am Golf von Neapel und an anderen erholsamen touristischen Glanzpunkten an. Nur mühsam überstand denn auch Österreich die Vor- und Zwischenrunde. Frankreich verlor in der Verlängerung 2:3, neun Ungarn – geschwächt durch Platzverweis und Verletzung – gefährdeten sogar den 2:1-Sieg der Wiener.
Nach dem K.o.-System wartete Österreich im Halbfinale auf Italien, das auch nur mit viel Glück und womöglich dank einer bis heute nicht restlos geklärten Schiedsrichter-Manipulation die Zwischenrunde erreicht hatte. Nach einem 7:1-Vorrunden-Aufgalopp gegen die USA scheiterte die Squadra Azzurra beinahe an den phantastischen Paraden des sagenhaften alten spanischen Meisterhüters Ricardo Zamora (34). Spanien führte nach einer halben Stunde gar 1:0. Trotz aller Offensiven gelang es Italien nur ein einziges Mal, Zamora zu bezwingen. 1:1 blieb es auch in der Florenzer Verlängerung.
Am Tag darauf begrüßten die Gäste aller Länder auf der Tribüne den verletzten Zamora. Spanien mußte sieben (!), Italien vier neue Spieler einsetzen. Spaniens Team schrumpfte zudem auf zehn Spieler zusammen, als schon nach fünf Minuten der Rechtsaußen zum Statisten wurde. Trotzdem siegte Italien nur durch ein irreguläres Tor. Für alle sichtbar hatte sich Meazza auf Zamoras Stellvertreter Nogues beim Einköpfen aufgestützt. Der Schweizer Schiedsrichter Mercet versagte nicht nur hier. Man strengte gegen ihn

eine geheime Untersuchung an wegen Bestechungsverdacht. Daß sein schweizerischer Verband ihn später lebenslänglich sperrte, verrät genug.
Beim Mailänder Halbfinale Italien – Österreich, vielfach als vorweggenommenes Endspiel gewertet, erkannte man Österreich gegenüber seinem 4:2-Triumph über Italien wenige Monate vorher in Turin nicht wieder. Es verlor verdient gegen die sich nach den Florenzer Strapazen erstaunlich steigernden Italiener 0:1. Schon nach zwölf Minuten besiegelte ein umstrittenes Guaita-Tor das Schicksal Österreichs, das auf regenschwerem Mailänder Boden nie wie ein Wunderteam aussah.
Voller Freude vernahm Mussolini die Kunde vom 1:0-Sieg der Italiener auf der römischen Tribüne. Der Diktator hatte sich als Zuschauer des anderen Halbfinals Tschechoslowakei – Deutschland laufend aus Mailand berichten lassen.
Das Vordringen der »Prager Schule« ins Halbfinale überraschte Kenner nicht. Beim 2:1-Vorrunden-Sieg über Rumänien schienen die Tschechoslowaken zwar zuerst in Gefahr. Rumänien führte bis kurz nach der Pause 1:0! Schon erntete Meisterhüter Planicka Sonderapplaus. Auch in der Zwischenrunde – gegen die Schweiz – lag die Tschechoslowakei 0:1 zurück. Wie so oft spielte die Schweiz in internationalen Turnieren imponierend stark. Sie hatte schon in der Vorrunde das »gesetzte« Holland mit 3:2 aus dem Rennen geworfen. Doch den 1:0-Vorsprung von Kielholz, dem Torschützen mit der Brille, konnten die Schweizer gegen die Kombinationsmaschine der Tschechoslowakei nicht halten und gaben ihr mit einem 2:3 – nach 2:2! – den Weg unter die letzten Vier frei.
Dort wartete, für viele überraschend, Deutschland.
Kein anderes Land außer Italien hatte sich so intensiv vorbereitet wie Deutschland. In Trainingslagern und schweren Übungsspielen gegen Derby County erstand unter der Regie von Reichstrainer Otto Nerz eine junge, ehrgeizige neue Nationalmannschaft. Ihr Manöverzentrum war nicht zufällig die Sportschule in Duisburg, wo Sepp Herberger als Hausherr Nerz assistierte.
In einem Sonderomnibus reisten schließlich 18 Spieler streng geheim (!) an den Comer See in ein Prachthotel von Cernobbio. »Nicht einmal meiner Frau durfte ich unsern Standort mitteilen«, erzählte Torwart Jakob. Der nationalso-

Das römische Fußballstadion, zwei Stunden vor dem Finale Italien–Tschechoslowakei

Edmund Conen erzielte gegen Belgiens Torhüter van de Weyer drei Treffer; Szene aus dem Spiel Deutschland - Belgien 5:2 (links).

Stanislaus Kobierski, Otto Siffling, Willibald Kress und Paul Janes nach dem deutschen 5:2-Sieg über Belgien in Florenz

zialistische Reichssportführer untersagte der Mannschaft jeden Kontakt mit der Umwelt, auch der Presse.
Heute lesen sich die 18 Namen der Italien-Fahrer sehr vertraut:
Kress (27 Jahre; 13 Länderspiele), Jakob (25; 8), Haringer (25; 8), Busch (27; 2), Schwartz (21; 0!), Gramlich (25; 7), Janes (22; 5), Szepan (26; 4), Zielinski (22; 0!), Bender (24; 3), Lehner (21; 3), Albrecht (26; 17), Siffling (21; 0!), Conen (19; 1!), Hohmann (25; 8), Noack (21; 1), Kobierski (23; 12), Heidemann (22; 1).
Die späteren Großen standen damals nahezu alle noch am Anfang ihrer Laufbahn. Kapitän Fritz Szepan war mit 26 Jahren nach Kress und Busch (27) der Älteste, schöpfte aber erst aus der Praxis von vier Länderspielen! Janes (22) und Lehner (21), die es auf 71 und 65 Länderspiele bringen sollten, standen gerade am Beginn ihrer Karriere. Conen gehörte mit 19 Jahren zu den Jüngsten des ganzen Turniers und schoß dann nach Nejedly – Tschechoslowakei – die meisten Tore (4).
3000 meist zufällig in Florenz und Umgebung weilende deutsche Touristen unter den nur 5000 Zuschauern erschraken, als Deutschland mit den drei Neulingen (!) Siffling, Schwartz, Zielinski gegen Belgien in der Vorrunde zur Pause mit 1:2 dem Ausscheiden nahe schien. Aber in der zweiten Hälfte kam die große Wende. Siffling führte sich verheißungsvoll mit dem Ausgleichstor ein; Conen gelangen gleich drei Treffer. 5:2!
Als nächster Gegner Deutschlands hatte sich Schweden mit einem 3:2 gegen die argentinischen Amateure in die Zwischenrunde gespielt. Das Mailänder Regenwetter bekam den Deutschen besser als die 34 Grad Hitze von Florenz. Zwei Prachttore Hohmanns binnen drei Minuten bezwangen selbst den großartigen Hüter Rydberg (32). Das 2:1 retteten vor allem die Glanzleistungen von Rudi Gramlich, dem modernen Außenläufer mit dem bestechenden Fernpaß – heute einer der führenden Männer im DFB – und Szepan als fehlerloser Stopper.
Mit dem Schlafwagen reisten die Deutschen nach Rom. Ausgerechnet der Jüngste, Conen, verschlief beinahe, symbolisch für die guten Nerven der Mannschaft, in der die Spaßmacher aus München und Düsseldorf, Haringer und Kobierski, immer für gute Stimmung sorgten.
Wohl steigerte sich die deutsche Mannschaft auch beim Halbfinale gegen die Tschechoslowakei, diesmal von 10000 italienischen Zuschauern begeistert angespornt. Das technisch feine, spielerisch hochwertige Treffen, vielleicht das fairste des ganzen Turniers, entschieden die Torhüter. Den Deutschen Kress verließen die Nerven, der so oft gefährdete Prager Planicka faszinierte durch Serien großartiger Paraden. So erklärt sich das unglückliche deutsche 0:1, 1:1, 1:2, 1:3 gegen die tschechoslowakische Kombinationsmaschine.
Mit vertauschten Torhütern wäre Deutschland ins Endspiel eingezogen, hieß die Formel.
In der Sonne von Sorrent tröstete sich die deutsche

Ein geschlagener Planicka beim knappen 3:2-Sieg der Tschechoslowakei über die erstaunlich starke Schweiz

Planicka – der Massen Liebling

Von Hans Körfer

Das Weltmeisterschaftsendspiel in Rom war vorüber. Ein unvergeßlicher Tag, dieser 10. Juni 1934. Die italienische Hauptstadt lag in einem Taumel der Begeisterung: Italien hatte die Tschechoslowakei mit 2:1 in der Verlängerung geschlagen. Was scherte es die Massen, daß so manches in diesem Spiel nicht astrein gewesen war, beispielsweise das Strafraumfoul des Italieners Ferrari an dem gegnerischen Torschützen Puc, das mit Elfmeter hätte geahndet werden müssen. Das wäre das 2:0 und der Sieg für die Tschechoslowakei gewesen.

In diesem Fußballrausch geisterte immer wieder ein Name durch die Tavernen und Cafeterias von Rom: Frantisek Planicka. Er selbst saß im Kreise seiner Kameraden in einem Hotel und war todunglücklich. Dabei hatte er den Schuß des kleinen Italo-Argentiniers Orsi acht Minuten vor Schluß der regulären Spielzeit zum 1:1 nie halten können, diesen Sonntagsball, der genau den oberen Winkel der rechten Torseite traf. Wäre die Tschechoslowakei mit dem einen Tor Unterschied Weltmeister geworden, wäre es das Verdienst eines Mannes gewesen, des letzten in der Formation dieser spielkulturell vollendeten Elf aus Prag: eben Planickas. Eine Woche zuvor war die deutsche Angriffsreihe an der Kunst dieses Mannes zerbrochen, so wie es anderen Stürmern von Weltklasse vorher ergangen war und noch ergehen sollte.

Wenn Zweckmäßigkeit des Torhüterspiels vollendete Kunst ist, dann war Frantisek Planicka ein wahres Modell. Er stieg hohen Bällen entgegen, fing sie ab oder faustete sie über zwanzig und mehr Meter. Er ging einen allein anstürmenden Klassemann an, fast behutsam, aber so berechnend, daß er Bälle abwehrte, die normalerweise »Tor« gewesen wären.

Sechzehn Jahre seiner Laufbahn verbrachte Planicka bei der alten Slavia Prag. Zwischen 1928 und 1938 bestritt er 75 Länderspiele. Seine Karriere klang tragisch aus. Im Weltmeisterschaftsturnier 1938 in Frankreich zog er sich in der 85. Minute des Spiels gegen Brasilien einen Armbruch zu. In den letzten 35 Minuten spielte er mit nur einer Hand. Er konnte den gebrochenen Arm nicht mehr bewegen; aber damals gab es keinen Austausch, er mußte die Verlängerung nach dem 1:1 durchstehen. Die Wiederholung ohne Planicka gewann Brasilien mit 2:1. Planicka nahm so 34jährig Abschied von der Fußballbühne, auf der er gezaubert und die Massen als sympathischer Sportsmann immer wieder begeistert hatte.

Drei Größen der WM 1934: Rudolf Gramlich, Deutschland, 22 Länderspiele, mit dem damals besten Schiedsrichter der Welt, Jan Langenus aus Belgien, und Frantisek Planicka, 75 Länderspiele im Tor der Tschechoslowakei

Mannschaft und rüstete zum Kampf um den dritten Platz. Allen Geheimhaltungen zum Trotz spürten wir deutschen Journalisten sie in ihrem Paradies auf. Im schönen Stadion von Neapel – noch sah man damals den Vulkan Vesuv magisch rauchen! – ging das Wiener Wunderteam endgültig unter. 3:2 (3:1) erschien noch gnädig. »6:1 konnte Deutschland gewinnen«, urteilten die vorher so skeptischen Experten. Italienische Zuschauer – in der Ehrenloge der Kronprinz Umberto – hielten die Deutschen für das Wunderteam. Heute klingt es wie ein Märchen, daß die deutschen Spieler jenen Triumph des dritten Platzes in der Weltmeisterschaft als wahrhaft reine Amateure erkämpften. Sie erhielten täglich ihre 5 Mark (in Worten: fünf Mark) als Spesen. »Ich erwirkte«, so erzählte schmunzelnd Szepan, »beim DFB-Präsidenten Linnemann die Sondergenehmigung für alle, 15 Postkarten auf Kosten des DFB zu kaufen und zu frankieren.« – »Ausdrücklich wurde vor Länderspielen schriftlich jeder Lohnausfall-Ersatz verboten«, berichtet Torwart Jakob. Das Finale Italien–Tschechoslowakei ging als ein mitreißendes Drama hoher spielerischer Qualität in die Geschichte ein. Bis acht Minuten vor Schluß führten die Tschechoslowaken dank ihrem bestechenden Kurz-Flachpaß Prager Schule 1:0. Ihr Star-Linksaußen Puc – eben noch verletzt am Spielfeldrand behandelt – hatte 19 Minuten vor Schluß zum Entsetzen der nur 40000 Zuschauer und Mussolinis offenbar die Entscheidung herbeigeführt. Italien schien trotz seiner Offensiven an der verblüffenden Torwartkunst Planickas und dem 37-jährigen Verteidiger-Künstler Zenizek zu scheitern. Da glückte acht Minuten vor Schluß

ITALIEN 1934
Turnier vom 27. Mai bis 10. Juni

16 Teilnehmer: Ägypten, Argentinien, Belgien, Brasilien, Deutschland, Frankreich, Holland, Italien, Österreich, Rumänien, Schweden, Schweiz, Spanien, Tschechoslowakei, Ungarn und USA.

1. Italien
Spiele gegen USA 7:1, Spanien 1:1 und 1:0, Österreich 1:0 und Tschechoslowakei 2:1.

2. Tschechoslowakei
Spiele gegen Rumänien 2:1, Schweiz 3:2, Deutschland 3:1 und Italien 1:2.

3. Deutschland
Spiele gegen Belgien 5:2, Schweden 2:1, Tschechoslowakei 1:3 und Österreich 3:2.

4. Österreich
Spiele gegen Frankreich 3:2, Ungarn 2:1, Italien 0:1 und Deutschland 2:3.

dem Italo-Argentinier Orsi mit raffiniertem Täuschungsschuß der Ausgleich und damit die Verlängerung. Auch vor Schiavios 2:1 in der 95. Minute mußte Prags vielbewunderter Hüter kapitulieren.
Mussolini überreichte in der Ehrentribüne Italiens Spielführer Combi den goldenen Weltmeisterpokal, gratulierte den Kapitänen Planicka und Szepan zum 2. und 3. Platz. Die ganze deutsche Mannschaft war neben den Endspielrivalen inzwischen in der Arena aufmarschiert.
Italien hatte die Weltmeisterschaft großartig organisiert, neue moderne Stadien geschaffen. Wie alle Diktaturen unterstützte der faschistische Staat die Fußballregie mit unbegrenzten Mitteln. Italiens Squadra Azzurra dankte dem gewaltigen Aufwand. Der geniale Trainer Vittorio Pozzo hatte in systematischer, monatelanger Vorbereitung eine wahre Weltmeistermannschaft hervorgezaubert, denn bis dahin galt Italien eher noch als Außenseiter. Pozzo hatte lange in England den Fußball studiert, stützte sich vor allem auf die Alten, namentlich die Italo-Argentinier Monti (33), Orsi (33) und Guaita. Monti und Orsi wurden 1928 bei den Olympischen Spielen als argentinische Stars gefeiert; Monti stand noch 1930 für Argentinien im WM-Finale. Montis Rekord war nur in jener Zeit möglich: Olympische Silbermedaille, Vizeweltmeister und dann Weltmeister!

Die Mannschaften Italiens, der Tschechoslowakei und Deutschlands sind zur Siegerehrung angetreten; sie grüßen Italiens Diktator Mussolini auf der Ehrentribüne

Weltmeister Italien mit Trainer Pozzo, Combi, Ferraris IV, Allemandi, Monti, Guaita (stehend von links) sowie Bertolini, Orsi, Monzeglio, Meazza, Borel und Demaria nach dem 1:0 in der Wiederholung gegen Spanien

FRANKREICH 1938

Vergeblicher Aufbruch nach Paris

Ernst Werners Erinnerungen an die Vorkriegszeit

Manches war irregulär an dieser Weltmeisterschaft 1938. Der Zwist mit den lateinamerikanischen Verbänden hatte den Anteil der Fußballgroßmacht Südamerika auf Brasilien reduziert. Man hatte nicht vergessen, daß Europa 1930 nur mit vier Mannschaften nach Montevideo gekommen war, und Südamerika dachte in Solidarität an die Peruaner, denen man beim olympischen Turnier 1936 in Berlin den 4:2-Sieg über Österreich am grünen Tisch genommen hatte. Südamerikameister Argentinien schmollte Europa und der FIFA. Die Inflation hatte Uruguays beste Spieler auswandern lassen, und Michele Andreolo half Italien den zweiten Weltmeistertitel zu gewinnen.
England, zu jener Zeit noch ungeschlagen und als ungekrönter Weltmeister anerkannt, gehörte immer noch nicht wieder der FIFA an.
Spaniens Fußball, durch den Bürgerkrieg in zwei Verbände aufgespalten, verlor darüber sein Teilnahmerecht. Hitlers Anschlußdiktat im April 1938 nahm Österreich nicht nur seine nationale Selbständigkeit, sondern auch die Berechtigung zur Teilnahme an der Weltmeisterschaft. Zum Gau Ostmark innerhalb des DFB degradiert, schied Österreich aus. Seine besten Spieler in eine »großdeutsche« Mannschaft zu integrieren wurde zum Problem für Bundestrainer Sepp Herberger.
Schweden wurde, unfreiwillig, zum Nutznießer der weltpolitischen Entwicklung im Krisenjahr 1938. Obwohl in ihrer Qualifikationsgruppe von der deutschen Mannschaft 5:0 übertrumpft (mit Helmut Schön als Länderspieldebütant und zweifachem Torschützen), hatten die Schweden die Hauptrundenteilnahme erreicht. Österreich war ihnen als Vorrundengegner auf französischem Boden zugelost worden. Aber es gab kein Österreich mehr, und die Schweden standen kampflos in der Zwischenrunde! Dort war Kuba, in einem Wiederholungsspiel Sieger über Rumänien, Schwedens Gegner und wurde 8:0 überfahren. Erst in der Vorschlußrunde kam eine ernsthafte Beanspruchung der Schweden: sie unterlagen Ungarn, dem späteren Finalisten, 1:5.
Die deutsche Weltmeisterschaftschance sollte durch Österreichs Eingliederung empfindlich beeinträchtigt werden. Zehnmal in ununterbrochener Folge hatte die deutsche Nationalmannschaft im Jahr vor der Weltmeisterschaft gewonnen, nur das erste ihrer elf Spiele des Jahres 1937 nicht (in Düsseldorf 2:2 gegen Holland). Ein Gipfel mannschaftlicher Vollkommenheit war Pfingsten 1938 beim 8:0 gegen Dänemark erreicht, war die sagenhafte »Breslau-Elf« geboren worden: Jakob; Janes, Münzenberg; Kupfer, Goldbrunner, Kitzinger; Lehner, Gellesch, Siffling, Szepan, Urban.
Nur Sepp Herberger wird, wenn er seine Memoiren herausbringt, authentisch aussagen können, wie stark der politische Druck war, der auf ihn ausgeübt wurde, nach dem »Anschluß« österreichische Nationalspieler in seine Mannschaft einzubauen. Eine Weile mag Herberger widerstanden haben. Vielleicht hat ihn aber auch die Möglichkeit gereizt, unter Einbezug der Wiener Meisterspieler eine Supermannschaft zu bilden.
Aston Villa wurde vom DFB engagiert, das Zusammenfinden österreichischer und »reichsdeutscher« Spieler zu einer neuen Mannschaft für die Weltmeisterschaft zu fördern, bei der Kurzfristigkeit ein aussichtsloses Unternehmen.
Sonnabend, den 14. Mai 1938, drei Wochen vor dem Weltmeisterschaftsbeginn (!), trat die deutsche Nationalmannschaft bisheriger Prägung, ergänzt durch den Wiener Linksaußen Pesser, zum Länderspiel gegen das an der Weltmeisterschaft nicht teilnehmende England im Berliner Olympiastadion an, tags darauf, Sonntag, den 15. Mai 1938, die bisherige österreichische Nationalmannschaft, mit dem Münchener Verteidiger Streitle als Andeutung der kommenden »großdeutschen« Elf, gegen Aston Villa. Innerhalb von 24 Stunden war das Berliner Stadion zweimal ausverkauft!

Piola – der Fürst auf dem Rasen

Von Hans Körfer

Wer vom Weltmeisterschaftsfinale Italien–Ungarn 1938 spricht, wird stets einen Namen nennen: Silvio Piola. In Rom, wo er für Lazio spielte, jubelten ihm die Massen zu. In Mailand verwöhnte ihn das Publikum. Piola, Jahrgang 1913, war eine Ausnahmeerscheinung selbst im italienischen Fußball: groß gewachsen, selbstsicher, ruhig im Auftreten.
Piola schoß gegen Ungarn zwei Tore. Er war zugleich Sturmtank, idealer Vollstrecker und Regisseur auf dem Rasen. Er bewegte sich wie ein Fürst. Piola konnte alles, wußte es und blieb trotzdem als Star eine erfreuliche Erscheinung. »Silvio«, riefen die Massen, wenn er spielte, genial die Spielzüge bestimmte, Pässe in den freien Raum schlug, die wie an der Schnur gezogen kamen, oder mit Giuseppe Meazza Kombinationen von nie erlebter Raffinesse bot.
Piola stammte aus Pavia; er war für seine Zeit ein Spieler mit Seltenheitswert. Zuverlässig, nie im Temperament überschäumend, mannschaftsdienlich und doch, wenn es sein mußte, durchaus in der Lage, ein Spiel ganz allein zu entscheiden.
34mal stand er in Italiens Nationalmannschaft, und zwischen 1935 und 1948 schoß er 30 Tore im Trikot seines Landes. Vittorio Pozzo, der Italiens Fußballprofis zu zwei Weltmeisterschaften und die Amateure zum Olympiasieg 1936 führte, sagte einmal über Piola, den Fürst auf dem Rasen: »Man brauchte nur zu sagen, was in einem Spiel nötig war. Er vergaß es nicht, vor allem aber – er tat es auch.«

Silvio Piola, der Regisseur und Vollstrecker des italienischen Endspielsieges über Ungarn, der beste europäische Mittelstürmer seiner Zeit

Die Mannschaft mit Pesser verlor gegen eine überragende England-Elf (mit dem legendären Stan Matthews in Hochform) 3:6, die der Wiener, mit Streitle, unterlag Aston Villa 2:3.
Broome von der Villa war am ersten Tag Englands Mittelstürmer, am nächsten Tag Rechtsaußen in seiner Klubmannschaft.
Gewonnen wurde durch diese beiden Testspiele nichts, sie waren nicht mehr als ein erster Versuch, die Gemeinsamkeit mit dem österreichischen Fußball zu demonstrieren.
Herberger entschloß sich, zunächst mit 15 Spielern zum Pariser Vorrundenspiel gegen die Schweiz zu fahren, der Rest des deutschen WM-Kaders blieb in der Duisburger Sportschule des Westdeutschen Fußballverbandes zurück. Sechs Wiener (Raftl, Schmaus, Mock, Hahnemann, Neumer, Pesser) und neun deutsche Spieler (Buchloh, Janes, Streitle, Kupfer, Goldbrunner, Kitzinger, Lehner, Gellesch, Gauchel) wurden auf die Reise nach Paris geschickt.
Der Neuendorfer Jupp Gauchel, bei Herberger besonders gut angeschrieben, hatte schon beim 3:6 gegen England den Waldhof-Stürmer Siffling abgelöst.
Nach Siffling verdrängte Gauchel nun auch Szepan. Mit ihm formierte sich die Mannschaft gegen die Schweiz: Raftl (Rapid Wien); Janes (Fortuna Düsseldorf), Schmaus (Vienna); Kupfer (Schweinfurt 05), Mock (Austria Wien), Kitzinger (Schweinfurt); Lehner (Schwaben Augsburg), Gellesch (Schalke 04), Gauchel (TuS Neuendorf), Hahnemann (Admira Wien), Pesser (Rapid Wien). Auf dem Papier eine glanzvolle Besetzung. Was fehlte, war mannschaftliche Harmonie; wie bei der Verschiedenheit der Spielstile zu befürchten war.
Die Mannschaft der Schweiz zwang der deutschen ein 1:1 ab,

hielt dieses Unentschieden auch in der Verlängerung. Der Wiener Pesser ließ sich sieben Minuten vor Verlängerungsende zu törichtem Revanchefoul gegen seinen gnadenlosen Bewacher, den großartigen Verteidiger Minelli, hinreißen und mußte vom Platz. Pesser wurde sofort nach Wien, die gesamte Mannschaft ins deutsche Hauptquartier Duisburg zurückgeschickt.
Vier Tage später erneut Aufbruch nach Paris! Zweites Spiel gegen die Schweiz! Gauchel war durch Szepan abgelöst; es sollte zu spät geschehen sein. In der Aufstellung Raftl; Janes, Streitle; Kupfer, Goldbrunner, Skoumal (Rapid Wien); Lehner, Stroh (Austria Wien), Hahnemann, Szepan (Schalke), Neumer (Austria Wien) schien alles zunächst nach Wunsch zu laufen. Bald war eine deutsche 2:0-Führung erreicht. Ein Schweizer Gegentor und ein Zwischenfall, beides kurz vor Halbzeit, warfen alles um.
Nach Zusammenprall mit Goldbrunner mußte der schweizerische

FRANKREICH 1938
Turnier vom 4. bis 19. Juni

15 Teilnehmer: Belgien, Brasilien, Deutschland, Frankreich, Holland, Italien, Kuba, Niederländisch-Indien, Norwegen, Polen, Rumänien, Schweden, Schweiz, Tschechoslowakei und Ungarn.

1. Italien
Spiele gegen Norwegen 2:1, Frankreich 3:1, Brasilien 2:1 und Ungarn 4:2.

2. Ungarn
Spiele gegen Niederländisch-Indien 6:0, Schweiz 2:0, Schweden 5:1 und Italien 2:4.

3. Brasilien
Spiele gegen Polen 6:5, Tschechoslowakei 1:1 und 2:1, Italien 1:2 und Schweden 4:2.

4. Schweden
Spiele gegen Kuba 8:0, Ungarn 1:5 und Brasilien 2:4.

Deutschland spielte im Achtelfinale gegen die Schweiz 1:1 und 2:4 und schied damit aus.

Schweizer Angriff auf das von Raftl gehütete deutsche Tor, links Kupfer, rechts Janes. Wiederholungsspiel Schweiz - Deutschland 4:2

Linksaußen Aebi verletzt das Spielfeld verlassen. Das war für die Mehrheit des auf den Rängen der alten Prinzenparkbahn versammelten internationalen Publikums das Signal zu demonstrativer Ablehnung der deutschen Spieler. Sie verloren darüber ihren Rhythmus und schließlich das Spiel mit 2:4. Mit dem vorzeitigen Ausscheiden der deutschen Mannschaft war der dritten Fußballweltmeisterschaft (ohne Argentinien, Uruguay, Spanien und England ohnedies ein Torso) weiterer Spannungsreiz genommen. Zum Höhepunkt wurde nicht das Endspiel, von Titelverteidiger Italien und Schweiz-Bezwinger Ungarn erreicht, sondern die Spiele, an denen Südamerikas einziger Vertreter, Brasilien, beteiligt war. Erregendstes, dramatischstes Spiel dieser Weltmeisterschaft war die Vorrunden-Begegnung Polen–Brasilien. Am Ende hatten die Brasilianer 6:5 gewonnen. Ihr Star war der Pele an Können und Berühmtheit vorwegnehmende Mittelstürmer José Leonidas, ein kaum mittelgroßer, dunkelhäutiger Spieler von phantastischer Fußballakrobatik; aus diesem Grund »schwarzer Diamant« genannt. In Polens Mannschaft spielte der Oberschlesier Ernst Willimowski im Angriff als Regisseur und Vollstrecker eine überragende Rolle. Leonidas wie Willimowski schossen in der Verlängerung jeweils ihr viertes Tor. Später, 1941 und 1942, spielte der nach Chemnitz und München gekommene Willimowski auch mit viel Erfolg achtmal in der deutschen Nationalmannschaft.

Der Weltmeisterschaftsdritte Tschechoslowakei (1934) forderte Brasiliens Fußballartisten alles ab, gab sich aber nach dem 1:1 im ersten Zwischenrundenspiel erst in der Wiederholung mit 1:2 geschlagen. Italien stoppte dann die Brasilianer in der Vorschlußrunde (2:1). Ungarn (6:0 über Niederländisch-Indien, 2:0 über die Schweiz und 5:1 über Schweden) stieß ins Finale mit Italien vor. Das Endspiel am 19. Juni 1938, im Pariser Olympiastadion, gewann Italien verhältnismäßig mühelos 4:2. Noch mit dem großen Halbstürmer-Duo des Weltmeisterschaftstriumphes von 1934, Meazza und Ferrari, in der Mannschaft, war Italiens zweite Eroberung des Weltmeistertitels nie ernsthaft gefährdet. Wohl aber im Vorrundenspiel gegen Norwegen, das erst in der Verlängerung 2:1 bezwungen worden war. Die eindrucksvollsten Persönlichkeiten der Weltmeisterschaft 1938: der Brasilianer Leonidas, der Ungar Dr. Sarosi, der Schweizer Minelli, der Italiener Piola und der Norweger Brustad.

BRASILIEN 1950

Das phantastische Drama

Dr. Friedebert Becker sah die Stürze der Favoriten

Kein Regisseur hätte die Weltmeisterschaft 1950 aufregender und phantastischer ersinnen können, als sich dieses Drama in Brasilien wahrhaftig abspielte. Schon in der Vorrunde stürzten die beiden großen europäischen Herausforderer Südamerikas: Italien, der Titelverteidiger, und England, das sich als ungekrönter Weltmeister fühlte.
Die Italiener reisten mit dem Schiff, über zwei Wochen lang. Sie hatten den Flug abgelehnt; in ihnen lebte noch die Erinnerung an die schreckliche Flugzeugkatastrophe von 1949, die mit dem AC Turin den Kern der Nationalmannschaft in den Tod riß. Vittorio Pozzo, 1934 und 1938 Schöpfer und Trainer des Weltmeisters, klagte: »Schiffsreisen mit ihren Küchengenüssen ruinieren jede Kondition.«

Trotzdem fürchteten die Italiener den ersten Gegner nicht, die Amateure aus Schweden. Freiwillig hatten die Skandinavier auf die vom großen Geld ins Ausland gelockten Stars des Olympiasiegers von 1948 verzichtet, auf die Innenstürmer Gren, Nordahl und Carlsson. Die jungen Schweden,

Ademir – der Mann von Vasco da Gama

Minutenlang dröhnte unter Raketengetöse der frenetische Jubel der 180000 im gigantischen Rio-Stadion. Der Lautsprecher hatte vor dem entscheidenden Weltmeisterschaftstreffen 1950 gegen Uruguay den Mittelstürmer Brasiliens angekündigt: Marques de Menezes Ademir!
Auch wenn sein Traum von der Weltmeisterschaft sich nicht erfüllte, sein Ruhm überstrahlte alles.
Ademir wurde am 8. November 1921 in Recife geboren. Als Junge sah er in seiner Heimatstadt den Zeppelin bei den Linienflügen Deutschland–Amerika landen und aufsteigen. Schon als 16- und 17jähriger verriet Ademir bei den Jugendmeisterschaften seines Klubs EC Recife sein Talent. Als 20jährigen holte ihn Vasco da Gama nach Rio. 1949 schoß er 30 der 84 Vasco-Tore. Längst gehörte er zu den Stars der Nationalmannschaft. Flavio Costa, Trainer der Nationalmannschaft und von Vasco, erkor Ademir zu seinem Lieblingsschüler.
Eine Meniskusoperation Ademirs ließ 1950 Brasilien bangen. Aber wenige Wochen vor der Weltmeisterschaft zerstreute der 28jährige alle Sorgen. In drei Länderspielen gegen Uruguay binnen zwölf Tagen (3:4, 3:2, 1:0) schoß er fünf der sieben Tore.
Als überragende Spielerpersönlichkeit des Weltturniers 1950 erzielte er in den sechs Spielen neun der 22 brasilianischen Treffer, allein vier gegen Schweden beim 7:1. Schiedsrichter des Spiels, der um die ganze Welt gereiste Engländer Ellis, schildert in seinen Erinnerungen ein Tor Ademirs als »eines der herrlichsten, das ich je sah«. »Radfahrer-Trick« taufte Ellis es: in der Luft schwebend jonglierte Ademir, sich drehend, den Ball vom rechten auf den linken Fuß und ließ unhaltbar seinen Schuß los.
Mit unerschöpflichen Einfällen führte er den Sturm zwischen seinen brillanten Nebenspielern Jair und Zizinho. Nie sah ein Weltturnier ein besseres Innentrio. Mehrfach ließ er im Spurt den Ball vom Fuß den Körper hinauflaufen, um ihn rückwärts köpfend weiterzuleiten. Nur 1,76 m groß, 73 Kilo schwer, beherrschte der körperlos fair spielende schnurrbärtige Jongleur mit dem schmalen Gesicht, dem energischen Kinn alle artistischen Tricks des Kombinations-Regisseurs, Soloakrobaten und – Torschützen. Erst Pele erreichte seine vielseitige Virtuosität. Das Fernsehen hätte auch ihm weltweite Bewunderung eingebracht.

180000 Zuschauer beim Spiel Brasilien–Spanien 6:1; Szene vor dem spanischen Tor mit dem angreifenden Ademir (helles Hemd)

voran der unvergeßliche Skoglund, schlugen die Italiener 3:2, führten sogar 3:1. Trotz des 2:0-Sieges über Paraguay kehrte Italien vorzeitig heim. Noch fassungsloser hörte die Fußballwelt vier Tage später die Kunde aus Belo Horizonte: England verliert gegen den Zwerg USA mit 0:1. Das Kopfballtor des aus Haiti in die Staaten eingewanderten Gaetjens acht Minuten vor der Pause besiegelte das Schicksal einer Mannschaft, in der Alf Ramsey (sechzehn Jahre später der Sieger von Wembley), Wright, Finney und Mortensen spielten. Englands Schock war so groß, daß es wenige Tage später auch 0:1 gegen Spanien unterlag, das im Tor einen wahren Meister stehen hatte: Zamora-Nachfolger Ramallets. Die Mannschaft von den Britischen Inseln verließ danach überstürzt mit einem teuer gecharterten Sonderflugzeug Brasilien. Die führenden Männer des englischen Fußballs, Arthur Drewry und Stanley Rous, zwei spätere FIFA-Präsidenten, zuckten nur die Achseln: »Die besseren Mannschaften haben gewonnen; nach dem Cupfinal stirbt bei uns der Fußball.«

Die britische Presse klagte und fragte immer wieder, weshalb man sich so schlecht vorbereitet und erst im dritten Spiel – gegen Spanien – den berühmten Stanley Matthews aufgestellt habe, der damals zwar schon 35 Jahre alt war, aber gerade im Spanienspiel alle überragte.
Der verunglückte Spielplan mit den ungleichen Vorrundenbesetzungen überließ Uruguay nur einen Gegner, Bolivien, der beim Endrunden-Comeback des Weltmeisters von 1930 mit 8:0 geschlagen wurde. Um so mehr Kräfte wurden von den Brasilianern gefordert. Nach dem 4:0 über Mexiko bedrohte schon der zweite Gegner, die oft international auftrumpfende Schweiz, jäh den Über-Favoriten mit einem 2:2, obwohl die Eidgenossen nicht einmal ihre Verteidiger des Kontinent-Teams, Gyger und Steffen, einsetzen konnten. Als Fatton kurz vor Schluß beim Spiel in Sao Paulo den Ausgleich schoß, brach in der City der Millionenstadt Rio de Janeiro der brandende Verkehr zusammen. Mittels tragbarer Mini-Transistoren – damals für Europäer noch neu – erlebten Hunderttausende das Spiel in Sao Paulo mit; das 2:2 löste eine Massenhysterie aus.
Nun mußte im letzten

Punktspiel Brasilien Jugoslawien schlagen, das immerhin gegen die Schweiz 3:0 gewonnen hatte. Unvorstellbar war daher die tosende Nervosität unter den 180000. Brasilien gewann 2:0. Aber Tschik Caikowsky, damals Flügelläufer Jugoslawiens, erinnert daran, daß Jugoslawien mit zehn Mann (!) beginnen und da schon Ademirs 1:0 hinnehmen mußte. Stürmer Mitic hatte sich im Tunnel zum Spielfeld am Kopf schwer verletzt und kam erst später mit durchblutetem Turban in die Arena.
Das neue, mühsam mit Militärhilfe in letzter Sekunde fertiggestellte gigantische, kreisrund überdachte Riesenstadion in Rio wurde in den Schlußrundenspielen gegen Schweden, Spanien und Uruguay Brasiliens grandiose Fußballbühne. Die Brasilianer bezauberten die Zuschauer mit ihrem beispiellosen und bis heute kaum übertroffenen Innentrio der Jongleure, Torjäger und Kombinationskünstler: Zizinho, Ademir, Jair.
Gegen Schweden (7:1) und gegen Spanien (6:1) schossen die Brasilianer dreizehn Tore, Ademir allein sechs. Uruguay dagegen mühte sich handwerklich mit einem 2:2

BRASILIEN 1950
Turnier vom 24. Juni bis 16. Juli

13 Teilnehmer: Bolivien, Brasilien, Chile, England, Italien, Jugoslawien, Mexiko, Paraguay, Schweden, Schweiz, Spanien, Ungarn und USA.

1. Uruguay
Spiele gegen Bolivien 8:0, Spanien 2:2, Schweden 3:2 und Brasilien 2:1.

2. Brasilien
Spiele gegen Mexiko 4:0, Jugoslawien 2:0, Schweiz 2:2, Schweden 7:1, Spanien 6:1 und Uruguay 1:2.

3. Schweden
Spiele gegen Italien 3:2, Paraguay 2:2, Brasilien 1:7, Uruguay 2:3 und Spanien 3:1.

4. Spanien
Spiele gegen USA 3:1, Chile 2:0, England 1:0, Uruguay 2:2, Brasilien 1:6 und Schweden 1:3.

Spielerpersönlichkeiten der WM 1950 (von links): Zizinho und Ademir (Brasilien), Andrade und Schiaffino (Uruguay)

Weltmeister Uruguay (helle Trikots) mit (stehend von links) Varela, Tejera, Gambetta, M. Gonzalves, Andrade und (kniend von links) Ghiggia, Perez, Miguez, Schiaffino und Moran; Torhüter Maspoli im dunklen Pullover zweiter von rechts (stehend)

gegen Spanien und einem 3:2 gegen Schweden ab; beide Male führte sogar die Konkurrenz. Man wettete daher vor dem letzten Spiel, Brasilien gegen Uruguay, nur noch, wie hoch Brasilien gewinnen werde.
Und dann geschah das Unfaßbare.
Es begann mit leichter Unruhe unter den wie in Trance begeistert mitgehenden 180000 Zuschauern, als Brasilien zum erstenmal vor der Pause kein Tor schoß: 0:0. Uruguays Meistertorhüter Maspoli hielt britisch kaltblütig alles. Kurz nach dem Wechsel erzielte Friaca auf eine Ademir-Vorlage das 1:0. Die 180000 feierten den Treffer minutenlang tumultuös. Der Himmel verdunkelte sich im Schwadenrauch der Böller. Man feierte schon den Weltmeister. Da passierte das Unglück. Trainer Flavio Costa hielt seine Elf nicht zum »Sichern« an, sondern wollte den Triumph. In der 68. Minute glich Schiaffino, damals erst am Beginn seiner Karriere, zum 1:1 aus. Immer noch war Brasilien Weltmeister – und machte den Fehler, weiter anzugreifen. Elf Minuten vor Schluß verschenkte es den Titel. Flügelstürmer Ghiggia lief 40 m mit dem Ball und bezwang den vereinsamten, versteinerten Barbosa im Tor Brasiliens. Die 180000 nahmen das Ergebnis in imponierender Fairneß hin. Uruguay wurde im Triumphzug heimgeholt. Die WM der Freundschaft, die in 22 Spielen nur drei Elfmeter brachte, war mit einer Sensation zu Ende gegangen.
Für Uruguays brillante Stars, für Varela, Andrade (Neffe des großen Andrade 1930), Ghiggia, Schiaffino und Maspoli war es gar nicht die so unfaßbare Sensation. Varela, die große Mittelläufer-Zentralfigur, die gegen Spanien das 2:2 rettete, verriet später: »Wir wußten, daß wir nur das phantastische Innentrio Brasiliens zu bremsen brauchten. Wir bauten ein defensives Fangnetz auf. Es hielt!«

SCHWEIZ 1954

Das Wunder von Bern

Hans Fiederer zeichnet die Stationen des deutschen Triumphes

Sepp Herberger – der Stratege des Berner Triumphes

Vollbrachte der deutsche Fußball 1954 ein Wunder? Je größer der Abstand zu diesem denkwürdigen Ereignis wird, um so klarer, überzeugender klingt die Erklärung dafür: Solche Wunder geschehen immer wieder! Deutschland drückte vor zwanzig Jahren nicht die Zentnerlast der Favoritenbürde. Ungarn, Brasilien, Uruguay, dicht dabei Jugoslawien und selbst Österreich wurden damals an der internationalen Börse höher als Deutschland gehandelt.
Vier Stationen markieren den Weg zum Titeltriumph von Bern. Die erste: Um sich für die letzten Sechzehn zu qualifizieren, mußten zunächst die Gruppengegner Norwegen und Saarland aus dem Weg geräumt werden. In diesen vier Spielen bot sich Gelegenheit, den Stamm der Aktiven auszusieben und einspielen zu lassen. Dies gelang. Beim 3:0 gegen die Saar in Stuttgart zeichneten sich bereits die Konturen jenes Angriffs ab, der in der Schweiz zu einer unglaublich durchschlagskräftigen Waffe werden sollte. Der heiße Favorit Ungarn sprang mit dem 9:0 über Südkorea und dem 8:3 über Deutschland automatisch in die Endrunde der »letzten Acht«. Sepp Herberger plante deshalb zurückhaltend, aber raffiniert: zweimal die Türkei schlagen – dann stand das Tor zu den acht weltbesten Nationen ebenfalls offen. Nach der eingeplanten Niederlage gegen Ungarn (3:8) mußte die Türkei im wahrsten Sinne des Wortes büßen. Dem 4:1 folgte ein 7:2-Sieg der DFB-Elf. Deutschland schlich sich damit heimlich, still und leise über die Ausscheidung (Norwegen, Saar) und die Vorrunde (Ungarn, Türkei) unter die »letzten Acht«.
Zweite Station: Leichtfertig sagt man so dahin, daß Deutschland eine typische Turnier-Mannschaft sei. 1954 sollte diese Feststellung untermauern. Trainer und Mannschaft wuchsen zu einer homogenen Einheit. Das Vertrauen Herbergers in jede einzelne Kraft vollbrachte die kleinen Wunder.
Toni Turek distanzierte auf dem Weg nach Bern seine Rivalen Kubsch und Kwiatkowski. Der phlegmatische Toni steigerte sich von Spiel zu Spiel. Katzengewandt wurden seine Reaktionen, instinktsicher beherrschte er den Torraum. Auf der Linie war er kaum zu schlagen. Der zunächst unsicher wirkende, zögernd eingreifende Stopper Jupp Posipal wurde zum Außenverteidiger umgeschult. Stundenlang übte Herberger mit dem Hamburger. Posipal schlug plötzlich die Bälle mit dem linken wie dem rechten Fuß gleich gut. Der Bundestrainer impfte

Die unvergleichliche Mannschaft: Weltmeister Fritz Walter, Toni Turek, Horst Eckel, Helmut Rahn, Ottmar Walter, Werner Liebrich, Jupp Posipal, Hans Schäfer, Werner Kohlmeyer†, Karl Mai und Max Morlock

Posipal neues Selbstvertrauen ein. Hier zementierte man eine Säule für das Endspiel, mit der man in der Vorbereitung kaum gerechnet hatte. Im Mittelfeld regierten vier Persönlichkeiten – jede auf ihre eigene Art genial begabt in Temperament und Ausdruck. Horst Eckel konnte seinen Gegenspieler zu Tode hetzen. Karl Mai verstand es meisterhaft, mit kunstvollen Ballwechseln das Spiel blitzartig auf die andere Seite zu verlegen. Max Morlock war der unermüdliche Motor, ein unerschöpflicher Kraftquell, der den Nachschub für die Angriffsspitzen nie versiegen ließ. Bei Fritz Walter schließlich liefen die Fäden zusammen. Der Kapitän der deutschen Mannschaft konnte nur von einem Mann ausgeschaltet werden, der noch raffinierter, noch genialer zwei, drei Angriffszüge vorausahnen konnte.

Dritte Station: Die Erklärung für die Weltmeisterschaft selbst gab der ungarische Bundeskapitän Gustav Sebes: »Der deutsche Kampfgeist, die Spielkraft und der Ideenreichtum wurden von uns peinlich unterschätzt.« Ungarn glänzte vor dem 4. Juli 1954 mit einer weißen Länderspielweste. In über vier Jahren blieb seine Nationalelf ungeschlagen. Die granitene Festung England wurde im Wembley-Stadion mit 6:3 gestürmt, unbarmherzig zertrümmert. In Budapest schuf Ungarn im Rückspiel ein 7:1-

Max Morlock lenkt den Ball zum deutschen Anschlußtreffer ins ungarische Tor (oben).
Das Tor, das die Weltmeisterschaft entschied: Ungarns Torhüter Gyula Grosics kann Helmut Rahns Flachschuß nicht halten (unten)

Die WM-Spiele in Deutschland erlebt: Radiogeschäfte stellten die ersten Fernsehgeräte ins Schaufenster (rechte Seite)

Wunder. Der stolze Lehrmeister England sah sich förmlich in die Rolle des Schülers gedrängt. Auf dem Weg zum Endspiel von Bern räumte Ungarn die südamerikanischen Fußball-Riesen Brasilien (4:2) und Uruguay (4:2) aus dem Weg. Die Magyaren wiegten sich deshalb in Sicherheit, überschätzten ihre eigenen Mittel und wurden leichtfertig.
Die vierte Station: Die Siege einer selbstsicheren deutschen Mannschaft über Jugoslawien (2:0) und Österreich (6:1) im Viertel- und Halbfinale. So weit die vier Stationen.

Im Endspiel am 4. Juli 1954 galt für die deutsche Mannschaft die Devise: nur nicht frühzeitig in Rückstand geraten! Den Blitzstart der Ungarn ohne Gegentor überstehen! Gleich das ungarische Mittelfeldspiel stören! Und doch folgten zwei Paukenschläge. Nach acht Minuten führte Ungarn 2:0. Der so sorgsam ausgeheckte Plan Herbergers schien zerstört. Aber gerade

nach diesem 0:2 beginnt das Kapitel »Wunder von Bern«. Die deutsche Elf war angeschlagen, aber noch nicht besiegt. Die deutsche Mannschaft wirkte aufgeschreckt, aber sie war keineswegs jetzt schon k. o., wie fast alle im Berner Wankdorf-Stadion glaubten. Sie faßte Mut, fand rasch zu ihrem Stil und ließ vorerst bedächtig den Ball kreisen. Den ersten Schock überwinden, raunten sich die Spieler zu. Der Abwehrblock um die Säule Werner Liebrich wurde immer undurchdringlicher. Im Mittelfeld rackerten sich Morlock, Mai und Eckel ab. Fritz Walter bildete die Schaltzentrale. Ein

SCHWEIZ 1954
Turnier vom 16. Juni bis 4. Juli

16 Teilnehmer: Belgien, Brasilien, Deutschland, England, Frankreich, Italien, Jugoslawien, Mexiko, Österreich, Schottland, Schweiz, Südkorea, Tschechoslowakei, Türkei, Ungarn und Uruguay.

1. Deutschland
Spiele gegen Türkei 4:1 und 7:2, Ungarn 3:8 (Gruppenspiel) und 3:2 (Endspiel), Jugoslawien 2:0 und Österreich 6:1.

2. Ungarn
Spiele gegen Südkorea 9:0, Deutschland 8:3 (Gruppenspiel) und 2:3 (Endspiel), Brasilien 4:2 und Uruguay 4:2.

3. Österreich
Spiele gegen Schottland 1:0, Tschechoslowakei 5:0, Schweiz 7:5, Deutschland 1:6 und Uruguay 3:1.

4. Uruguay
Spiele gegen Tschechoslowakei 2:0, Schottland 7:0, England 4:2, Ungarn 2:4 und Österreich 1:3.

typisches Morlock-Tor brachte schon in der zehnten Minute den psychologisch so wertvollen Anschluß. Jetzt spürte man die Kraft eines echten Teams, das sich vorgenommen hatte, den höchsten Fußball-Thron zu besteigen. Die selbstsicheren Ungarn übten untereinander Kritik, es unterliefen ihnen Stellungsfehler. Schon war der Ausgleich zum 2:2 geschafft. Nach 18 Minuten!

Halbzeit. Zehn Minuten Verschnaufpause. Was geschah in diesen Minuten in der deutschen Kabine? Was wurde gesprochen? Welcher Plan für die zweiten 45 Minuten geschmiedet?

Kein Zauberstab wurde von Hand zu Hand gereicht. Kein geheimnisvoller Vers aufgesagt. Herberger munterte seine Spieler auf und dankte bereits jetzt für die unvergleichliche Leistung zum 2:2. Der Bundestrainer sagte, daß selbst nach einer Niederlage niemand der Mannschaft einen Vorwurf machen könne. Aber dann forderte er: »Keinen Millimeter Boden kampflos preisgeben! Bleibt eurem Spiel treu!«

Die Ungarn bissen sich an der beweglichen Abwehrwand fest. Ihre Kräfte schwanden, ihre Bewegungen wurden langsamer, ihr Atem immer stoßender. In Gedanken mußte man sich schon mit einer Verlängerung vertraut machen. Sechs Minuten vor dem Abpfiff riß Helmut Rahn die Ungarn aus ihren Träumen. Ein flacher Schuß, der immer länger wurde, schlug hinter Grosics ein.

Fritz Walter – der empfindsame Kapitän *von Rudi Michel*

Der Mann schleppt seinen Vornamen mit wie ein Akademiker seinen Doktorgrad. Der »Fritz« gehört zum Autogramm, das heute noch etliche zehntausend Mal im Jahr gegeben werden muß. Walter genügt da nicht wie bei Beckenbauer oder Tilkowski.
Im Fußball-Almanach steht unter Walter, Fritz zu lesen ›Ehrenspielführer der deutschen National-Elf‹ mit 61 Länderspielen in 18 Jahren von 1940 bis 1958.
Zahlen und Daten sagen aber nichts über seine Popularität, die er eigentlich fünf Siegen in sechs Spielen verdankt, als er die deutsche Elf zur Weltmeisterschaft führte. In drei Wochen im Jahr 1954. Das haben ihm Millionen Fußball-Fans nicht vergessen.
Fritz Walter war damals schon 33, und er galt als der alte Mann des deutschen Fußballs, dem ein Teil der Sportpresse nicht immer wohlgesonnen war. Und als empfindsamer Mensch litt er darunter. So sehr, daß er eigentlich gar nicht mitfahren wollte zum WM-Turnier in die Schweiz. Von Aufhören und Aufgeben war zu jener Zeit und in den Jahren davor oft die Rede. So 1952, als er im Pariser Länderspiel gegen Frankreich »kaum einen Ball sah«, so schnell lief das Spiel an ihm vorbei. Die Kritik traf ihn so hart, daß er heute noch auswendig dahersagen kann: »Halblinks stand der Kaiserslauterer Wäschereibesitzer Fritz Walter.«
Schluß machen mit dem Fußball wollte er auch 1954, als er mit seinem 1. FC Kaiserslautern, dem er vom 8. bis 38. Jahr die Treue hielt, das deutsche Fußballendspiel gegen Hannover 96 mit 1 : 5 verlor. Das war vier Wochen vor dem WM-Turnier in der Schweiz. Fünf Spieler seiner Vereins-Mannschaft bildeten das Gerippe der National-Elf, und alle wurden in diesem Finale ausgepfiffen. Da hätten wohl auch härtere Typen als er resigniert.
Sepp Herberger baute ihn wieder auf und brachte diese Arbeit auf eine prägnante Formel: »Bei Fritz Walter war ich mehr Psychologe als Trainer.«
Der Fritz selbst hat für seine gewaltige Leistungssteigerung und souveräne Kapitänsrolle in der Schweiz seine eigene Erklärung zur Hand: »Es war eine Trotzreaktion auf das Verhalten der Presse vor der Weltmeisterschaft, ausgelöst durch Briefe, die mir meine Frau ins Trainingsquartier schickte.« Er hat sie heute noch, diese bösen Briefe.
In der Tat: Fritz Walter, ein Ausnahme-Fußballer, brauchte seinen Umweltschutz zur ganzen Entfaltung seiner Fähigkeiten. Seelisches Gleichgewicht war bei ihm erste Voraussetzung für physische Leistung.
»Er war der beste Fußballspieler, den wir je hatten«, behauptet Sepp Herberger und läßt keinen Widerspruch zu. Herberger war Manager, Betreuer, Berater, Trainer und Vaterfigur für seinen Lieblingsschüler. Nur Entdecker Fritz Walters wollte er nie gewesen sein. »Nein, Spieler wie Fritz Walter und Franz Beckenbauer werden nicht entdeckt. Sie sind Talente, die sich von selbst aufdrängen.«
»Der Fritz war im schnellen, direkten Spiel seiner Zeit voraus, in einer Spielart, die man heute modern nennt«, schwärmt Jupp Posipal, rechter Verteidiger der 54er Elf. »Er kannte keine Effekthascherei. Seine perfekte Ballbehandlung stellte er in den Dienst der Mannschaft. Nichts war Selbstzweck, der kleinste Trick immer noch Mittel zum Zweck. Seine Pässe verwirrten Gegner und öffneten den Mitspielern Gassen und Wege. An ihm orientierten wir uns, und sein Spiel bestimmte unsere Leistung, im positiven wie im negativen Sinn. Mit Fritz Walter lief das Spiel der National-Elf nicht immer, aber ohne ihn selten. Er wollte das nie wahrhaben. Etwas mehr Selbstvertrauen hätte ihm gutgetan.«
Aber dann wäre er vielleicht nicht mehr Fritz Walter gewesen, der Mann mit den kleinen liebenswerten Schwächen und den großen Stärken, der Empfindsame, der alle Mitspieler absolut sicher auf dem Spielfeld führte und der als Zimmergenossen den unbeschwerten und unbekümmerten Helmut Rahn zur Ablenkung brauchte.
Werner Liebrich diskutiert gern, aber über Fritz Walter und sein Können gibt es für ihn keine Debatten: »Ohne ihn hätte keine deutsche Mannschaft am 4. Juli 1954 im WM-Finale gegen Ungarn gespielt.«
Gegen Ungarn. Gegen jene Mannschaft, die vier Jahre lang unbesiegt war, deren Spiel Perfektion und Genuß zugleich war. Mit welchen Ahnungen, Hoffnungen und Befürchtungen gingen die deutschen Spieler in dieses Finale?
Fritz Walter kann sich an die Tage und Stunden davor erinnern: »Donnerstags dachten wir noch: Nur nicht wieder so hoch verlieren! Freitags: Vize-Weltmeister ist doch auch ganz schön, zumal niemand damit rechnet ...
Samstags: Warum sollen wir denn wieder verlieren? Beim 3 : 8 hatte die Hälfte der besten Spieler gefehlt, und drei Tore haben wir trotzdem geschossen, die müßten, wenn wir sie wieder erzielen, reichen für das nicht Ausdenkbare ...«
Am Sonntag, dem 4. Juli, regnet es, und

Fritz Walter in typischer Haltung, ein Foto aus seiner Glanzzeit

das hilft auch noch. Herbergers Prophezeiung zur Mittagszeit im eigenwilligen Satzbau seiner Heimat: »dem Fritz sein Wetter – und dem Fritz sein Spiel«. Seine führende und damit entscheidende Rolle im Endspiel will der Kapitän der Weltmeister-Elf aber auch heute noch nicht wahrhaben. Er glaubt, sein bestes Länderspiel habe er im Halbfinale gegen Österreich bestritten. An vier von sechs Treffern war er direkt oder indirekt beteiligt, und zwei Tore schoß er selbst. Ein Mann, der sich sonst bei Elfmeter-Entscheidungen für die eigene Mannschaft lieber abwandte und umdrehte, verwandelte gleich zwei Strafstöße, zirkelte Eckbälle – wie im Training einstudiert – auf den Kopf von Bruder Ottmar und Morlock. Jener Fritz Walter, der oft vor Meisterschafts- und Länderspielen gehemmt schien bis zur Erkrankung, kannte in diesem Turnier keine psychische und physische Belastung. Die Fachwelt war konsterniert. Fritz Walter war nicht so hoch eingeschätzt worden wie die Ungarn Puskas und Hidegkuti, der Südamerikaner Schiaffino, der Jugoslawe Caikovsky und der Österreicher Stojaspal. Fritz Walter haben Erfolge und Mißerfolge nie aus der Bahn geworfen. Diese Weltmeisterschaft war für ihn höchstes Glück einer Mannschaft, persönliche Genugtuung und Bestätigung des eigenen Könnens im internationalen Wettbewerb. Mehr nicht; freilich rührt es ihn noch immer an, zu den elf besten Fußballspielern Deutschlands gehört zu haben. Und die Erinnerung an jene Zeit erzeugt bei ihm hin und wieder eine »Gänsehaut«. Aber er spielte für Deutschland, so sagt er, ohne nationalistische Gefühle. Man sprach in diesen 50er Jahren und der Zeit davor noch nicht von Motivation und Moneten. Man spielte aus Freude und schenkte Millionen Menschen Ablenkung vom grauen Alltag und ließ sie für Stunden grausame Vergangenheit vergessen. Zu dieser Zeit gab es weder Eurovision noch Europapokal. Und doch ist Fritz Walter einbezogen in die herrliche und nie endende Diskussion über Fußball und seine spielgestaltenden Persönlichkeiten früher und heute. Wenn Namen wie di Stefano, Didi, Pele und Puskas genannt werden, gehört auch Fritz Walter dazu. Seine Popularität erlangte er aber nicht allein durch Leistung, sondern durch sein Auftreten, wo immer man ihm begegnete. Popularität setzt Persönlichkeit voraus. Dazu zählen auch sein Leben ohne Skandale und seine Bescheidenheit.

SCHWEDEN 1958

Geburt einer Weltmacht

Jupp Wolffs skandinavische Rückblende

Als am regennassen 29. Juni 1958 die Elf Brasiliens das Finale gegen Schweden mit 5:2 Toren gewonnen hatte, notierten die Kritiker die Geburtsstunde einer neuen Fußballmacht aus Südamerika, schwärmten 50000 Zuschauer im Stockholmer Rasundastadion und 100 Millionen Menschen an den Fernsehschirmen – damals eine phantastische Zahl – von einer Mannschaft, die Fußball in einer bis dahin nie erlebten Vollendung bot. In den Hintergrund getreten waren die ersten Fußballzauberer aus Uruguay, die zweimaligen Olympiasieger von 1924 und 1928 und zweimaligen Weltmeister 1930 und 1950, vergessen war der zweifache Weltmeister Italien und der deutsche Triumph vier Jahre zuvor in Bern.

Jede Weltmeisterschaft hat ihre große Mannschaft gehabt. Doch Brasilien setzte 1958 dem Fußball neue Glanzlichter auf. In Rio de Janeiro und Sao Paulo wurde um diese Zeit in der Formation 4–2–4 gespielt. Aber nicht etwa exakt nach einem eingepaukten Plan. Jeder hatte im Spiel die Möglichkeit zu einem »fliegenden Wechsel«. Niemand vermochte in der neuen brasilianischen Mannschaft einen Spielzug vorauszuahnen. Die Ballkünstler improvisierten vollendet. Es war ein langer und harter Weg, den Brasilien ging, ehe die erste Weltmeisterschaft gewonnen wurde. Dreimal scheiterte Brasilien vorher: 1938 in Frankreich, als der großartige Leonidas in der Mannschaft stand, in der Vorschlußrunde 1:2 gegen den späteren Weltmeister Italien, 1950 im eigenen Land vor 185000 Zuschauern im Maracanastadion beim 1:2 gegen Uruguay, das eine Landestrauer auslöste, schließlich 1954 in Bern im Viertelfinale gegen Ungarn 2:4.

Nur der Riesentroß der brasilianischen Journalisten glaubte vor dem Beginn der Weltmeisterschaft 1958 an den Sieg für »Brasil«. Kaum einer der anderen Journalisten wollte etwas von Brasilien wissen. Man schrieb

Spieler und Betreuer auf dem Balkon von Bjärreds Saltsjöbad bei Malmö: von links: Stollenwerk, Masseur Deuser, Sturm, Herkenrath, Klodt, Schäfer, Kelbassa, Fritz Walter, Wewers, Uwe Seeler, Schmidt, Erhardt, Eckel, Juskowiak, Schnellinger, Rahn, Assistent Gawliczek und Bundestrainer Herberger

respektvoll die Namen Gylmar, Nilton und Djalmar Santos, Zagalo, Didi, Vava, doch mehr geschah nicht. Und Pele? Niemand kannte ihn in Europa um diese Zeit. Ein Ersatzmann war er.

Pele - der Magier des Angriffs *von Hans Blickensdörfer*

Unter der blanken schwedischen Sommersonne haben wir ihn bei der Weltmeisterschaft 1958 als Jüngling erlebt, als den talentiertesten wohl, den das große Spiel je kannte. Aber vielleicht war Peles Panthersatz auf die internationale Bühne von zu verblüffender Einfachheit gewesen. Denn der vierjährige Turnus der Weltmeisterschaften kam ihm nicht entgegen, obwohl er fortfuhr, die Welt des Fußballs in Erstaunen zu setzen. 1962 in Chile ging Brasilien ohne den verletzten Pele ins Endspiel gegen die CSSR, und es verteidigte den Titel in erster Linie dank der letzten großen internationalen Galavorstellung, die Garrincha gab. 1966 in England war es um Brasiliens Hoffnungen geschehen, als Pele im Viertelfinalspiel gegen Portugal brutal zusammengeschlagen wurde, doch muß gerechterweise gesagt werden, daß nur noch ein winziger Hoffnungsfunke erlosch, als Pele das Schlachtfeld des Liverpooler Goodison-Parks auf der Bahre verließ. Und es schien, als ob der Größte von allen nie mehr Weltmeister würde.
Aber dann erlebten wir unter den unruhigen weißen Wolken des mexikanischen Himmels vier Jahre später die Krönung der brillantesten Karriere, die im Fußball gemacht wurde. Der zum Veteranen gewordene Pele führte seine Mannschaft zum ungefährdeten Endspielsieg gegen Italien, und in ihrer Euphorie glaubten damals viele Brasilianer, daß ihm magische Kräfte auch für 1974 verliehen seien.
Pele freilich wußte es besser. Noch war die Ausstrahlung des Ausnahmekönners da, aber die katzenhaften Reflexe, die ihn einst unwiderstehlich machten, hatten sich zerschlissen im pausenlosen Kampf mit Abwehrspielern, deren Härte und Eifer sich im Duell mit dem Magier verdoppelten. Denn ein Magier war der Pele der großen Tage. Unerschöpflich schienen die Variationen seiner Dribblings und Körpertäuschungen, unnachahmlich sein sicherer Blick für die Situation und seine Fähigkeit, ein Tor aus dem zu machen, was der Engländer »the half chance« nennt. Nie wußte die Abwehr, ob er gerade dabei war, einen Kameraden freizuspielen oder die Sache in eigener Regie zu vollenden. Erst der das Tornetz wölbende Ball deckte die Absicht auf. Denn wie kein anderer beherrschte Pele die Kunst, Initiator und Realisator zugleich zu sein, und wohl nie mehr werden wir, über einen so langen Zeitraum, seinesgleichen erleben.

Gesicht eines kommenden Weltstars: der 17jährige Pele 1958 in Schweden

Die Kapitäne vor dem Spiel Deutschland–Nordirland (2:2) in Malmö: Danny Blanchflower und Hans Schäfer

SCHWEDEN 1958
Turnier vom 8. bis 29. Juni

16 Teilnehmer: Argentinien, Brasilien, Deutschland, England, Frankreich, Jugoslawien, Mexiko, Nordirland, Österreich, Paraguay, Schottland, Schweden, Tschechoslowakei, UdSSR, Ungarn und Wales.

1. Brasilien
Spiele gegen UdSSR 2:0, England 0:0, Österreich 3:0, Wales 1:0, Frankreich 5:2 und Schweden 5:2.

2. Schweden
Spiele gegen Wales 0:0, Ungarn: 2:1, Mexiko 3:0, UdSSR 2:0, Deutschland 3:1 und Brasilien 2:5.

3. Frankreich
Spiele gegen Jugoslawien 2:3, Paraguay 7:3, Schottland 2:1, Nordirland 4:0, Brasilien 2:5 und Deutschland 6:3.

4. Deutschland
Spiele gegen Argentinien 3:1, Tschechoslowakei 2:2, Nordirland 2:2, Jugoslawien 1:0, Schweden 1:3 und Frankreich 3:6.

Dann setzte sich das Fußballphänomen Brasilien in Bewegung: 3:0 gegen Österreich, 0:0 gegen England in den ersten Gruppenspielen. Brasilien stellte um, nahm die Ersatzleute Pele und den krummbeinigen Rechtsaußen Garrincha in die Mannschaft: 2:0 gegen die UdSSR, ein mageres 1:0 gegen Wales im Viertelfinale, 5:2 gegen Frankreich im Halbfinale und 5:2 gegen Schweden. Sechs Tore erzielte Pele gegen Wales, Frankreich und Schweden. Vor dem Endspiel am 29. Juni unterhielt sich Schwedens König Gustav VI. besonders lange mit Pele. Der Schwedenkönig drückte dem »Fußballkönig« nochmals die Hand, als Brasilien die schwedische Elf im Finale zeitweise gedemütigt und 5:2 geschlagen hatte. Dabei hatten die Schweden ihre Landsleute Hamrin, Gunnar Nordahl, Liedholm, Gren und Gustavsson, die als Profis in Italien spielten, als überragende Leute in der Mannschaft.
Für Deutschland, den Weltmeister von 1954, wurde das Turnier in Schweden alles andere als ein Ruhmesblatt. Die deutsche Mannschaft erreichte über Argentinien, Nordirland, die Tschechoslowakei und Jugoslawien die Vorschlußrunde. Dann folgte der rabenschwarze 24.

Mit der Mannschaft Schäfer, Herkenrath, Eckel, Szymaniak, Rahn, Cieslarczyk, Fritz Walter, Stollenwerk, Seeler, Erhardt und Juskowiak verlor Deutschland das Halbfinalspiel gegen Schweden mit 1 : 3

Juni mit der Vorschlußrunde gegen Schweden vor 50000 fanatischen Zuschauern in Göteborg. Als das Spiel 1:1 stand, foulte Erich Juskowiak, der deutsche Verteidiger, seinen Gegenspieler Hamrin, der in Italien alle üblen Tricks des Fußballtheaters gelernt hatte und den schwerverletzten Mann spielte. Der ungarische Schiedsrichter Istvan Zsolt schickte Juskowiak vom Platz, ließ Hamrin, der Juskowiak ständig provoziert hatte, weiterspielen. Unter den Zuschauern gab es unbeschreibliche Haßausbrüche. Schweden gewann gegen zehn deutsche Spieler 3:1. Die deutsche Mannschaft, die danach mit vielen Reserveleuten den Kampf um den dritten Platz gegen Frankreich 3:6 verlor, fuhr anschließend nicht einmal zum Bankett nach Stockholm. Deutschland gegen Brasilien im Finale: der damalige Bundestrainer Sepp Herberger war von dieser Begegnung überzeugt. Ein unfähiger Schiedsrichter, den Zuschauern »hörig«, hatte sie zunichte gemacht. Noch heute sagt Herberger: »Wir hätten mit unserm Spiel gegen Brasilien eine große Chance gehabt.«

CHILE 1962

Fußball in der Defensive

Werner Schneiders Reportage vom Turnier der Widersprüche

Am Anfang stand das Wort von Carlos Dittborn: »Wir haben gar nichts, deshalb können wir mit gutem Gewissen sagen, daß wir alles tun werden, um die VII. Fußball-Weltmeisterschaft zu einem großen Ereignis werden zu lassen.« So einfach umschrieb der Mann, der das Turnier 1962 nach Chile geholt hatte, das große Abenteuer in seinem Lande. Das Abenteuer endete für Carlos Dittborn mit dem Tode. Ein Herzschlag traf den rastlosen Organisator an einem Wochenende im April, genau einen Monat vor dem ersten Spiel. Aber die Weichen waren gestellt. Dr. Juan Goni, sein Nachfolger, für einen Lateinamerikaner erstaunlich kühl und überlegt, führte das Werk zu Ende. Am Schluß fand er den Beifall der Gäste aus aller Welt, als er feststellte: »Das Abenteuer hat sich gelohnt!« Dazwischen lag ein Weltturnier voller Widersprüche, mit herber Kritik an den Leistungen, mit öffentlichem Haß als Folge von Skandalspielen, mit übersteigertem Nationalismus und schließlich auch mit der Enttäuschung um eine letztmalig von Sepp Herberger geführte deutsche Mannschaft, die im Viertelfinale mit 0:1 gegen Jugoslawien ausschied. »Es war die schwächste Weltmeisterschaft seit 1930«, sagte der greise Italiener Vittorio Pozzo, und er hatte alle Weltmeisterschaften gesehen, 1930 als Trainer in Uruguay, 1934 und 1938 in Rom und Paris als Chef der italienischen Weltmeister-Mannschaften und dann als Journalist. Vittorio Pozzo fand keinen Widerspruch. In den 32 Spielen des Turniers fielen nur 89 Tore, weniger als je zuvor in einer Weltmeisterschaft, 2,78 im Durchschnitt pro Spiel. Sicherheit ging den Trainern über alles, obwohl man über große Namen nur so stolperte: Helenio Herrera bei Spanien, Karl Rappan bei der Schweiz, Walter Winterbottom bei England, Fernando Riera beim Gastgeber Chile oder Sepp Herberger.

Die Gruppenspiele brachten kaum Sensationen. In der Grenzstadt Arica, 2400 km nördlich von Santiago in Sichtweite des Berges Morro, den chilenische Soldaten mit blankem Messer im Kupferkrieg gegen Peru erobert hatten, kamen die Sowjetunion und Jugoslawien gegen Kolumbien und das enttäuschende Uruguay weiter. Im Küstenort Vina del Mar, knapp zwei Autostunden von Santiago, konnte der hochgelobte Titelverteidiger Brasilien Bedenken nicht ausräumen, verlor seinen Star Pele durch Muskelriß beim 0:0 gegen die Tschechoslowakei, kam aber doch weiter. Die drei anderen Mannschaften gewannen nur je einmal. Der CSSR reichten zwei Tore bei 3:3 Punkten für das Viertelfinale. In Rancagua schließlich, auf dem Platz der Braden-Kupfergesellschaft mit kleiner Holztribüne, setzten sich Ungarn und England gegen Argentinien und Bulgarien durch.

Das Hauptinteresse aber fanden die Spiele in Santiago, wo das modernisierte Estadio Nacional mit dem herrlichen Blick auf schneebedeckte Andenketten für 77000 Besucher hergerichtet worden war.

Vollbesetzte Ränge erlebten das Skandalspiel, das Chile mit 2:0 gegen Italien gewann. Zwei Turiner Journalisten hatten mit ziemlich herablassenden Berichten über das Gastgeberland die Stimmung schon vorher angeheizt. Am 2. Juni, dem italienischen Nationalfeiertag, gab es auf dem Rasen Szenen, die in der Zeitung »La Terzera« als »Weltkrieg der Fußtritte« bezeichnet wurden. In einem anderen Blatt hieß es: »Wir wissen, daß Fußball kein Sport für junge Mädchen ist, sondern für Männer – aber nicht für Pferde.« Kenneth Aston, der englische Schiedsrichter, stellte die Italiener Ferrini und David vom Platz, übersah aber in seiner Hilflosigkeit auf der Gegenseite Faustschläge von Leonel Sanchez und anderen, die zu einem Nasenbeinbruch bei Maschio führten. Am Abend versuchten erboste Chilenen, das italienische Quartier in der Fliegerschule zu stürmen. Polizei und Soldaten mußten eingreifen.

Die Mannschaft, die Chile 2:0 besiegte: Schulz, Seeler, Giesemann, Szymaniak, Schnellinger (stehend von links), Brülls, Kraus, Nowak, Schäfer, Fahrian und Erhardt

Die deutsche Mannschaft hatte einen schwachen Start. Ein Jahr vor der Einführung der Bundesliga war Szymaniak der einzige Vollprofi. In einem Spiel ohne jedes Risiko gab es gegen Italien ein 0:0 und dann gegen die Schweiz ein 2:1, das gefährdet war, obwohl der Gegner in der 12. Minute Eschmann durch Wadenbeinbruch verlor. Erst das 2:0 über Chile brachte verdiente Anerkennung und den Gruppensieg. Vierzig verletzte Spieler nach der Vorrunde veranlaßten Sir Stanley Rous, den Präsidenten des Fußball-Weltverbandes, alle noch beteiligten Mannschaftsführer und Trainer zu einem Gespräch nach Santiago ins Hotel Carrera einzuladen. Die Sitzung verlief seltsam. Es wurde gewarnt und gedroht, aber nicht diskutiert. Die Ursachen, schwache Leistungen der Schiedsrichter und übersteigerter Nationalismus, kamen überhaupt nicht zur Sprache.

Ein Tor des jugoslawischen Läufers Radakovic ließ die deutsche Mannschaft im Viertelfinale scheitern. Die 45000 Zuschauer aber hatten Grund zum Jubel. Sie standen und saßen in Gruppen, lauschten den Reportagen aus den Transistor-Radios und feierten das unerwartete 2:1 Chiles über die UdSSR im fernen Arica. Sechs Tote forderte die Begeisterung in der Nacht in der Hauptstadt. Santiagos City war von einem gigantischen Korso mit Tausenden bemalter Autos blockiert: Erst Schweizer Käse, dann italienische Spaghetti, anschließend russischer Wodka und nun brasilianischer Kaffee, so lauteten die Aufschriften auf Transparenten, Autos und an ganzen Häuserfronten. Der brasilianische Kaffee wurde den Chilenen kalt. Die braunen Werbeverkäufer, die im Umgang des Estadio Nacional kostenlos Probetäßchen mit den Worten anboten: »Cafe do Brazil es mejor« – »brasilianischer Kaffee ist der beste«, fanden keine Abnehmer. Mit 4:2 hatte der Weltmeister übersteigerte chilenische Träume zerstört. Garrincha, der krummbeinige Rechtsaußen, stand in Abwesenheit von Pele ganz im Mittelpunkt. Zwei herrliche Tore waren Voraussetzung für das 4:2. Das große Finale versöhnte. Die Tschechoslowakei, mit 3:1 gegen Jugoslawien im Halbfinale erfolgreich und mit ganzen sechs Toren als Außenseiter im Endspiel, verzichtete auf die rigorose Defensive, die dem Turnier so viel Kritik eingetragen hatte. Die Soldatenmannschaft mit den drei Hauptleuten ging sogar nach 16 Minuten durch den Weltklassespieler Masopust in Führung, aber schon eine Minute später hatte der immer mehr in die Pele-Rolle gerückte Amarildo ausgeglichen. Zito und Vava sorgten in der zweiten Halbzeit bei Leichtsinnsfehlern des sonst so überragenden CSSR-Torhüters Schroif für den 3:1-Sieg. Südamerikas Fußball-Welt war wieder in Ordnung. Brasilien als Titelverteidiger wieder Weltmeister und Chile mit einem in letzter Minute erreichten 1:0 über Jugoslawien Dritter. Das Abenteuer hatte sich gelohnt. Die Fiesta in Santiago dauerte eine ganze Woche.

CHILE 1962
Turnier vom 30. Mai bis 17. Juni

16 Teilnehmer: Argentinien, Brasilien, Bulgarien, Chile, Deutschland, England, Italien, Jugoslawien, Kolumbien, Mexiko, Paraguay, Schweiz, Spanien, Tschechoslowakei, UdSSR und Ungarn.

1. Brasilien
Spiele gegen Mexiko 2:0, Tschechoslowakei 0:0 (Gruppenspiel) und 3:1 (Endspiel), Spanien 2:1, England 3:1 und Chile 4:2.

2. Tschechoslowakei
Spiele gegen Spanien 1:0, Brasilien 0:0 (Gruppenspiel) und 1:3 (Endspiel), Mexiko 1:3, Ungarn 1:0 und Jugoslawien 3:1.

3. Chile
Spiele gegen Schweiz 3:1, Italien 2:0, Deutschland 0:2, UdSSR 2:1, Brasilien 2:4 und Jugoslawien 1:0.

4. Jugoslawien
Spiele gegen UdSSR 0:2, Uruguay 3:1, Kolumbien 5:0, Deutschland 1:0, Tschechoslowakei 1:3 und Chile 0:1.

Deutschland spielte gegen Italien 0:0, Schweiz 2:1, Chile 2:0 und schied im Viertelfinale mit 0:1 gegen Jugoslawien aus.

Garrincha - der bunte Paradiesvogel

von Hans Blickensdörfer

Wenn der FC Bayern München einen jungen Garrincha hätte, dann würde Gerd Müller noch als Großvater Torschützenkönig. Diese Behauptung wird keiner, der den Garrincha der großen Tage erlebte, als pure journalistische Übertreibung belächeln. Denn Manoel dos Santos, den sie schon als Kind Garrincha nannten, weil keiner die Paradiesvögel der Urwälder von Pau Grande mit der Schleuder so sicher im Flug traf wie er, war der Rechtsaußen, von dem jeder Mittelstürmer träumt. Er erledigte die Verteidiger, die sich ihm stellten, ebenso prompt wie die Garrinchas der Wälder, weshalb Nilton Santos, Brasiliens berühmtester Abwehrspieler, über die Köpfe von Pele und Didi hinweg behauptete, daß man mit einem Garrincha und zehn Namenlosen Weltmeister werden könne.

Sicher ist, daß Brasilien 1962 in Chile, als Pele verletzt ausgeschieden war, die Verteidigung des Titels in allererster Linie dem Phänomen Garrincha verdankte.

Der Ausdruck ist nicht zu stark. Denn geboren wurde Manoel dos Santos als Krüppel, und nur die gewagte, fast sinnlos scheinende Operation eines unbekannten Arztes erhielt dem schwarzen Baby das Leben. Freilich blieb ein Fehler zurück, denn der kleine Manoel hatte deformierte Beine. In den Formen von O und X waren das rechte nach innen und das linke nach außen gebogen, und außerdem war das linke etwas kürzer. Welche Rolle das bei seiner unwiderstehlichen Dribbelkunst spielte, sei dahingestellt. Sicher ist nur, daß es ihn, im Gegensatz zu den Militärärzten, die ihn für untauglich erklärten, nicht störte. Botafogo, einer der Glamour-Klubs von Rio, gab ihm einen Vertrag, als er gerade 17 geworden war, und er konnte ihn nur notdürftig unterschreiben, weil er als Analphabet aus dem Urwald gekommen war. Das war am 19. Juni 1953, aber die Welt des Fußballs entdeckte ihn erst fünf Jahre später bei der Weltmeisterschaft in Schweden. Denn immer wieder hatte der dicke Feola gezögert, ihn in die Nationalmannschaft zu nehmen. Zwar gab Trainer Feola Verteidiger Santos, der behaupte-

te, daß Garrincha jedes Spiel alleine gewinnen könne, recht, aber er fügte hinzu, daß er auch jedes kaputtmachen könne. Zu eigenwillig und unberechenbar war ihm der bunte Vogel am rechten Flügel.
Aber als Garrincha im Göteborger Ullevi-Stadion zusammen mit Pele seine »Welt-Premiere« gefeiert hatte, wäre Feola gelyncht worden, wenn er ihn nochmals auf die Reservebank gesetzt hätte. Die Sterne von Didi und Pele glänzten, aber noch heller strahlte der von Garrincha. Dank seiner grandiosen und geradezu atemberaubenden Vorarbeit schoß Mittelstürmer Vava beide Tore zum 2:0-Sieg über die Sowjetunion, und es war, als ob der Rechtsaußen mit diesen furiosen Dribblings alle geltenden Gesetze des Fußballs außer Kraft setzte.
Dabei war ihre Einfachheit im Grunde verblüffend. Denn eigentlich hat Garrincha nie etwas anderes gemacht, als den Angreifer heranzulocken, ihn mit einer Körpertäuschung nach links auf den »falschen Fuß« zu stellen und dann blitzschnell nach rechts auszubrechen. Aber die katzenhafte Geschmeidigkeit und das Tempo waren so groß, daß es keine reguläre Abwehrwaffe dagegen gab.
Allerdings nur, solange die Reflexe intakt waren. Zwischen 1962 und 1966 schlich sich die Arthrose in die deformierten Beine, aber die Dollars lockten, und Botafogo kannte keine Gnade für seinen bunten Vogel am rechten Flügel. Immer wieder wurde die Kokainspritze in seine streikenden Beine gestochen, weil der Klub ohne Garrincha bei seinen zahllosen internationalen Freundschaftsspielen nur die halbe Gage bekam.
Mit dem Erfolg, daß der Garrincha, den wir bei der Weltmeisterschaft 1966 in England erlebten, noch viel weniger als 50 Prozent seines »schwedischen« Werts darstellte. Das war kein Star mehr, sondern ein armseliger Clown, der von der großen Bühne heruntergefegt worden war in die Schmiere.
Der Mann, der dem großen Spiel etwas gegeben hat, was wir vielleicht nie mehr erleben werden, stürzte tiefer als alle anderen von der zerbrechlichen Ruhmesleiter des Sports.
Und er glich, auch im Sturz, den bunten Garrinchas, die ohne zu begreifen, warum, jäh im Flug von den Schleudern der Buben getroffen werden.

ENGLAND 1966

Als in Wembley die Stunde schlug

Dettmar Cramers taktische Analyse der deutschen Spiele

Die Achillessehne ist die stärkste Faser des menschlichen Körpers. Sie verbindet die Wadenmuskulatur mit dem Fersenbein und spielt eine wichtige Rolle beim Sprinten, Springen und Schießen. Am Abend des 20. Februar 1965 lernten wir in Deutschland mehr darüber, als uns lieb war. Der Hamburger Sportverein trat im Frankfurter Waldstadion gegen die Eintracht an und führte zur Halbzeit 1:0. Dann passierte es in der 54. Minute: Nach gewonnenem Zweikampf brach Uwe Seeler zusammen und wurde auf der Bahre in die Kabine getragen. Mannschaftsarzt Dr. Fischers Diagnose, »Riß der Achillessehne am rechten Schußbein«, jagte uns einen gehörigen Schreck ein.
Eine Nationalmannschaft ohne Uwe Seeler konnten wir uns 1965, ein Jahr vor der Fußball-Weltmeisterschaft, nur schwer vorstellen. Der Kapitän und Torjäger war das Symbol unserer Mannschaft. Wie sollten wir ohne ihn am 26. September 1965 in Stockholm gewinnen?
Das erste Qualifikationsspiel gegen Schweden am 4. November 1964 in Berlin war 1:1 ausgegangen. Das Rückspiel mußte über unsere Teilnahme am Weltturnier entscheiden. Wir bangten um Uwe und um unsere Mannschaft. Fußball ist ein Mannschaftsspiel. Das ist eine Binsenweisheit. Disziplin und Zusammenspiel werden groß geschrieben. Das weiß man. Das Mannschaftsspiel Fußball aber verlangt nach Spielerpersönlichkeiten, die zwischen den Wettspielen und auf dem Spielfeld bestimmenden Einfluß auf ihre Umgebung ausüben. Das

Deutsche Schlachtenbummler in England

Charlton – der Gentleman aus Ashington

Am Abend des 16. Juli 1966 hypnotisierte ein berühmter rechter Fuß den mexikanischen Torhüter, der einen der schönsten Treffer, die jemals in Wembley erzielt wurden, nicht verhindern konnte. Zehn Tage später war es derselbe Fuß, der zwei Tore gegen Portugal schoß.
Der Fuß gehörte dem unvergleichlichen Bobby Charlton – und die genannten Tore führten England in das Finale und dort zum Gewinn der Weltmeisterschaft. Es war so etwas wie ausgleichende Gerechtigkeit, daß Charlton einer der Stars des Sieges gegen Deutschland wurde. Kapitän Bobby Moore sollte später als bester Spieler des Turniers gefeiert werden, und Geoff Hurst hatte als dreifacher Torschütze beim 4:2 gegen Deutschland seinen besonderen Triumph. Zwanzig Jahre spielte Charlton Fußball, zwanzig Jahre auch für Manchester United. Er war ein Gentleman

seines Sports. In England will jeder Junge so werden wie Charlton.

Die Karriere des Mannes mit dem trockenen, harten Schuß und den flatternden blonden Haaren begann 1956 mit einem Spiel gegen Charlton Athletic und endete am 2. Mai 1973 in einer Freundschaftsbegegnung in Verona. 106mal stand Charlton in der englischen Mannschaft, für die er 49 Treffer erzielte. Er gewann den Rimet-Pokal, den Europapokal, Englands F. A. Cup und die englische Ligameisterschaft. Er war Europas und Englands Fußballer des Jahres.

Bobby Charlton, ein im Grunde scheuer, zurückhaltender Mann, der, wie seine Mutter einmal sagte, »mit einem Fußball zwischen den Füßen geboren worden ist«, stammt aus Ashington in Northumberland, und die Lichter von Manchester sah er mit fünfzehn Jahren zum erstenmal. Matt Busby verpflichtete ihn für United. Charlton war eines der ersten »Busby Babies«. Aber die strahlende junge

Elf erlosch bei der Münchner Flugzeugkatastrophe 1958. Charlton überlebte, und zwei Monate später spielte er zum erstenmal für England, im Hampden Park in Glasgow gegen Schottland. Er schoß ein Tor, und von diesem Augenblick nannte man ihn »Charlton Thunderbolt«. Wembley wurde danach so etwas wie sein zweites Zuhause. Sein letztes Spiel für England bestritt er 1970 in Leon bei der 2:3-WM-Niederlage gegen Deutschland.

Es gibt eine Szene im Leben Charltons, die alles über ihn sagt: Als 1968 in Wembley die Elf von Manchester nach dem 4 : 1 gegen Benfica Lissabon den Europapokal gewonnen hatte, umarmten sich abseits von allen Gratulanten Charlton, Sir Matt Busby und Bill Foulkes, drei Überlebende der Tragödie von München. Ein Traum war für sie wahr geworden, der zehn Jahre vorher begonnen hatte.

Als Charlton 1973 ins Management wechselte, verlor die Welt einen ihrer größten Spieler.

Die Mannschaftskapitäne Uwe Seeler und Bobby Moore vor dem WM-Finale in Wembley; dahinter Schiedsrichter Gottfried Dienst (Schweiz) mit den Linienrichtern Bachramow, UdSSR (links), und Galba, CSSR

war Uwe Seelers Stärke und deshalb glaubten wir, nicht auf ihn verzichten zu können.
Aus welchem Holz »Uns Uwe« geschnitzt ist, bewies er sieben Monate nach der Operation, die von Dr. Fischer meisterlich ausgeführt wurde. Er schoß das Siegestor in Stockholm. Unsere Mannschaft gewann 2:1. Der Kapitän war rechtzeitig zurückgekehrt.
In England steigerten wir uns von Spiel zu Spiel. Mit dem 5:0-Erfolg über die Schweiz fing es an, und mit der 2:4-Niederlage im mitreißenden Endspiel gegen England hatten wir das höchste Ziel im Weltfußball nur knapp verfehlt.
Unsere Mannschaft mit 22 ausgewählten Spielern war im Durchschnitt 25,7 Jahre jung und hatte zusammengerechnet 295 Länderspiele bestritten. In den sechs WM-Spielen wurden vierzehn Spieler eingesetzt. Dabei muß berücksichtigt werden, daß es 1966 noch keine Auswechselspieler gab. Außer der Endspielmannschaft mit Tilkowski, Schulz, Höttges, Weber, Schnellinger, Beckenbauer, Overath, Haller, Seeler, Held und Emmerich kamen gegen die Schweiz und Argentinien Brülls als Rechtsaußen, gegen Spanien Krämer als Rechtsaußen und gegen die UdSSR Lutz für den an einer Entzündung der Achillessehne leidenden Höttges zum Zug.
Das Torverhältnis war 15:6. Helmut Haller erzielte sechs Tore, Franz Beckenbauer fünf, Uwe Seeler zwei und Siegfried Held, Lothar Emmerich und Wolfgang Weber je ein Tor.
Haltung, Leistung und Abschneiden unserer Mannschaft waren vorbildlich und unbestritten erfolgreich. Ob es noch besser hätte sein können, ob das Endspiel zu gewinnen gewesen wäre, kann man nur leidenschaftslos diskutieren, wenn dabei der bedeutende und unberechenbare Faktor Glück unbeachtet bleibt. Deshalb ist eine taktische Analyse erlaubt. Besser oder nicht besser – das ist die Frage. Die Antwort stützt sich auf Erfahrung, Vorstellungskraft und Eingebung.
In den letzten fünf Vorbereitungsspielen vor dem Start der Weltmeisterschaft erzielte die deutsche Mannschaft 13 Tore gegen Holland, Irland, Nordirland, Rumänien und Jugoslawien. 2,6 pro Spiel und nur zwei Gegentore – eine überzeugende Bilanz.

ENGLAND 1966
Turnier vom 11. bis 30. Juli

16 Teilnehmer: Argentinien, Brasilien, Bulgarien, Chile, Deutschland, England, Frankreich, Italien, Mexiko, Nordkorea, Portugal, Schweiz, Spanien, UdSSR, Ungarn und Uruguay.

1. England
Spiele gegen Uruguay 0:0, Mexiko 2:0, Frankreich 2:0, Argentinien 1:0, Portugal 2:1 und Deutschland 4:2.

2. Deutschland
Spiele gegen Schweiz 5:0, Argentinien 0:0, Spanien 2:1, Uruguay 4:0, UdSSR 2:1 und England 2:4.

3. Portugal
Spiele gegen Ungarn 3:1, Bulgarien 3:0, Brasilien 3:1, Nordkorea 5:3, England 1:2 und UdSSR 2:1.

4. UdSSR
Spiele gegen Nordkorea 3:0, Italien 1:0, Chile 2:1, Ungarn 2:1, Deutschland 1:2 und Portugal 1:2.

In allen fünf Begegnungen spielte unsere Abwehr Mann gegen Mann ohne einen freien abschirmenden Spieler dahinter. Das führte zu einer taktischen Diskussion. Zwei Standpunkte gab es: fünf Spiele mit 13:2 Toren beweisen, daß man ohne Libero auskommt – oder: Die weltbesten Mannschaften operieren mit verstärkter Deckung; wir werden uns daran die Köpfe einrennen, zu viele Spieler in den Angriff schicken, unsere Abwehr entblößen und verlieren. Die Entscheidung fiel in England vor dem ersten Spiel gegen die Schweiz. Wir gewannen mit dem Libero überzeugend. Willi Schulz war der letzte Mann; daran hielten wir fest.

Im zweiten Spiel gegen Argentinien und erst recht im Endspiel gegen England zeigte es sich, daß die Umstellungszeit von einem System auf das andere zu kurz war. Der Entschluß wurde zu spät gefaßt. Unsere Abwehr war stärker geworden, aber für unsere Gegenangriffe aus der verstärkten Deckung brauchten wir noch zu lange Zeit. In diesem entscheidenden Punkt war England besser als Deutschland und Portugal. Das damals gültige Torverhältnis beweist es: England 3,66, Deutschland 2,50, Portugal 2,25. In der Geschichte des Fußballsports haben Angriff und Abwehr von jeher um die Vormachtstellung gerungen. Dieser Kampf geht weiter, und das ist gut so. Die Entwicklung des Spiels lebt davon. Das Endziel ist das Gleichgewicht von Angriff und Abwehr. Die alte Frage nach Offensive *oder* Defensive beantworten wir heute mit einem eindeutigen *Und.* Die Macht der Abwehr ist eine Herausforderung an den Angriff, und gegen durchschlagskräftige Angriffswaffen werden sichere Abwehrsysteme entwickelt.

Als am 30. Juli 1966 in Wembley für uns die Stunde schlug, war unsere Mannschaft noch nicht fertig. Bei der Europameisterschaft 1972 war sie es auf die Minute. Darauf kommt es an.

Kapitän Uwe Seeler und seine Mannschaft wurden in Frankfurt wie Weltmeister empfangen. Die großartige Leistung in einem unvergeßlichen Endspiel wurde begeistert anerkannt. Die zahlenmäßige Niederlage, das Resultat unglücklicher Fehlhandlungen und taktischer Fehlentscheidungen, war ganz zu Recht vergessen. Denn wichtiger als zu siegen ist es, sauber gekämpft zu haben.

Das dritte Tor für England beim 4:2 gegen Deutschland; Hans Tilkowski von Geoff Hurst bezwungen (links)

Ehrenrunde des Verlierers in Wembley, von links Seeler, Schulz, Tilkowski, Weber, Höttges, Haller (unten)

Studie des WM-Torschützenkönigs Gerd Müller, zehn Tore in fünf Spielen

MEXIKO 1970

Brasilianische Fußballzauberei

Wolfgang Thiel beschwört die Tage in Mittelamerika

Vor Beginn einer jeden Fußball-Weltmeisterschaft werden die Nationaltrainer und ihre größten Stars von den neugierigen Journalisten mit einem oft unerschöpflichen Fragenkomplex überfallen. So war es auch 1970 vor dem IX. Weltturnier in Mexiko.
Man fragte nach den Aussichten und machte hier und dort sogar den Versuch, zu recherchieren. Die italienischen Reporter taten dies sehr gestenreich und temperamentvoll, die Südamerikaner noch lautstärker, die wenigen Berichterstatter aus der Sowjetunion hingegen überaus diszipliniert, fast scheu und in ihren Fragen derart zurückhaltend, daß man sich ein ungefähres Bild davon machen konnte, was die Leser in Moskau und Leningrad erfuhren.
Das meistbesuchte Lager war das Quartier der Engländer. In dem riesigen Betonbau des Hilton Hotels mitten in Guadalajara wollte man sich mit dem Titelverteidiger unterhalten. Und Teammanager Sir Alf Ramsey, der dem »Fußball-Lehrmeister«

Deutsche Schlachtenbummler in Mexiko

Gerd Müller – das Gespenst im Strafraum

Mexiko begründete seinen Weltruhm. Tore hatte er schon zur Genüge in der Bundesliga geschossen. Gerd Müller, Jahrgang 1945, klein und stämmig, von ungeheurer Wendigkeit und Beinkraft, mußte sich gegen die Popularität eines Franz Beckenbauer und Günter Netzer behaupten. »Kleines dickes Müller«, wie »Tschik« Caikowsky, sein Entdecker, den dunkelhaarigen, quirligen »Bomber vom Dienst« nannte, kann keine Tore aus fünfzehn oder zwanzig Metern schießen: Bälle, die von der Querlatte ins Netz prallen und dieses wölben, Treffer, die im Lattenkreuz einschlagen, Schüsse, die man am besten im Fernsehen sieht und die in der Wiederholung am schönsten sind. Müller kann dagegen im Strafraum eine halbe oder viertel Chance in eine ganze verwandeln.
In Mexiko 1970 schoß er Tore gegen Marokko (1), Bulgarien (3), Peru (3), England (1) und Italien (2). Mit zehn Treffern wurde er – als erster Deutscher – Schützenkönig der Weltmeisterschaft.
Gerd Müller, ein ehrgeiziges Bündel Fußballinstinkt, hat allen Grund zur Zufriedenheit, privat wie sportlich. Der zum wohlhabenden Profi aufgestiegene ehemalige Weber und Bezirksligist aus dem schwäbischen Nördlingen hat in der Bundesliga Maßstäbe gesetzt, an denen sich wohl noch ganze Generationen von Mittelstürmern orientieren müssen. Dieses »Strafraumgespenst« Müller ist ein Phänomen. Und der Wissenschaftler Prof. Dr. Hans Schoberth erklärt das so: »Gerd ist erfolgreich, weil er rundum ausgeglichen ist. Der Mann hat keine Komplexe und keine Schwierigkeiten mit sich selbst.« Sollten sie dennoch auftreten, werden sie ihm abgenommen, in der Hauptsache von Ehefrau Uschi. Für sie kauft er gelegentlich Modellkleider in Berlin, er selber aber trägt nur Anzüge von der Stange.

Gerd Müller kam 1964 für 15000 Mark Ablösesumme vom TSV Nördlingen zum FC Bayern. Die Münchner stellten ihm ein mietfreies Appartement zur Verfügung, der »Neue« durfte sich im Vereinslokal satt essen und hatte als erstes Profigehalt nur 160 Mark im Monat zuzüglich 50 Mark Siegprämie. Und die 5000 Mark Handgeld, die der damalige Regionalligist Bayern München springen ließ, bekam nicht Müller, sondern dessen Mutter.
Der Aufstieg zu Ruhm und Reichtum begann dann mit Müllers Premiere in München. Fortan wuchsen Sport- und Sparkonto derart zufriedenstellend, daß Gerd Müller ein Jahr vor dem Weltmeisterschaftsturnier 1974 1,5 Millionen Mark für seine Unterschrift ausschlagen konnte – diesen Betrag hätte ihm der FC Barcelona allein für seinen Namenszug unter einen Dreijahresvertrag gezahlt.

vier Jahre zuvor im eigenen Lande erstmals zum Gewinn der Weltmeisterschaft verholfen hatte und dafür anschließend geadelt worden war, gab die Antwort: »Wir sind stärker als 1966!«
Aber schon zwölf Tage nach der Premiere des Titelverteidigers (1:0 über Rumänien) wurden die Hoffnungen von Sir Alf jäh zerstört: Deutschland schaltete den amtierenden Weltmeister im Viertelfinale aus. 3:2 – nach einem 0:2-Rückstand und nach einem der größten Spiele von Franz Beckenbauer! Bobby Charlton, der Mann, der in dieser unvergeßlichen Begegnung mit seinem 106. Länderspiel einen neuen Weltrekord aufstellte, schrieb über den »schwarzen Tag in Leon«: »Es war richtig, daß Alf Ramsey mich nach 71 Minuten aus dem Spiel nahm. Ich konnte Franz Beckenbauer einfach nicht mehr folgen. Ihm war die Revanche für das Londoner Finale voll gelungen. Auch Gordon Banks

hätte sein Tor zum 2:1 nicht gehalten, behaupte ich. Der Sieg war für die deutsche Elf verdient!« Zum fünften Male nach 1934, 1954, 1958 und 1966 stand die deutsche Mannschaft im Halbfinale eines Weltturniers. Dazu kamen die Ballzauberer aus Brasilien (4:2 über Peru), Uruguay als zweiter Südamerikavertreter (1:0 über die Sowjetunion) und der amtierende Europameister Italien, der gegen den Ausrichter Mexiko in der Zwischenrunde viermal so viele Tore schoß (4:1) wie in allen drei Gruppenspielen gegen Schweden (1:0), Uruguay und Israel (jeweils 0:0) zusammen!

Das Halbfinale war komplett: Deutschland–Italien in Mexiko City und Brasilien–Uruguay in Guadalajara.
Der 17. Juni 1970 ist als Meilenstein ebenso in die deutsche Fußballgeschichte eingegangen wie der glorreiche »Tag von Bern«, der 4. Juli 1954. Die Halbfinalbegegnung Deutschland gegen Italien sprengte am 17. Juni alle Grenzen fußballerischer Spannung und Dramatik. Was sich an diesem Tag vor 80000 leidenschaftlich mitgehenden Zuschauern im herrlichen Aztekenstadion ereignete, war so faszinierend, daß die gesamte Weltpresse ihren Millionen Lesern am nächsten Tag vom »Spiel des Jahrhunderts« berichtete: 1:0 für Italien schon nach acht Minuten durch Boninsegna. Dann der Ausgleich zu einem Zeitpunkt, als die Azzurri sich schon im Endspiel sahen: 1:1 durch einen Abwehrspieler in der 91. Minute, durch einen »Italiener«, den für AC Mailand tätigen Karl-Heinz Schnellinger! Sechs Minuten nach der Verlängerung 2:1 für Deutschland. Das neunte Tor des WM-Rekordschützen Gerd Müller. Und ebenso sicher, wie die Italiener sich nach 90 Minuten schon im Finale gesehen hatten, fühlte die deutsche Elf sich schon als Finalist. Sie beherrschte den Europameister. Helmut Schön tanzte nach dem zweiten Tor am Spielfeldrand vor Freude. Dann wieder die Ernüchterung: 2:2 nach einem schweren Fehler von Sigi Held. Und schon drei Minuten darauf gar das 3:2 für Italien! Nur noch zehn Minuten. Sekunden später steht es 3:3. Wieder durch das Münchner »Strafraumgespenst« Gerd Müller. Aber wieder ist die Freude im Lager der Deutschen nur von kurzer Dauer. Rivera schießt zwei Minuten später das vierte Tor für Italien. Die Entscheidung war gefallen. Fünf Tore innerhalb von nur 16 Minuten in der Verlängerung. »Für 750 Reporter aus aller Welt war es die schwerste Aufgabe ihres Lebens, dieses Spiel in Worte zu fassen«, schrieb die angesehenste Zeitung Mexikos, »Excelsior«, damals.
Nach dem Schlußpfiff hatten die Wörter »Sieg« oder »Niederlage« keine Bedeutung mehr. Es war ein Spiel, das ohne Verlierer hätte ausgehen müssen. Der größte Sieger war der Fußball. Er gewann an diesem Tag Millionen neue Anhänger!
Mit nur sechs Spielern aus der »Italien-Elf« gewann Deutschland drei Tage später das Spiel um den dritten Platz gegen Uruguay mit 1:0. Schon nach einer knappen halben Stunde war Wolfgang Overath mit einem wuchtigen Linksschuß von der Strafraumgrenze aus die Entscheidung gegen den besten Torhüter des Turniers (Mazurkiewicz) gelungen.
Im zweiten Halbfinal-

MEXIKO 1970
Turnier vom 31. Mai bis 21. Juni

16 Teilnehmer: Belgien, Brasilien, Bulgarien, Deutschland, England, Israel, Italien, Marokko, Mexiko, Peru, Rumänien, El Salvador, Schweden, Tschechoslowakei, UdSSR und Uruguay.

1. Brasilien
Spiele gegen Tschechoslowakei 4:1, England 1:0, Rumänien 3:2, Peru 4:2, Uruguay 3:1 und Italien 4:1.

2. Italien
Spiele gegen Schweden 1:0, Uruguay 0:0, Israel 0:0, Mexiko 4:1, Deutschland 4:3 und Brasilien 1:4.

3. Deutschland
Spiele gegen Marokko 2:1, Bulgarien 5:2, Peru 3:1, England 3:2, Italien 3:4 und Uruguay 1:0.

4. Uruguay
Spiele gegen Israel 2:0, Italien 0:0, Schweden 0:1, UdSSR 1:0, Brasilien 1:3 und Deutschland 0:1.

Uwe Seeler in der Zange; Szene aus dem Spiel Deutschland gegen England 3:2

spiel hatte sich Brasilien mit 3:1 erwartungsgemäß gegen die »Urus« durchgesetzt. Der Weltmeister von 1958 und 1962 brach damit einen stolzen Rekord: Er drang zum viertenmal ins Endspiel vor – gegen Italien!
»Natürlich sind die Brasilianer klarer Favorit«, schrieb die Weltpresse. Und Pele hatte auch in einem letzten Rundfunk-Interview erklärt: »Die Heimat verlangt von uns den endgültigen Besitz der Coupe Jules Rimet. In Rio ist schon alles auf einen großen Empfang des Weltmeisters vorbereitet. Wir werden die Heimat und unsere vielen Anhänger in aller Welt nicht enttäuschen.«
Und sie enttäuschten nicht, die dunkelhäutigen Ballzauberer aus Brasilien. 4:1 gewannen sie das Finale über eine schwache italienische Elf, die fast alle ihre Kräfte im Deutschlandspiel verbraucht hatte. Nachdem Jairzinho das entscheidende Tor zum 3:1 erzielt hatte, lief er in weitem Bogen bis vor die Tribüne der Ehrengäste, fiel auf die Knie und streckte die Hände gefaltet zum Himmel. Sogar nüchterne Europäer hatten Verständnis.

JULES RIMET

Der Vater der Weltmeisterschaft

Ein Porträt von Dr. Friedebert Becker

Das Hauptkapitel der Geschichte des Fußballs gebührt Jules Rimet. Als der große französische Fußballführer 1921 das Präsidium des Fußball-Weltverbandes FIFA übernahm, gehörten der (1904 von sieben Ländern gegründeten) »Fédération de Football Association« erst 20 Nationen an. Weder Brasilien noch Uruguay! Nicht mehr die Briten! Bei seinem Abschied 1954, nach 34 Jahren ununterbrochenen schöpferischen Wirkens, umschlang die FIFA mit 85 Ländern den ganzen Erdball.
Der kleine, beinahe zierliche, elegante und so temperamentvolle Franzose steuerte den beispiellosen Aufstieg des Fußballs und seines Weltverbandes dank seiner suggestiven Sprachkraft und seinem klugen diplomatischen Geschick, schnell mit Menschen aller Eigenarten, Sprachen, Rassen Kontakt zu finden und sie zu überzeugen. Zielsichere Energie trieb ihn. Selbst in den schrecklichen Jahren des Zweiten Weltkrieges hielt Rimet mit Hilfe seines einflußreichen, weitschauenden deutschen Generalsekretärs Dr. Ivo Schricker über das Zürcher FIFA-Büro die Fäden des Weltfußballs in der Hand. Dabei lebte er in Paris nach der deutschen Besetzung völlig zurückgezogen in täglicher Todesangst, denn seine Frau war Jüdin.
Gleich nach dem Krieg erfüllte sich beim FIFA-Kongreß 1946 in Luxemburg sein sehnlicher alter Wunsch, daß endlich die britischen Verbände der FIFA wieder beitraten, England, Schottland, Wales, Nordirland.
»Weltmeisterschaft – Coupe Jules Rimet« taufte man bei jenem Luxemburger Kongreß den kostbaren Pokal, der seit 1930 als Trophäe der Weltmeisterschaft überreicht worden war. Jules Rimet verdiente diese ungewöhnliche Ehrung. Vom ersten Tage seiner Berufung an hatte der am 24. Oktober 1873 in Theuley (Haute Saône) als Sohn eines Müllers geborene Pariser Rechtsanwalt für seine Idee, den Fußball-Weltpokal, gekämpft. Schon 1920 bei der Fußball-Olympiade in Antwerpen, als Rimet kommissarisch bereits zur Neuformierung der in mehrere Lager zerstrittenen kleinen FIFA berufen wurde, sprach er die prophetischen Worte: »Trachten wir nach der Möglichkeit, einen internationalen Wettbewerb zu schaffen nach dem Muster des ›English Cup‹ oder des soeben in Frankreich gegründeten französischen Pokals.«
1921, bei seiner Wahl zum FIFA-Präsidenten (1923 bestätigt), gehörte dieser Aufruf zur Schaffung einer Fußball-Weltmeisterschaft zu seinen ersten Amtshandlungen.
Aber erst 1928, nach mehreren vergeblichen Anläufen, gelang es Rimet mit tatkräftiger Unterstützung seines energischen französischen Verbandssekretärs Delauney und dank der Stimmen der Südamerikaner beim Amsterdamer Kongreß, »seine« Weltmeisterschaft durchzusetzen. Listig lockte er die Südamerikaner: »Die Premiere soll 1930 in Montevideo vor sich gehen!«
Rimet überreichte nach dem hochklassigen Finale dieser ersten Weltmeisterschaft Uruguays Spielführer Nasazzi nach dem Sieg über Argentinien (4:2) den Weltmeisterschaftspokal, der 50000 Schweizer Gold-Franken gekostet hatte. Nasazzi war im übrigen derselbe Uruguayer, der zwei Jahre zuvor bei der Olympiade in Amsterdam im Spiel gegen Deutschland (4:1) wegen schweren Fouls zusammen mit Richard Hofmann des Feldes verwiesen worden war . . .
1934 saß Rimet beim Finale in Rom (Italien–Tschechoslowakei 2:1 nach Verlängerung) an der Seite Mussolinis. »Er vibrierte mit seiner ganzen autoritären Maske, wenn sich Italiens Torhüter Combi in Gefahr befand«, erzählte uns Rimet nach dem Spiel. »Nach Orsis Ausgleichstor sprang Mussolini auf und applaudierte minutenlang.«
Wie gern hätte Rimet die Weltmeisterschaft 1938 in seinem Frankreich zum ersten wahrhaft weltumspannenden Turnier gemacht. Aber gegen ihn verschwor sich alles. Der Zweite Weltkrieg warf schon seine Schatten, auch die dritte WM blieb ein Torso.

Bern, 4. Juli 1954. Der achtzigjährige Rimet überreicht Fritz Walter den nach ihm benannten Ehrenpokal der FIFA

Psychologisch mag man Rimet nachfühlen, daß er nach den eigenen Schreckenserlebnissen im Krieg 1950 in Rio de Janeiro beim FIFA-Kongreß im Luxushotel Quitadinha keine Begeisterung für den besonders von der Schweiz leidenschaftlich verfochtenen Plan aufbrachte, den soeben neu gegründeten Deutschen Fußball-Bund sofort wieder in den Schoß der FIFA aufzunehmen. Er wich aus und setzte statt dessen die Aufnahme des Saarlandes (!) durch. So sorgte Rimet für den Treppenwitz der deutschen Fußballgeschichte, daß sich das Saarland, von Helmut Schön trainiert, und Deutschland, von Sepp Herberger betreut, in der Weltmeisterschaftsqualifikation 1954 gegenüberstanden. Das Schicksal wollte es allerdings, daß Rimet vier Jahre nach Rio Deutschlands Kapitän Fritz Walter seinen »Coupe Jules Rimet« als Zeichen der Weltmeisterschaft 1954 in Bern überreichte. Er war am glücklichen Ende eines langen Weges.

Rimet starb kurz vor seinem 83. Geburtstag, bald nach seinem Rücktritt, am 15. Oktober 1956 in einer Pariser Klinik.

Wir erinnern uns, daß der dynamische Organisator der Weltmeisterschaft 1954, der Schweizer Ernst Thommen, Jules Rimet für den Friedensnobelpreis vorschlagen wollte, als Anerkennung für die ungewöhnlichen Verdienste des Franzosen um Völkerfreundschaften dank seiner weltumspannenden Fußballregie.

DEUTSCHLAND 1974

Kunst für Kenner

Jürgen Werner seziert
das Spiel für und um Millionen

Dogmatiker sprechen von einer neuen Blütezeit, Skeptiker von Stagnation, Häretiker von Verfallserscheinungen des Fußballsports. Linke Ideologen analysieren ihn im Rahmen ihrer Gesellschaftskritik gar als einen der Unterdrückungsmechanismen der herrschenden Klasse: »Die Tore auf dem Fußballfeld sind die Eigentore der Beherrschten.« Diese scheinbaren Antinomien lösen sich auf, untersucht man die von allen Seiten gebrauchten Argumente und Kriterien. Die kontinuierliche Entwicklung der Fußballweltmeisterschaften, so folgern die Dogmatiker, belegen eindeutig ihre These. Nahmen 1930 bei der ersten in Uruguay ausgetragenen Weltmeisterschaft nur 13 Nationen teil, so daß Qualifikationsspiele gar nicht notwendig waren, so hatten sich 1934 immerhin schon 29 Länder für eine Teilnahme in Italien entschieden. 1938 blieben von ursprünglich 36 gemeldeten Nationen schließlich 29 übrig. Diese durch den Zweiten Weltkrieg unterbrochene Entwicklung setzte sich von 1950 an unaufhaltsam fort. Wieder begann nach der Zäsur von 12 Jahren eine Fußballweltmeisterschaft mit 13 Teilnehmern – aber insgesamt 33 Nationen hatten schon wieder ihr Interesse durch eine erste Meldung bekundet. Von da an ging's nur noch bergauf. 1971 meldete die FIFA Rekord: 98 Länder wollten bei der zehnten Weltmeisterschaft 1974 in Deutschland dabeisein. Endgültig nahmen dann 91 den Kampf um die Teilnahme auf – Brasilien, der Titelverteidiger, und die Bundesrepublik Deutschland, als gastgebendes Land, waren automatisch für die letzten Sechzehn qualifiziert.
93 Nationen also insgesamt im Wettstreit um einen Titel, der, neben dem Olympiasieg für den einzelnen, wohl den begehrtesten Erfolg im internationalen Sport darstellt. Demzufolge auch völkerverbindend? Die fast 2800 Journalisten, die 1970 aus Mexiko von der Fußballweltmeisterschaft berichteten, die Zahl von etwa 4000 in diesem Jahr, die nach Hermann Neuberger, dem Chef des Organisationskomitees, »den bundesrepublikanischen Fußball und das Land auch der Welt präsentieren«, scheinen dafür ein Indiz zu sein. Es gibt heute keine vergleichbaren Ereignisse, geschweige denn Institutionen in der Welt, die regelmäßig, wenn auch sporadisch, diese Kommunikations- und Kontaktmöglichkeit gerade auch auf emotionaler Grundlage schaffen.
Willi Daume erkannte 1972 die »Sehnsucht der Menschen nach Frieden«, für den die Olympischen Spiele ihren bescheidenen Beitrag leisten könnten, weil es sie trotz aller Kriege gebe. Der Soziologe Helmut Schelsky sprach in dem Zusammenhang von dem Stück Frieden in der Welt, das durch die Stiftung der Olympischen Spiele den Völkern angesonnen war«. 121 Länder waren in München vertreten, fast 100 bekannten sich 1971 durch ihre Meldung zu der Idee einer Fußballweltmeisterschaft. Fußball, ein Spiel ohne Grenzen! Denn nicht weniger als die auf eine Milliarde geschätzte Zuschauer-, Hörer- und Leserzahl der Olympischen Spiele verfolgte auch die Fußballweltmeisterschaft. Fußball, ein Spiel für Millionen! Doch schon hier melden sich die Skeptiker. Nicht Millionen, sondern um Millionen müsse es heißen. Der Trend zum Showbusiness sei unübersehbar. Die Spieler orientieren sich nach persönlichem Profit und Prestige. Die nationalen und internationalen Fußball-Skandale seien Legion. Als sportliche Maxime gelte das den Sinn jedes Spiels ad absurdum führende Prinzip, nicht zu verlieren, wo doch gewinnen zu wollen allein schöpferische Initiative frei werden ließe. Pelé, Eusebio, Rivera, Netzer oder Beckenbauer seien die letzten Interpreten eines auch für die Masse attraktiven Fußballs. Doch übersieht diese Argumentation, daß die Motivation für die Fußballbegeisterung viel komplexer ist und daß ästhetische Gründe nicht allein ausschlaggebend sind. Chauvinismus, Sensationslust, Kompensation von Komplexen, Abbau von Aggressionen, Identifikation mit Akteuren und ihren Handlungen oder auch nur die Freude am Spektakel: die Sozialpsychologen bieten zur Deutung eine Fülle von Motiven.
Die Faszination des Fußballspiels liegt sicherlich nicht zuletzt in seiner Einfachheit und Durchschaubarkeit zu jedem Moment. Der Zuschauer wird nicht nur unterhalten, er begreift auch jederzeit, was passiert. Der Fußballfreund ist kritischer geworden, doch auch der »Spieler 74« ist nicht mehr zu vergleichen mit dem der fünfziger und Anfang der sechziger Jahre. Der legendäre Kreis Herbergers vor dem Spiel, bei dem sich alle Spieler still anfaßten, der Schauer über den Rücken beim Abspielen der Nationalhymne auf

Jürgen Werner, Jahrgang 1935, Publizist und Pädagoge, spielte viermal in der deutschen Nationalmannschaft, 1961 gegen Chile und Nordirland, 1962 gegen die Schweiz und 1963 gegen Brasilien, schoß zwei Länderspieltore und war 1960 deutscher Meister mit dem Hamburger SV.

dem Platz und das Gefühl, für den Verein, die Nation zu spielen – ich habe es noch selbst erlebt –: heute ein Anachronismus. Die Teilnahme an der Weltmeisterschaft bedeutet eine Erhöhung des Marktwertes, Zuwachs an Popularität und damit Profit und nicht zuletzt eine Zunahme des Selbstwertgefühls. Fußball als Erziehung zum Erfolg. Dabei ist Erfolg im Fußball, vor allem in südamerikanischen Ländern, oft die einzige soziale Aufstiegschance für die Unterprivilegierten. Analphabeten in Nationalmannschaften sind keine Zeitungsente.
1924 und 1928 wurden die Uruguayer als Amateure Olympiasieger, was damals einer inoffiziellen Weltmeisterschaft gleichkam. Erst als in Europa die führenden Fußballnationen den Professionalismus entwickelten – 1928 nahmen Österreich, Ungarn, die Tschechoslowakei und Spanien am Olympiaturnier schon gar nicht mehr teil –, verlor Olympia für den Fußball sein Interesse. Heute plädiert man für seine Eliminierung aus dem Olympischen Programm, weil die Osteuropäer nach wie vor die Trennung zwischen Amateuren und Profis negieren. Die Partei schätzt den Prestigewert olympischen Goldes nach wie vor hoch ein.
Die erste Fußballweltmeisterschaft war also eine Reaktion auf das verlorene olympische Paradies. Die vier britischen Fußball-Länder gehörten damals gar nicht der FIFA an – erst 1946 kehrten sie nach 18jähriger »splendid isolation« in die Weltfußballfamilie zurück. England beschränkte sich jeweils darauf, seine dominierende Stellung im Weltfußball durch Spiele auf der Insel gegen Auswahlmannschaften der FIFA, des Kontinents oder gegen den amtierenden Weltmeister zu dokumentieren. Nach Italiens Weltmeisterschaftserfolg 1934 gewannen die Engländer wenig später 3:2, 1938 gegen die Europäer 3:0. Hybris des Lehrmeisters!
Erst das 4:4-Unentschieden gegen eine FIFA-Auswahl und die 3:6-Niederlage gegen Ungarn zerstörte 1953 den Mythos der Unbesiegbarkeit der Engländer auf eigenem Boden. Die Legende eines Antaios des Fußballs war beendet. Schon 1950 war England durch eine der sensationellsten Niederlagen der Fußballgeschichte (0:1 gegen die USA) bei seiner ersten Weltmeisterschaftsteilnahme in Brasilien gedemütigt worden. Dieses 0:1 ist vergleichbar wohl nur mit jener Niederlage, die Italien mit 0:1 gegen Nordkorea 1966 im Achtelfinale in England erlitt, und mit dem Ausscheiden Englands 1973 in der WM-Qualifikation gegen Polen.

Favoriten hatten es immer schwer bei Weltmeisterschaften. Das lag nicht nur am wechselnden Austragungsmodus – immer wieder gab es die Änderung zwischen Punktsystem und K.-o.-System, so daß häufig Favoriten vor den Finalspielen aufeinandertrafen wie z. B. Brasilien und Ungarn 1954 –, sondern vor allem daran, daß die Anforderungen eines dreiwöchigen Turniers anderen Gesetzen unterliegen als normale Länderspielleistungen. Die Trainer, die Umgebung und die Beziehungen in der Gruppe, Stimulanz und Belastung zugleich, werden eminent wichtig. Herbergers »Geist von Spiez« ist schon Legende. Allerdings bilden Verletzungen der leistungsstärksten Spieler Imponderabilien, die den Verlauf eines Turniers entscheidend beeinflussen können. »Peles Hinrichtung« – so englische Zeitungen – bedeutete 1966 Brasiliens Ende bei der Weltmeisterschaft. Häretiker sprachen von krimineller Brutalisierung und wiesen in diesem Zusammenhang darauf hin, daß selbst Fußball-Länderspiele am Vorabend des Ersten Weltkrieges wohl kaum Zufall waren. Der »Dreitagekrieg« zwischen El Salvador und Honduras 1969 aus Anlaß der Qualifikationsspiele zur Fußballweltmeisterschaft 1970 in Mexiko – El Salvador rief die Menschenrechtskommission der UNO an, weil mehr als 50 Millionen Mark Schaden entstanden war, und Honduras verhängte eine Einfuhrsperre für Waren aus El Salvador – bot ihnen ein aktuelles Beispiel, daß Fußball einen Krieg mit anderen Mitteln darstelle. Daß sie hier Ursache und Anlaß verwechselten, wen wundert's? Auch Ideologen können ins Abseits laufen.
Eine Prognose, wie sich der Fußballsport weiterentwickeln wird, läßt sich nur schwer stellen, wenn man von der Prämisse ausgeht, daß auch die Fußballnationen Afrikas, Asiens, Australiens und Nordamerikas Fortschritte machen werden. Ihnen vor allem gilt die besondere Aufmerksamkeit, weil dem Establishment aus Südamerika und Europa die Konkurrenz nur recht sein kann. Denn sie belebt das Geschäft. Julius Ukrainczyk, »Mister zehn Prozent«, Spielvermittler aus Paris, prophezeite, spätestens 1980 sei der Fußball tot, weil das »business« dem Sport bis dahin längst die Schau gestohlen habe. Die Weltmeisterschaften belegen eigentlich das Gegenteil, da erstklassiger Fußball sich mehr denn je gleichberechtigt neben anderer Unterhaltung wie Konzerte, Theater und Kunstausstellungen seinen Platz gesichert hat. Fußball 1974? Kunst für Kenner.

FARBIGER FUSSBALL

Rimet-Pokal-Gewinner Brasilien

Hans Blickensdörfer porträtiert
den brasilianischen Fußball

Lange vor der Erfindung des Farbfernsehens hat Brasilien »Fußball in Farbe« geboten, und das ist im wörtlichen und im übertragenen Sinne zu verstehen. Alle Schattierungen, die die Milch im Kaffee hervorzubringen vermag, sind in den Gesichtern von Brasiliens Nationalmannschaft zu finden, und es gibt natürlich auch den ganz Weißen und den ganz Schwarzen. Nur der sommersprossige Rothaarige fehlt, was freilich nicht heißen soll, daß dessen sprichwörtlicher Jähzorn ein unbekannter Faktor dieses heißen, farbigen und virtuosen Fußballs wäre. Zwar ist Afrika noch immer ein Entwicklungsland des Fußballs, aber im brasilianischen Fußball wird man immer wieder auf den Neger stoßen. Auf den Neger, den die Weißen für ihre Zuckerrohrplantagen als Sklaven aus Afrika holten, weil die Indianer nicht zu Ackerknechten und überhaupt nicht zu geregelter Arbeit taugten. So wurde der Schwarze zu Armen und Beinen eines riesigen Landes, in dem auf einer Fläche von mehr als achteinhalb Millionen Quadratkilometern nur 80 Millionen Menschen leben. Aber die Entwicklung verlief anders als in Nordamerika. Die weißen Herren kombinierten Sinnenlust mit Wirtschaftlichkeit, indem sie mit ihren Sklavinnen neue Sklaven zeugten. Schnell kam die Zeit, in der die Mulatten einen viel höheren Anteil an der brasilianischen Bevölkerung stellten als die reinblütigen Weißen und Schwarzen.

Der Fußball jedoch, den britische Seeleute um 1880 an Brasiliens Küsten brachten, blieb zunächst ein Privileg der Weißen. Streng wachten sie über die Exklusivität ihrer Klubs und verbannten die Schwarzen, die Gefallen an dem neuen Spiel gefunden hatten, auf die endlosen weißen Sandstrände.

Aber sie stiegen von ihrem hohen Thron herunter, als sie schwere Prügel von den routinierten englischen Vereinsmannschaften bezogen, die um die Jahrhundertwende in Rio und in Santos landeten. Sie erkannten die katzenhafte, für den Weißen kaum erreichbare Geschmeidigkeit der Neger und Mulatten, und die Farbigen sorgten für neue, phantasievolle Akzente, als ihnen die ersten Klubs ihre Pforten öffneten. Und sie sorgten vor allem dafür, daß die unteren Volksschichten das Spiel mit einer Begeisterung adoptierten, die nirgendwo auf der Welt ihresgleichen hat. Nirgendwo ist das Spiel aber auch zu einem so starken Ausdrucksmittel eines Volkes geworden wie in diesem größten Schmelztiegel aller Rassen, und wenn es heute in Brasilien keinen Unterschied mehr gibt zwischen Schwarz und Weiß, Gelb und Rot, so hat der Fußball daran ein Verdienst, das noch größer ist als das der mächtigen katholischen Kirche.

Brasiliens großer Soziologe, Professor Gilberto Freyre, sagte es so: »In einer Gesellschaft wie der unsrigen, die größtenteils aus kulturell primitiven Elementen besteht, muß Fußball als sozialer Faktor besonders eingehend studiert werden. Es ist natürlich, daß er hier einen spezifisch brasilianischen Charakter angenommen hat. Als nationales Ausdrucksmittel wurde er moralisch und gesellschaftlich von uns gutgeheißen, von Regierung, Kirche, öffentlicher Meinung, vom schönen Geschlecht und von der Presse. Wäre nicht Fußball zur nationalen Institution geworden, hätten körperliche Energien und unberechenbare Impulse, ganz im Gegensatz zu der bei uns herrschenden Moral, ihren Ausdruck in Gewalttätigkeit gefunden. Wahrscheinlich hätte sich das Banditenwesen zu einem städtischen Gangstertum entwickelt. Erst das Fußballspiel, nicht als Sport unter anderen Sportarten, sondern durch seine Entwicklung zu einer echten brasilianischen Einrichtung geworden, ermöglichte die Sublimierung dieser vielerlei irrationalen Elemente unserer sozialen und kulturellen Formung.«

Vielleicht muß man den Karneval von Rio erlebt haben, um zu begreifen, daß der Fußball auf seine Weise die vier hemmungslosen Tage und Nächte auf das ganze Jahr ausdehnt, jene Tage, in denen der schwarze Mann aus der Trostlosigkeit seiner Favelas, über die der Christus von Corvocado die Arme ebenso ausbreitet wie über die Paläste der Reichen, heruntersteigt in den wirbelnden Konfettiregen der

Pele, Teilnehmer an vier
WM-Endrunden und
zwei WM-Endspielen,
Gewinner des Jules-Rimet-Pokals

Stadt. Und keiner, welcher Hautfarbe er auch sein möge, schließt sich aus, wenn der Samba mit der ganzen Skala zwischen Melancholie und wildester Ausgelassenheit erklingt.
Die Logik des Kalenders läßt das Feuer des Karnevals erlöschen, aber der Fußball läßt seine Funken durch das ganze Jahr hindurch sprühen. Sie springen über von den großen in die kleinen Stadien, die zu abgekapselten, irrationalen Happenings werden, und es ist alles andere als eine Übertreibung, wenn man behauptet, daß die gewaltige Betonschüssel von Maracana, die mehr als 200000 Zuschauer faßt, sowohl der größte Tränentiegel der Welt als auch der Schauplatz wildester, ungehemmtester Freude ist.
Es gibt für die Cariocas, wie sich die Bewohner von Rio stolz nennen, kein faszinierenderes Erlebnis als ein großes Spiel im Maracana, das dann nicht nur im übertragenen Sinne einem tätigen Vulkan gleicht. Denn pausenlos steigen Raketen, weiße Rauchfahnen hinter sich herziehend, in die feuchte, flimmernde Luft, die europäischen Mannschaften auch dann noch den Atem nimmt, wenn zu später Abendstunde unter Flutlicht gespielt wird. Selbst wer Fußball in allen Erdteilen erlebt hat, findet keinen Vergleich zu dieser gespenstischen und fieberhaften Atmosphäre, wenn der Aufschrei der Massen aus der Dunkelheit kommt und die Raketen, von tausend goldenen Funken getrieben, in den violettschwarzen Himmel zischen.
Europäische Maßstäbe versagen hier. Zwangsläufig

Die brasilianische Traube, Freude über die Weltmeisterschaft 1970

kann sich der Europäer deshalb auch nicht vorstellen, welche Genugtuung der Gewinn von zwei aufeinanderfolgenden Weltmeisterschaften 80 Millionen Brasilianern, von denen zwei Drittel unvorstellbar arm sind, verschafft hat. Das Land, in dem es sich kein junger Mann mit gesunden Gliedern erlauben kann, den Fußball zu verachten, und in dem man nicht Minister werden kann, ohne einem bekannten Verein anzugehören, dieses Land fand sich durch seine Nationalmannschaft vor der Welt – und nicht nur vor der des Sports – bestätigt.
Aber dann begingen die Verantwortlichen den schweren Fehler zu glauben, daß die Helden von 1958 und 1962 Halbgötter seien, fähig, die Last der Jahre abzuschütteln, wenn es galt, den goldenen Weltpokal zu verteidigen. Und als die Veteranen, an ihrer Spitze ein abgetakelter Garrincha, dessen Knie von Spritzen verpfuscht waren, 1966 in England noch nicht einmal das Viertelfinale erreichten, breitete sich die schwarze Wolke eines unfaßbaren nationalen Unglücks über Brasiliens unermeßliche Weite aus. Für den gemäßigten Mitteleuropäer ist das unvorstellbar. Brasilien aber erhob sich von der Demütigung – jedes andere Wort wäre angesichts der Szenen, die sich bei der Heimkehr der geschlagenen Mannschaft abspielten, fehl am Platz – und baute die Mannschaft auf, die den Weltpokal 1970 in Mexiko zurückholte. Es war der große internationale Abschied Peles, dessen Stern zwölf Jahre zuvor am blanken schwedischen Sommerhimmel aufgegangen war.

Wendell

Zemaria

Jairzinho

Brasilien bei der WM

38 Spiele: 26 Siege, 5 Unentschieden, 7 Niederlagen, 103:49 Tore.

1930:	
gegen Jugoslawien	1:2
gegen Bolivien	4:0
1934:	
gegen Spanien	1:3
1938:	
gegen Polen	6:5
gegen Tschechoslowakei	1:1
gegen Tschechoslowakei (Wiederholung)	2:1
gegen Italien	1:2
gegen Schweden	4:2
(Weltmeisterschaftsdritter)	
1950:	
gegen Mexiko	4:0
gegen Jugoslawien	2:0
gegen Schweiz	2:2
gegen Schweden	7:1
gegen Spanien	6:1
gegen Uruguay	1:2
(Vizeweltmeister)	
1954:	
gegen Mexiko	5:0
gegen Jugoslawien	1:1
gegen Ungarn	2:4
1958:	
gegen UdSSR	2:0
gegen England	0:0
gegen Österreich	3:0
gegen Wales	1:0
gegen Frankreich	5:2
gegen Schweden	5:2
(Weltmeister)	
1962:	
gegen Mexiko	2:0
gegen CSSR	0:0
gegen Spanien	2:1
gegen England	3:1
gegen Chile	4:2
gegen CSSR (Finale)	3:1
(Weltmeister)	
1966:	
gegen Bulgarien	2:0
gegen Ungarn	1:3
gegen Portugal	1:3
1970:	
gegen CSSR	4:1
gegen England	1:0
gegen Rumänien	3:2
gegen Peru	4:2
gegen Uruguay	3:1
gegen Italien	4:1
(Weltmeister)	

Pereira

Rivelino

Carbone

Balinho

Marinho

Paulo Cesar

»Alle Schattierungen,
die die Milch im Kaffee hervorzubringen vermag,
sind in den Gesichtern von Brasiliens
Nationalmannschaft zu finden,
und es gibt natürlich auch den ganz Weißen
und den ganz Schwarzen.«

Hans Blickensdörfer

Die Gastgeber

Mit 21 Jahren ein Weltklasse-
spieler: Uli Hoeness, hier beim 2:1
gegen Frankreich

Kapitän Franz Beckenbauer (Nr. 5) und Heinz Flohe im Spiel gegen Frankreich (2:1)

Rekord-Internationaler im deutschen Tor: Sepp Maier (links)

Jürgen Grabowski, als Auswechselspieler geschätzt, als Techniker gerühmt, beim 2:1 gegen Schottland (rechts)

HENNES WEISWEILER vor der Weltmeisterschaft:

Helmut Schön zwischen EM und WM

Für Bundestrainer Helmut Schön war der Gewinn der Europameisterschaft im Sommer 1972 in Belgien eine hervorragende Ausgangsbasis für die Weltmeisterschaft in Deutschland gewesen. Dennoch können im Fußball zwei Jahre eine lange Zeit sein. Auch Fußballspieler werden älter.

Die allgemeine Bilanz der 16 Testspiele zwischen Europa- und Weltmeisterschaft war mit zehn Siegen, zwei Unentschieden und vier Niederlagen verhältnismäßig erfolgreich. Auch wenn die drei Heimniederlagen gegen Argentinien, Jugoslawien und Brasilien etwas gegen diese Ansicht sprechen. Die Abwehr des Europameisters Deutschland war 1972 in Brüssel mit Maier, Höttges, Beckenbauer, Schwarzenbeck und Breitner ein starker Block. Daran hatte sich bis zu Beginn der Weltmeisterschaft nichts geändert. Im Gegenteil, mit dem Mönchengladbacher Vogts waren wir in der Verteidigung noch stärker geworden.

Der Europameister 1972 hatte mit Heynckes, Müller und Erwin Kremers drei hervorragende Angriffsspitzen. Eine davon (Kremers) fiel 1974 aus, dafür imponierten um so mehr der routinierte Frankfurter Grabowski und der torgefährliche Heynckes.

Das Problem für Helmut Schön lag nach dem Brüsseler EM-Sieg im Mittelfeld. Hier hatte der Bundestrainer gezwungenermaßen am häufigsten experimentiert. Sicher gaben dazu wiederum die beiden Regisseure Netzer und Overath den meisten Anlaß. Die leidige Frage, ob beide zusammen Regie führen könnten, war nach dem letzten Test gegen Schweden (2 : 0 am 1. Mai 1974 in Hamburg) gar nicht mehr so aktuell.

In den Vorbereitungsspielen für die Weltmeisterschaft hatte die deutsche Mannschaft dreimal ohne »Regisseure« gespielt. Die beiden Spiele gegen Schottland (2 : 1) und gegen Ungarn (5 : 0) bewiesen dann, daß es auch ohne direkten Spielmacher geht, wenn die Aufgaben im Mittelfeld richtig verteilt sind. Jedenfalls stand fest, daß der Münchner Uli Hoeneß den meisten Nutzen aus den zahlreichen Vorbereitungsspielen gezogen hatte.

Wenn die deutsche Nationalelf ohne Spielmacher auskommen wollte, gehörte wohl als nächster Fußballer hinter Hoeneß der Mönchengladbacher Herbert Wimmer dazu. Die einzigen Bedenken, die man bei ihm haben mußte, waren Verletzungen, die ihn in den letzten Monaten vor der Weltmeisterschaft gehindert hatten, zur vollen Leistungsentfaltung zu kommen. Für mich war die Besetzung der dritten Mittelfeldposition, die mehr mit Abwehraufgaben verbunden ist, ein weiteres Problem des Bundestrainers. Ich bin heute noch einigermaßen überrascht, daß diese Schwierigkeiten in der Fußballöffentlichkeit so wenig gesehen wurden. Meist hatte dort in den letzten Spielen der Kölner Cullmann Verwendung gefunden. Ich hatte hingegen den Eindruck, daß der junge Kölner zu wenig gegen einen direkten Gegner spielen kann. Er schien außerdem nicht erfahren genug, die Abwehr zu organisieren, wenn Franz Beckenbauer ins Mittelfeld aufrückte. Eine Taktik, die besonders in der deutschen Elf schon oft zu torreifen Situationen geführt hatte. Ein Weltklassespieler wie Franz Beckenbauer muß eben solche Möglichkeiten haben, ohne daß dabei seine Abwehr in Schwierigkeiten gerät.

Sicher plant jeder Fußballtrainer gerne möglichst weit voraus. Aber Verletzungen und taktische Einstellung auf den jeweiligen Gegner fordern stets besonders gründliche Überlegungen und Maßnahmen. Ich brauche nur an die Fußball-Weltmeisterschaft in Mexiko zu erinnern. Damals hatte Helmut Schön anscheinend die Schwierigkeit gehabt, zwei so hervorragende Mittelstürmer wie Uwe Seeler und Gerd Müller einzubauen und zu verbinden. Auch ich hatte das 1970 für unmöglich gehalten. Doch im Verlauf der Spiele entwickelte dann der Hamburger eine solche Kampf- und Laufkraft, daß er eine wirkliche zweite Spitze geworden war. Gerd Müller und Uwe Seeler schossen die Tore eben gemeinsam.

Bekunis

Deutschland bei der WM

34 Spiele: 21 Siege, 5 Unentschieden, 8 Niederlagen
87:59 Tore.

1930:
nicht teilgenommen

1934:	
gegen Belgien	5:2
gegen Schweden	2:1
gegen Tschechoslowakei	1:3
gegen Österreich	3:2
(Weltmeisterschaftsdritter)	

1938:	
gegen Schweiz	1:1
gegen Schweiz (Wiederholung)	2:4

1950:
nicht teilnahmeberechtigt

1954:	
gegen Türkei	4:1
gegen Ungarn	3:8
gegen Türkei (zweites Spiel)	7:2
gegen Jugoslawien	2:0
gegen Österreich	6:1
gegen Ungarn (Finale)	3:2
(Weltmeister)	

1958:	
gegen Argentinien	3:1
gegen Nordirland	2:2
gegen CSSR	2:2
gegen Jugoslawien	1:0
gegen Schweden	1:3
gegen Frankreich	3:6
(Weltmeisterschaftsvierter)	

1962:	
gegen Italien	0:0
gegen Schweiz	2:1
gegen Chile	2:0
gegen Jugoslawien	0:1

1966:	
gegen Schweiz	5:0
gegen Argentinien	0:0
gegen Spanien	2:1
gegen Uruguay	4:0
gegen UdSSR	2:1
gegen England	2:4
(Vizeweltmeister)	

1970:	
gegen Marokko	2:1
gegen Bulgarien	5:2
gegen Peru	3:1
gegen England	3:2
gegen Italien	3:4
gegen Uruguay	1:0
(Weltmeisterschaftsdritter)	

Gerd Müller, wie ihn die Fußballfreunde schätzen

Zwischen den Weltmeisterschaften Deutsche Länderspiele 1970–1974

9. 9.1970	Nürnberg	Ungarn	3:1
17.10.1970	Köln	Türkei	1:1
18.11.1970	Zagreb	Jugoslawien	0:2
22.11.1970	Athen	Griechenland	3:1
17. 2.1971	Tirana	Albanien	1:0
25. 4.1971	Istanbul	Türkei	3:0
12. 6.1971	Karlsruhe	Albanien	2:0
22. 6.1971	Oslo	Norwegen	7:1
27. 6.1971	Göteborg	Schweden	0:1
30. 6.1971	Kopenhagen	Dänemark	3:1
8. 9.1971	Hannover	Mexiko	5:0
10.10.1971	Warschau	Polen	3:1
17.11.1971	Hamburg	Polen	0:0
29. 3.1972	Budapest	Ungarn	2:0
29. 4.1972	London	England	3:1
13. 5.1972	Berlin	England	0:0
26. 5.1972	München	UdSSR	4:1
14. 6.1972	Antwerpen	Belgien	2:1
18. 6.1972	Brüssel	UdSSR	3:0
	(Gewinn der Europameisterschaft)		
15. 9.1972	Düsseldorf	Schweiz	5:1
14. 2.1973	München	Argentinien	2:3
28. 3.1973	Düsseldorf	Tschechoslowak.	3:0
9. 5.1973	München	Jugoslawien	0:1
12. 5.1973	Hamburg	Bulgarien	3:0
16. 6.1973	Berlin	Brasilien	0:1
5. 9.1973	Moskau	UdSSR	1:0
10.10.1973	Hannover	Österreich	4:0
13.10.1973	Gelsenkirchen	Frankreich	2:1
14.11.1973	Glasgow	Schottland	1:1
24.11.1973	Stuttgart	Spanien	2:1
23. 2.1974	Barcelona	Spanien	0:1
26. 2.1974	Rom	Italien	0:0
27. 3.1974	Frankfurt	Schottland	2:1
17. 4.1974	Dortmund	Ungarn	5:0
1. 5.1974	Hamburg	Schweden	2:0

35 Länderspiele, 24 Siege, 5 Unentschieden, 6 Niederlagen, 77:23 Tore

Höchster Sieg nach dem Gewinn der Europameisterschaft; Gerd Müller beim 5:0 über Ungarn zwei Monate vor der WM (oben)

Für Bundestrainer Schön ein Vorbild: Kämpfer Berti Vogts (links)

Einer der Väter der Europameisterschaft 1972, Günter Netzer, auf dem Zenit seines Könnens (rechts)

Blitzkarriere in der Nationalmannschaft (seit 1971): Offensivverteidiger Paul Breitner gegen Schweden am 1.5.1974 beim 2:0 (rechte Seite links)

Am Beginn eines kleinen Wunders. Franz Beckenbauer und der Brite McFarland 1972 in Berlin (Deutschland-England 0:0; ganz rechts)

Zwei Gruppensieger der WM auf einem Bild: Die DDR und Holland in einem früheren Länderspiel

Die Gruppensieger

Gruppe 1
Das Malteser Tor

Schwedens Glück fehlte Ungarn und Österreich

Am 15. November 1971 wurde im Gzira-Stadion von La Valetta das erste aller Ausscheidungsspiele zur Fußball-Weltmeisterschaft 1974 angepfiffen. Malta unterlag erwartungsgemäß Ungarn mit 0:2. Auf dem harten Sandplatz, der kaum Rasenspuren aufweist, erzielte vor 20000 Zuschauern Ferenc Bene beide Treffer der Gäste. Ungarn gewann das Rückspiel 3:0, erreichte in seinen folgenden Begegnungen in Stockholm gegen Schweden ein 0:0 und in Wien gegen Österreich ein 2:2 und galt damit als klarer Favorit der Qualifikationsgruppe 1.
Zu diesem Zeitpunkt schien Schweden schon gescheitert. Dem 0:0 gegen Ungarn schloß sich eine 0:2-Niederlage in Wien an. Erst im dritten Treffen gelang mit 7:0 über Malta der erste Erfolg: es sollten weitere folgen.
Ungarn, längst nicht mehr die große Fußballnation der fünfziger Jahre, vermochte seine glänzende Ausgangsposition nicht zu halten. Im Budapester Nepstadion reichte es vor jeweils 75000 Zuschauern gegen Österreich nur zu einem 2:2 und gegen Schweden nur zu einem 3:3. Dazwischen lag ein knapper 3:2-Heimsieg der Skandinavier über Österreich, und plötzlich stand »Spätstarter« Schweden vor dem Einzug in die Endrunde.

Roland Sandberg vor dem Tor der Malteser; Szene aus dem Spiel Malta–Schweden (1 : 2)

Im letzten Spiel der Gruppe 1 hätte dem gelb-blauen Team auf Malta ein Sieg mit zwei Toren Unterschied gereicht, um bei Punktgleichheit durch die bessere Trefferdifferenz vor Österreich durchs Ziel zu gehen. Ungarn, mit gleichem Punktestand und als einzige Mannschaft ungeschlagen, war durch zwei zu wenig geschossene Tore bereits aus dem Rennen. Dann kam der »Elfte im Elften« 1973. Nicht weniger als 30000 Besucher, mehr als jemals zuvor, hatten sich im Gzira-Stadion von La Valetta eingefunden. In fünf Qualifikationsspielen hatte Malta noch kein Tor erzielt, aber 18 hinnehmen müssen. Zwanzig Minuten waren gespielt, da kam Toninu Camilleri im Mittelfeld an den Ball, lief durch die gesamte schwedische

Schwedens Weg nach Deutschland

25. 5. 1972	Schweden–Ungarn	0:0	
10. 6. 1972	Österreich–Schweden	2:0	(0:0)
15. 10. 1972	Schweden–Malta	7:0	(5:0)
24. 5. 1973	Schweden–Österreich	3:2	(1:0)
13. 6. 1973	Ungarn–Schweden	3:3	(1:1)
11. 11. 1973	Malta–Schweden	1:2	(1:2)

Tabelle

1. Österreich	6	3	2	1	14:7	8:4
Schweden	6	3	2	1	15:8	8:4
3. Ungarn	6	2	4	0	12:7	8:4
4. Malta	6	0	0	6	1:19	0:12

Entscheidungsspiel (in Gelsenkirchen)
27. 11. 1973 Schweden–Österreich 2:1 (2:1)

Abwehr und hob das Leder über Torwart Ronnie Hellström hinweg ins Netz. Dieses Malteser Tor warf alle Prognosen über den Haufen und verhalf Österreich zum Entscheidungsspiel. Zwar kam Schweden noch zum 2:1-Sieg, aber nicht zu den zwei Toren Vorsprung.
Am 27. November 1973 standen sich Österreich und Schweden in der entscheidenden Partie im neuen Parkstadion von Gelsenkirchen gegenüber. Bei bitterer Kälte hatten sich nur 30000 Zuschauer eingefunden, darunter knapp 10000 aus Österreich und rund 5000 Schlachtenbummler aus dem Norden.
Die Unterstützung von den Rängen galt von Beginn an dem ganz in Weiß erschienenen Austria-Team, das vom Anstoß weg die Initiative übernahm und Schweden eine fast 90minütige Abwehrschlacht aufzwang. Nach knapp einer halben Stunde stand es 2:0 – für Schweden. Zwei steil und schnell vorgetragene Konterangriffe reichten den Skandinaviern, um die gegnerische Deckung zu überrumpeln. Den ersten schloß Roland Sandberg erfolgreich ab, den zweiten wußte Torwart Herbert Rettensteiner nur dadurch zu stoppen, daß er Ove Kindvall die Beine wegzog – den fälligen Strafstoß verwandelte der Ex-Stuttgarter Bo Larsson sicher. Fast im Gegenzug glückte Roland Hattenberger der Anschlußtreffer, doch fortan war Österreich vom Glück verlassen. Auf dem schneebedeckten Rasen übertrieb die Mannschaft das Kurzpaßspiel und hatte selbst mit beherzten Schüssen Pech, so, als Franz Hasil, früher bei Schalke 04, eine Minute nach der Pause nur das Lattenkreuz traf. Für Schönheit hatte »Fortuna« an diesem Abend kein Auge, sonst wäre Österreich der Sieger gewesen. Die Skandinavier gewannen mit viel Glück und dank der Cleverness ihrer auslandserfahrenen Profis, die in der gesamten WM-Qualifikation die Stützen des Teams bildeten.
Dies ließ sich auch in Zahlen belegen. Von 17 schwedischen Qualifikationstoren erzielten: Roland Sandberg (1. FC Kaiserslautern) fünf, Ralf Edström (PSV Eindhoven) und Bo Larsson (früher VfB Stuttgart) je vier, Ove Kindvall (ehemals Feijenoord Rotterdam) zwei, und Ove Grahn (Grasshoppers Zürich) eins. 16 von 17 Toren!

Schweden bei der WM

19 Spiele, 9 Siege, 3 Unentschieden, 7 Niederlagen, 21:17 Punkte, 40:37 Tore.

1930:	
nicht teilgenommen	
1934:	
gegen Argentinien	3:2
gegen Deutschland	1:2
1938:	
gegen Kuba	8:0
gegen Ungarn	1:5
gegen Brasilien	2:4
1950:	
gegen Italien	3:2
gegen Paraguay	2:2
gegen Brasilien	1:7
gegen Uruguay	2:3
gegen Spanien	3:1
(Weltmeisterschaftsdritter)	
1954:	
in der Qualifikation an Belgien gescheitert.	
1958:	
gegen Wales	0:0
gegen Ungarn	2:1
gegen Mexiko	3:0
gegen UdSSR	2:0
gegen Deutschland	3:1
gegen Brasilien	2:5
(Vizeweltmeister)	
1962:	
in der Qualifikation an der Schweiz gescheitert.	
1966:	
in der Qualifikation an Deutschland gescheitert.	
1970:	
gegen Italien	0:1
gegen Uruguay	1:0
gegen Israel	1:1

Auf Schneeboden vor der Gelsenkirchener Kulisse. Ralf Edström (10) und Roland Sandberg im Kampf mit Österreichs Abwehr; Szene aus dem Entscheidungsspiel Schweden–Österreich (2:1) am 27. November 1973

Gruppe 2
Valcareggis Prätorianer

Italien – Mannschaft des Jahres 1973

Prätorianer waren im alten Rom die Soldaten der kaiserlichen Leibwache, es waren mächtige und gut ausgebildete Männer, die vom Volk geliebt oder gehaßt wurden. Es kam auf den Herrn an, dem sie dienten, und darauf, was der Herr dem Volke bot. Die Prätorianer des modernen italienischen Sports sind die Fußballspieler, sind Dino Zoff, Luigi Riva, Gianni Rivera, Sandro Mazzola, Giacinto Facchetti oder Tarcisio Burgnich unter Ferruccio Valcareggi, dem 62jährigen Trainer der Nationalelf, der seit seiner Berufung am 27. März 1967 bis Ende 1973 in 53 Länderspielen seine Mannschaft nur fünfmal verlieren sah. Valcareggis Prätorianer waren 1973 die Mannschaft des Jahres – weit vor der Konkurrenz aus Brasilien oder Deutschland. In acht Länderspielen 1973 gab es sieben Siege (Türkei 1:0, Luxemburg 5:0, Brasilien 2:0, England 2:0 und 1:0, Schweden 2:0 und Schweiz 2:0) sowie ein Unentschieden (Türkei 0:0). Dino Zoff im Tor brauchte nicht einmal hinter sich zu greifen. Als Europas Experten Italien zur Mannschaft des Jahres ausriefen, klagte Ferruccio Valcareggi: »Sie wollen Italien allein zum Favoriten für die Weltmeisterschaft in Deutschland machen.« Valcareggi hat nicht vergessen, wie seine Mannschaft nach dem kräftezehrenden 4:3-Sieg gegen Deutschland in Mexiko im Finale Brasilien widerstandslos 1:4 unterlag.

Italien, das die WM-Qualifikation gegen die Schweiz, die Türkei und Luxemburg mit 10:2 Punkten und 12:0 Toren gewann, besitzt eine der routiniertesten und zweifellos auch kaltblütigsten Mannschaften der Welt. Die Mischung verschiedener Temperamente und das Ausbalancieren von Führungsansprüchen, wie sie von Rivera und Mazzola bekannt sind, ist Valcareggi in einem Maße gelungen, das selbst die zerstrittenen Anhänger von Inter und AC Mailand eint.

Dino Zoff gilt heute als einer der besten Torhüter der Welt; er wäre unumstritten, besäße er mehr Mut im Herauslaufen. Zoff, der 30 Länderspiele bestritten hat, stand zum erstenmal 1968 gegen Bulgarien im Tor der »Azzurri«. In Neapel war er so gut, daß er immer wieder von Valcareggi nach Cover-

Italiens Weg nach Deutschland

7. 10. 1972	Luxemburg–Italien	0:4	(0:3)
21. 10. 1972	Schweiz–Italien	0:0	
13. 1. 1973	Italien–Türkei	0:0	
25. 2. 1973	Türkei–Italien	0:1	(0:1)
31. 3. 1973	Italien–Luxemburg	5:0	(1:0)
20. 10. 1973	Italien–Schweiz	2:0	(1:0)

Tabelle

1. Italien	6	4	2	0	12:0	10:2
2. Türkei	6	2	2	2	5:3	6:6
3. Schweiz	6	2	2	2	2:4	6:6
4. Luxemburg	6	1	0	5	2:14	2:10

Sandro Mazzola im Spiel gegen
Schweden, das die Italiener 1973
mit 2 : 0 gewannen

Italiens Torhüter Dino Zoff blieb 1973 in acht Länderspielen ohne Gegentor

ciano gerufen wurde, wo die Nationalelf meistens trainiert.
Vor Zoff stehen Giacinto Facchetti und Tarcisio Burgnich. Der 31jährige Facchetti ist 47mal Kapitän der Nationalelf gewesen. Der 1,90 m große Athlet kann die 100 m in 11,0 Sekunden laufen, mit entsprechenden Pausen sogar mehrere Male hintereinander. »Aber«, so sagt Facchetti, »10000 Meter an einem Stück sind zuviel.« Er eignet sich als Verteidiger, der gerne nach vorne geht, für eine auf Kontern eingestellte Valcareggi-Elf. Libero Burgnich ist mit 34 Jahren der Senior der Nationalelf, er kommt aus Palermo, spielt aber für Inter. Er zählt zu den Stillen in einem lauten Land. Er führt ein normales Leben, kennt keine Skandale, lebt für seine Familie und seinen Sport. Magazine haben über ihn nichts zu berichten.
Der Spieler der »Azzurri«, über den am meisten gesprochen wird, ist Gianni Rivera, der »golden boy« oder der »Abatino«, der kleine Priester. Der Star von AC Mailand, bei 1,75 m Größe nur 68 kg schwer, ist der Dirigent des italienischen Spiels. Mit ihm auf dem Platz hat eine Mannschaft den Denker und Lenker zugleich. Der zart gebaute Spieler geht Zweikämpfen aus dem Weg und vermeidet jedes Tackling.
Riveras Rivale ist Sandro Mazzola, der Sohn des großen Valentino Mazzola, der 1949 mit der Mannschaft des FC Turin mit dem Flugzeug abstürzte. Valcareggi hat Rivera und Mazzola manchmal nur jeweils 45 Minuten in einem Länderspiel eingesetzt, so 1970 gegen Mexiko und Deutschland. Mittlerweise schickt Valcareggi Mazzola auf den Flügel und beläßt Rivera in der Halb-

Italien bei der WM

26 Spiele: 15 Siege, 4 Unentschieden, 7 Niederlagen, 48 : 30 Tore.

1930:
nicht teilgenommen

1934:	
gegen USA	7 : 1
gegen Spanien	1 : 1
gegen Spanien (Wiederholung)	1 : 0
gegen Österreich	1 : 0
gegen Tschechoslowakei (Weltmeister)	2 : 1
1938:	
gegen Norwegen	2 : 1
gegen Frankreich	3 : 1
gegen Brasilien	2 : 1
gegen Ungarn (Weltmeister)	4 : 2
1950:	
gegen Schweden	2 : 3
gegen Paraguay	2 : 0
1954:	
gegen Schweiz	1 : 2
gegen Belgien	4 : 1
gegen Schweiz (Entscheidungsspiel)	1 : 4

1958:
in der Qualifikation an Nordirland gescheitert.

1962:	
gegen Deutschland	0 : 0
gegen Chile	0 : 2
gegen Schweiz	3 : 0
1966:	
gegen Chile	2 : 0
gegen UdSSR	0 : 1
gegen Nordkorea	0 : 1
1970:	
gegen Schweden	1 : 0
gegen Uruguay	0 : 0
gegen Israel	0 : 0
gegen Mexiko	4 : 1
gegen Deutschland	4 : 3
gegen Brasilien (Vizeweltmeister)	1 : 4

Valcareggis Prätorianer: Italiens Nationalelf mit Benetti, Spinosi, Rivera, Zoff, Morini und Riva (stehend von links) sowie Capello, Facchetti, Anastasi, Mazzola und Burgnich (kniend)

stürmerposition. Mazzola hat dennoch seinen richtigen Platz noch nicht gefunden. Er wäre ein guter Stürmer, eine geschickte Spitze, aber sein Traum ist der, ein Regisseur zu sein. Aber dazu fehlen Mazzola die Genauigkeit der Pässe und vielleicht auch ein wenig der Intuition, die Rivera auszeichnet.

Torschützenkönig der Nationalelf ist Luigi Riva mit 35 Toren in 38 Länderspielen bis Ende 1973. Sieben der zwölf Tore Italiens schoß er in den Qualifikationsspielen der Gruppe 2. Riva kommt vom Provinzverein Cagliari, der dank ihm 1970 italienischer Meister war. Dort spielt die ganze Mannschaft für den Kopfballspezialisten, der einen schwachen rechten Fuß hat. Riva ist kein Mannschaftsspieler, er will geschickt werden, möchte Bälle bekommen, die zu Toren zu machen sind. So kann ein schlechter Tag von Riva zu einem schlechten Tag für die Nationalmannschaft werden.

Die Prätorianer Valcareggis haben ihre Mitstreiter in Anastasi, Bellugi, Agroppi, Rosato, Chinaglia, Capello, Spinosi, Causio, Furini, Morini, Sabadini und Benetti. Mailand und Turin stellen den Stamm der Nationalelf. Chinaglia von Lazio Rom und Riva von Cagliari verfeinern lediglich Valcareggis Rezept vom Erfolg.

Gruppe 3
Oranje boven – Holland oben

Der Tag des Johan Cruyff – 18. November 1973

Man schrieb den 18. November 1973. Das Olympiastadion von Amsterdam füllten 70000 Besucher, obwohl im ganzen Land wegen des arabischen Ölboykotts Fahrverbot herrschte. Im entscheidenden Qualifikationsspiel der Europa-Gruppe 3 standen sich Holland und Belgien gegenüber. Die Ausgangsposition der Gastgeber war gut. Ihnen reichte ein Unentschieden, die Belgier mußten gewinnen. Die heimischen Fans feierten ihr Team in den leuchtend-orangefarbenen Hemden, das erstmals seit 1938 wieder ins Endturnier einziehen sollte. »Oranje boven« – Holland oben!
Vier Jahre lang hatten Hollands Spitzenklubs im europäischen Fußball regiert, erst 1970 Feyenoord Rotterdam, dann von 1971 bis 1973 Ajax Amsterdam. Eine Serie, wie sie zuvor im Meisterpokal nur Spanien mit dem Real Madrid der fünfziger Jahre aufweisen konnte. Doch auf die Nationalelf übertrugen sich diese Erfolge nicht. Einem galt am 18. November 1973 der besondere Jubel von den Rängen: Johan Cruyff, dem Mann mit der Nummer 14. In den drei großen Ajax-Jahren war er zum Idol einer Fußball-Nation geworden. Ein schmächtiger, stets jungenhaft wirkender Spieler mit blendender Technik und von enormer Schnelligkeit, bei 1,80 m Länge nur 67 kg schwer. Ein zäher Kämpfer. Kein Gerd-Müller-Typ, sondern ein »spielender« Mittelstürmer, der die ganze Breite des Feldes zu nutzen versteht, und daneben mit seiner Übersicht und seinen weiten Pässen ein ausgezeichneter Regisseur.
Mit zehn Jahren kam er zu Ajax, mit 17 spielte er zum erstenmal in der ersten Mannschaft, mit 18 erstmals in Hollands Team. Mit 26, auf dem Gipfel des Ajax-Triumphes, kehrte Johan Cruyff im August 1973 Ajax und seiner Heimat

Hollands Elf vor dem entscheidenden Gruppenspiel gegen Belgien am 18. November 1973 in Amsterdam: Hülshoff, Schrijvers, Mansveld, Suurbier, Neeskens, Krol (stehend von links), Haan, Cruyff, Mühren, Rep und Rensenbrink (kniend)

Hollands Weg nach Deutschland

1. 11. 1972	Holland–Norwegen	9:0	(1:0)
19. 11. 1972	Belgien–Holland	0:0	
22. 8. 1973	Holland–Island	5:0	(4:0)
29. 8. 1973	Island–Holland	1:8	(1:4)
12. 9. 1973	Norwegen–Holland	1:2	(0:1)
18. 11. 1973	Holland–Belgien	0:0	

Tabelle

1. Holland	6	4	2	0	24:2	10:2
2. Belgien	6	4	2	0	12:0	10:2
3. Norwegen	6	2	0	4	9:16	4:8
4. Island	6	0	0	6	2:29	0:12

Johan Cruyff, Europas Fußballspieler des Jahres 1973 und Idol der Holländer

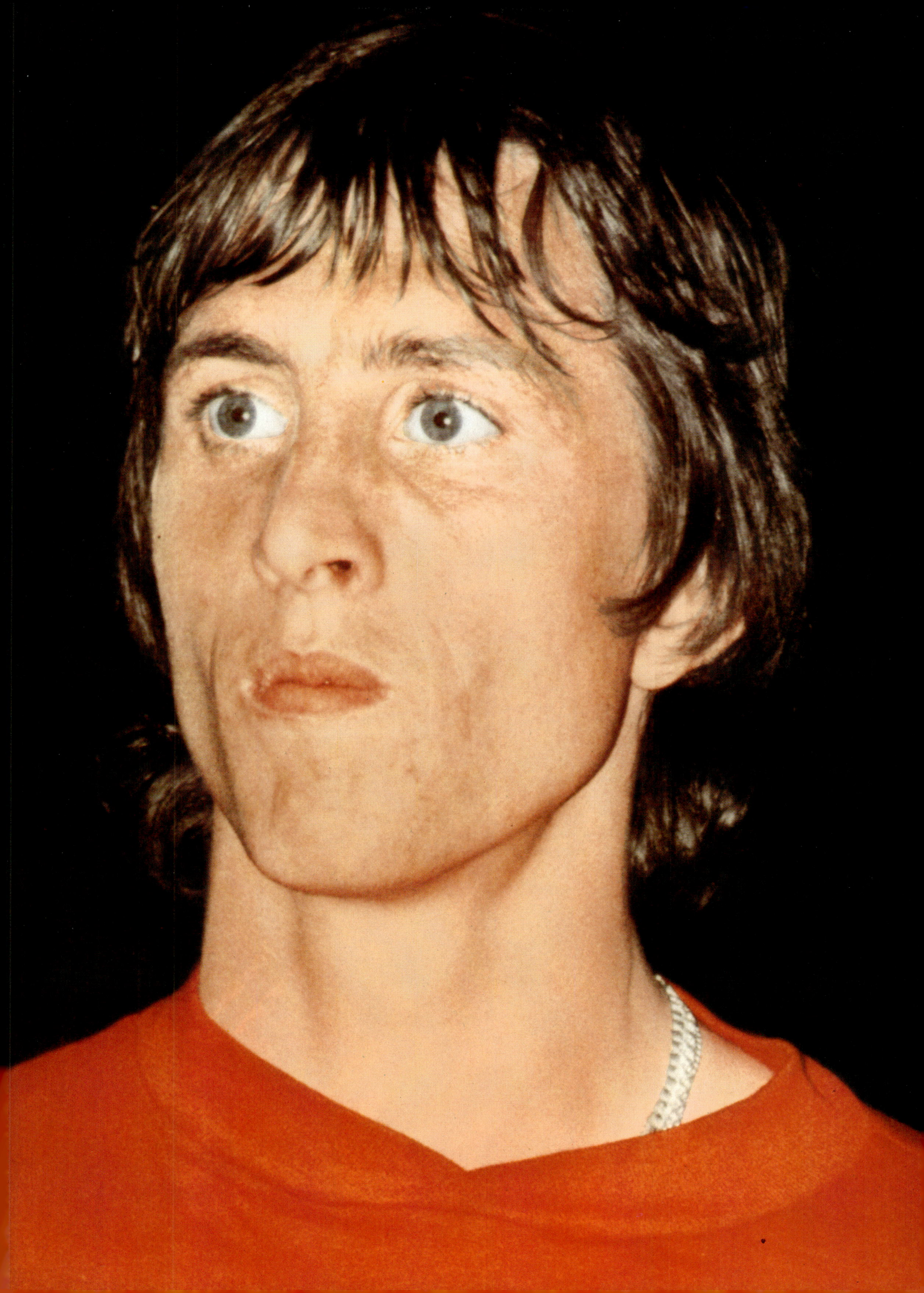

Duell mit Haken und Ösen: van Himst gegen Mühren im Amsterdamer Spiel Holland gegen Belgien 0:0

Holland bei der WM

2 Spiele: 2 Niederlagen, 2:6 Tore.

1930:
nicht teilgenommen

1934:
gegen die Schweiz 2:3

1938:
gegen Tschechoslowakei 0:3

1950:
nicht teilgenommen.

1954:
nicht teilgenommen.

1958:
in der Qualifikation an Österreich gescheitert.

1962:
in der Qualifikation an Ungarn gescheitert.

1966:
in der Qualifikation an der Schweiz und Nordirland gescheitert.

1970:
in der Qualifikation an Bulgarien und Polen gescheitert.

den Rücken. Für fast sechs Millionen Mark kaufte ihn der FC Barcelona ein.
Hollands Verband sagte »nein« .Da drohte Cruyff mit dem Abschied aus der Nationalauswahl und durfte gehen. Nun, vor dem Spiel gegen Belgien, feierten die Massen die Rückkehr ihres verlorenen Lieblings. Alles war auf ihn ausgerichtet worden: Sieben Ajax-Spieler standen ihm zu Diensten, nur nicht Piet Keizer! Der Kapitän von Ajax und der Nationalelf hatte weichen müssen, hatte Cruyff weichen müssen, der sich nun die Kapitänsbinde über den Arm streifte.
Als 89 Minuten gespielt waren, stand es noch 0:0. Da zirkelte Belgiens Kapitän Paul van Himst einen Freistoß in den holländischen Strafraum, Verheyen verlängerte direkt aus der Luft, und der Ball war im Tor. Doch Schiedsrichter Kasakow aus der UdSSR zögerte keine Sekunde: Abseits. Belgiens letzte Chance war vertan. Ungeschlagen und ohne Gegentor in den sechs Qualifikationsspielen (12:0 Tore) schied es aus dem WM-Turnier vorzeitig aus, weil es gegen die »Kleinen« Island und Norwegen weniger Tore als Holland geschossen hatte.
Island, das jeweils auf sein Heimrecht verzichtete, verlor in Belgien zweimal mit 0:4, in den Niederlanden aber mit 1:8 und 0:5. Belgien kam gegen Norwegen über zwei 2:0-Siege nicht hinaus.
Holland aber bezwang die Skandinavier daheim mit 9:0, das war der erste Grundstein zum Gruppensieg. Der zweite

Der Mann mit der Nummer 14, Johan Cruyff, im Spiel gegen Belgien, links van Binst, rechts Thissen

folgte am 12. September 1973 in Oslo. 120 Sekunden vor dem Abpfiff glückte Barry Hülshoff, dem baumlangen Ajax-Stopper mit dem Vollbart, das 2:1. Es war Hülshoffs einziges Tor in der WM-Qualifikation, aber viel wichtiger als die sieben Treffer des Johan Cruyff. Denn bei einem Unentschieden hätte Holland das Rückspiel gegen Belgien gewinnen müssen. Beim ersten Duell, fast auf den Tag genau ein Jahr zuvor, am 19. November 1972, trennte man sich vor 60000 Zuschauern in Antwerpen 0:0. Damals liefen die Gastgeber mit dem frischen Ruhm des Europameisterschafts-Dritten ein. Ein Jahr darauf, nach dem 0:0 in Amsterdam, war aller Glanz verblichen, zählten die 180 torlosen Minuten gegen den nördlichen Nachbarn als Niederlage.

Für Hollands Fußball war Freudentag, für seine Spieler Zahltag. Die Fans intonierten den von ihrem Königshaus entliehenen Wahlspruch »Oranje boven« – Holland oben. Oben mit Johan Cruyff, ohne den Ajax im Europapokal 1973/74 vorzeitig gescheitert war.

Gruppe 4
Triumph im Jubiläumsspiel

Im 125. Länderspiel erreichte die DDR ihr WM-Ziel

»Bravo! DDR-Fußballer durch 4:1 in der WM-Endrunde.« So lautete am 5. November 1973 die fünfspaltige Riesenüberschrift in Ausgabe Nr. 217, 27. Jahrgang, des »Deutschen Sportechos« in Ost-Berlin. Zum ersten Mal in mehr als einem Vierteljahrhundert konnte man im DDR-Fußball wahrhaft jubeln, zum ersten Mal hatten auch die mitteldeutschen Fußballer Anschluß an die Weltelite gefunden und waren damit – endlich – ebenbürtig zu den Leichtathleten, Schwimmern, Handballspielern, Turnern, Ruderern, Eiskunstläufern, Gewichthebern, Boxern oder Volleyballspielern aufgelaufen. Die auch in der DDR größte und beliebteste Sportart war »erwachsen« geworden und damit aus dem Schatten des Halbdunkels herausgetreten. Kein Wunder, daß die Creme der DDR-Sportprominenz auf den Flughafen Berlin-Schönefeld eilte, um die erfolgreichen Kicker in die Arme zu schließen . . .

Mit dem 4:1 in Tirana über Albanien und dem Sieg in der WM-Gruppe 4 vor Rumänien, Finnland und Albanien, der die Qualifikation für die Endrunde der Weltmeisterschaft 1974 in der Bundesrepublik Deutschland bedeutete, lag ein langer und steiniger Weg seit 1952 hinter dem DDR-Fußball. Damals hatte sich die Teilung Deutschlands auch im internationalen Fußball zu dokumentieren begonnen, als am 21. September 1952 in Warschau gegen Polen erstmals eine DDR-Auswahl zu einem »Länderspiel« antrat. 3:0 gewannen die Polen. Erst drei Jahre später, in Bukarest gegen Rumänien, sprang mit 3:2 der erste Sieg für die Spieler aus Ost-Berlin, Leipzig, Dresden und Jena heraus. Und in Tirana 1973, beim großen Triumph, gab es sogar ein Jubiläum: 125. Spiel der DDR-Auswahl. Die Bilanz bis dahin: 125 Spiele – 57 Siege – 28 Unentschieden – 40 Niederlagen.

Die Fußball-Experten rätselten, warum der Weg zum großen Erfolg zwischen Elbe und Oder, Ostsee und Erzgebirge so lange gedauert hatte. Schließlich hatte man in Sachsen früher kaum schwächeren Fußball gespielt als etwa in Hamburg, am Rhein oder in Bayern. Mit dem VfB Leipzig (1903) und dem Dresdner SC (1944) waren sächsische Mannschaften der erste und letzte deutsche Meister im gemeinsamen Reich gewesen! Spieler wie Richard Hofmann, Camillo Ugi oder Helmut Schön hatten überall Klang und Namen. Lag es alleine daran, daß sich der DDR-Fußball zu lange vom Westen abkapselte und erst 1957 (und dann gegen den Zwerg Luxemburg) das erste Auswahlspiel mit einem westeuropäischen Gegner bestritt? Oder trug mehr dazu bei, daß man – sowjetischem Vorbild folgend – den Kollektivgedanken innerhalb der Mannschaft zu sehr überspitzte und dabei das Spiel für das Individuum vergaß?

1958 als Dritter der Qualifikationsgruppe 3 hinter der CSSR und Wales, 1962 als Dritter der Gruppe 4 hinter Ungarn und Holland, 1966 als Zweiter der Gruppe 6 hinter Ungarn und vor Österreich und schließlich 1970 als Zweiter der Gruppe 3 hinter Italien und vor Wales hatte die DDR stets das Ziel verpaßt und mußte zusehen, wie Deutschland 1954 in Bern Weltmeister wurde, 1966 in London erneut ins Endspiel kam und 1970 in Mexiko mit dem dritten Platz wieder seine Weltklasse bewies. Ganz

Der Weg der DDR

7. 10. 1972	DDR–Finnland	5:0	(2:0)
8. 4. 1973	DDR–Albanien	2:0	(0:0)
27. 5. 1973	Rumänien–DDR	1:0	(0:0)
6. 6. 1973	Finnland–DDR	1:5	(0:3)
26. 9. 1973	DDR–Rumänien	2:0	(1:0)
3. 11. 1973	Albanien–DDR	1:4	(1:2)

Tabelle

1. DDR	6	5	0	1	18:3	10:2
2. Rumänien	6	4	1	1	17:4	9:3
3. Finnland	6	1	1	4	3:21	3:9
4. Albanien	6	1	0	5	3:13	2:10

Die DDR-Nationalmannschaft mit Streich, Ducke, Seguin, Lauck, Löwe, Kurbjuweit, Fritzsche, Kreische, Sammer, Torwart Croy und Bransch (von links)

ähnlich war es auch in den europäischen Pokalspielen. Lediglich 1962 Motor Jena und 1972 Dynamo Dresden schafften wenigstens den Weg bis ins Halbfinale der Pokalsieger, überall sonst kam schon vorher das bittere »Aus«. Auch hier blieben die Erfolge von Eintracht Frankfurt, Borussia Dortmund oder Bayern München unerreicht.
Besser dagegen schnitt die DDR im Fußball bei Olympischen Turnieren ab. Während die Vertretung der Bundesrepublik 1952 in Helsinki einen vierten Platz als bestes Ergebnis vorweisen konnte, gewannen die DDR-Fußballer 1964 in Tokio und 1972 in München olympische Bronzemedaillen. In München kam es dabei in der Zwischenrunde zum direkten Vergleich: die DDR schlug die Amateure des DFB im Olympiastadion mit 3:2.
Erfolgreicher auch war die DDR beim UEFA-Jugendturnier. Hier zahlte sich die systematische Jugendarbeit aus: 1965 und 1970 hieß der Turniersieger DDR. 1973 kam man bis ins Endspiel.
Dieser Nachwuchs auch hat die DDR innerhalb ihrer Auswahlmannschaft international nach

DDR
CCCP

Trainer Georg Buschner, der Vater des Erfolges 1973

vorne gebracht. Namen wie Kurbjuweit, Weise, Fritzsche, Sparwasser, Streich oder Kreische hatten einst auch beim UEFA-Jugendturnier besten Klang. Heute bilden sie die ideale Ergänzung zu den »Alten« wie dem Rekord-Nationalspieler Peter Ducke, Löwe, Bransch oder Torwart Croy. Zwar fehlen dem DDR-Fußball auch heute noch Super-Stars wie Franz Beckenbauer oder Günter Netzer, zwar zählen die mitteldeutschen Spieler auch heute noch nicht zur absoluten Weltspitze wie sie die Brasilianer, Italiener oder die Vertreter des DFB darstellen, aber der DDR-Fußball hat viel, viel Boden gewonnen. Nicht zuletzt wissen davon der FC Bayern München oder Fortuna Düsseldorf ein Lied zu singen, deren Pokalgegner Dynamo Dresden und Lokomotive Leipzig genau so den Aufstieg der letzten Jahre beweisen wie der Sieg der DDR-Elf in der WM-Qualifikation.

Hans-Jürgen Kreisches Elfmetertor gegen Eugen Rudakow im Spiel DDR-UdSSR (2:2) des Münchener Olympiaturniers 1972

DDR bei der WM

Kein Endrundenspiel

1954:
nicht teilgenommen.

1958:
in der Qualifikation an der Tschechoslowakei und Wales gescheitert.

1962:
in der Qualifikation an Ungarn und Holland gescheitert.

1966:
in der Qualifikation an Ungarn gescheitert.

1970:
in der Qualifikation an Italien gescheitert.

Gruppe 5
Der unterschätzte Olympiasieger

Wie Polen England ausschaltete

Als Polens Nationalelf 1972 in München die Goldmedaille im Olympischen Fußballturnier gewann – wer hätte damals zu wetten gewagt, daß diese Mannschaft zwei Jahre später zur Weltmeisterschaft wieder nach Deutschland kommen werde? Das Los hatte es nicht besonders gut gemeint mit den Polen. In der Qualifikation hatten sie die undankbare Aufgabe zweier Reisen nach Großbritannien. Um sich für die Endrunde durchzusetzen, mußten sie England, den Weltmeister von 1966, und Wales schlagen. England startete in der Gruppe 5 als Favorit, Polen schien auf dem Papier keine Bedrohung. Die Geschichte freilich lehrt, daß es Ereignisse gibt, die mit keinem noch so durchdachten Plan übereinstimmen. Vier Dinge müssen festgehalten werden: Bobby Moore, Englands alter Kapitän mit 107 Länderspielen bei der Begegnung in Kattowitz, machte im ersten Treffen gegen Polen zwei Fehler, die weder seinem Charakter noch seiner Spielkunst entsprachen, aber den Polen die beiden Tore brachten. Alan Ball (England) und Trevor Hockey (Wales) wurden bei den Spielen in Polen wegen häßlicher Fouls vom Platz geschickt. Polens Torhüter Jan Tomaszewski lieferte am 17. Oktober 1973 das Spiel seines Lebens in Wembley. Norman Hunter schließlich, der in London für Moore eingesetzt wurde, verlor genau den Zweikampf, der Polen durch Jan Domarski das wichtige Tor brachte.
England begann in der Gruppe 5 mit dem erwarteten Sieg über Wales, ein 1:0 in Cardiff. Das Rückspiel in London sah eine schlechte englische Elf, die gegen den schwachen welschen Nachbar nur ein 1:1 erreichte. Möglicherweise besiegelte diese Begegnung Englands Schicksal. Nach dem 2:0 von Wales über Polen in heimischer Umgebung kam es zur großen Konfrontation des ehemaligen Weltmeisters mit dem jungen Olympiasieger in Kattowitz. Angefeuert von 100000 begeisterten Zuschauern und unvergleichlich dirigiert von einem nicht zu stoppenden Wlodzimierz Lubanski, gewannen die Polen 2:0 – nicht zuletzt auch durch Bobby Moores Fehler. Ein 3:0-Heimsieg über Wales brachte den Polen die Führung in der Gruppe und damit die Chance, erstmals wieder seit

Jan Tomaszewski rettet vor dem anstürmenden Alan Clarke; Moment aus dem Spiel England–Polen 1:1

Polens Weg nach Deutschland

28. 3. 1973	Wales–Polen	2:0	(0:0)
6. 6. 1973	Polen–England	2:0	(1:0)
26. 9. 1973	Polen–Wales	3:0	(2:0)
17. 10. 1973	England–Polen	1:1	(0:0)

Tabelle

1. Polen	4	2	1	1	6:3	5:3
2. England	4	1	2	1	3:4	4:4
3. Wales	4	1	1	2	3:5	3:5

Die Szenerie von Wembley am 17. Oktober 1973: Acht Spieler auf engstem Raum vor dem polnischen Tor, ein bereits geschlagener Tomaszewski (gelber Pullover) und dennoch kein Treffer

Das Elfmetertor, das England nichts nützte: Alan Clarkes Treffer zum 1:1-Ausgleich und Endstand in Wembley

Die Freude der Polen: Jerzy Gorgon umarmt Jan Domarski (Nr. 8)

1938, als nur gegen Brasilien mit 5:6 verloren wurde, an der WM-Endrunde teilzunehmen. Alles hing freilich vom Rückspiel am 17. Oktober 1973 im Londoner Wembley-Stadion ab, in dem es 1966 für England den Weltmeisterschaftstriumph über Deutschland gegeben hatte. Die 100000 Eintrittskarten waren schon Monate vorher ausverkauft. Nicht weniger als 350 Journalisten aus der ganzen Welt saßen auf der Tribüne.
Die englischen Spieler, ohne Bobby Moore, hatten sich Selbstvertrauen durch einen 7:0-Erfolg über Österreich auf dem gleichen grünen Rasen geholt. Aber Jan Tomaszewski hielt wie ein Ein-Mann-Staudamm die englischen Stürmer auf. Norman Hunter rutschte aus und mußte Domarskis Tor zulassen. Obwohl Alan Clarke durch einen Elfmeter ausglich (1:1), hatten die Polen jenen einen Punkt, der sie wieder nach Deutschland brachte.
Für England war das Scheitern in der Qualifikation ein schwerer Schlag. Stimmen wurden laut, die den Rücktritt von Team-Manager Sir Alf Ramsey forderten.
Das 1:1 gegen Polen war zuwenig in der englischen Fußballgeschichte und zuviel für die Kritiker, die nun offen sagten, daß die einfallslose und ohne Flügelstürmer praktizierte Spielweise der Engländer Ramseys Schuld sei und dazu geführt habe, den Anschluß an die Weltspitze zu verlieren.
Doch der Kredit des Mannes, der 1966 England zum Weltmeister gemacht hatte, reichte noch über die 0:1-Niederlage der Engländer im Freundschaftsspiel gegen Italien hinaus. Selbst Bobby Moore kam zu seinem 108. Länderspiel wieder. Aber auch seine Zeit ist unwiderruflich vorbei. Die Weltmeisterelf von 1966 besteht nicht mehr. Polen zeigte das Ende für Moore, Alan Ball und auch Martin Peters an. Undenkbar, daß Peters noch 1978 in Argentinien spielen könnte.
Am 1. Mai 1974 aber war es dann auch für Ramsey soweit. Der englische Fußball-Verband kündigte dem einst von Königin Elizabeth Geadelten, nachdem sich Zeichen einer besseren Zeit nicht sehen ließen. Ramsey ging, Joe Mercer kam.
Nicht allein England hat die Polen unterschätzt. Im Fußball gilt ein Olympiasieger wenig, eine alte Geschichte, die heute nicht mehr stimmt. In München siegte Polen gegen die DDR 2:1, gegen Ghana 4:0 und gegen Kolumbien 5:1, kam zu einem 1:1 gegen Dänemark, besiegte dann die UdSSR 2:1 und Marokko 5:0, ehe es im Finale den 2:1-Erfolg gegen Ungarn gab. Die gemeinsamen Olympiadritten DDR und UdSSR verloren also jeweils 1:2 gegen den späteren Sieger. Antoni Szymanowski, Jerzy Gorgon, Leslaw Cmikiewicz, Grzegorz Lato, Kazimierz Deyna, Robert Gadocha oder Wlodzimierz Lubanski brachten ihre olympischen Erfahrungen in die Mannschaft ein, die Trainer Kazimierz Gorski für die Kraftprobe mit England aufbaute.
Den englischen Spielern und Zuschauern schlug das Ausscheiden um so mehr auf den Magen, weil die Teilnahme Schottlands an der WM-Endrunde zu diesem Zeitpunkt schon feststand. Schottland, der große alte Rivale, hat England zum erstenmal in der Weltmeisterschaftsqualifikation übertroffen. Die Schuhe, mit denen die richtigen Tore getreten wurden, saßen eben an schottischen Füßen. Und so sagte man mit englischem Humor: »Wohl dem, der einen Kilt trägt . . .«

Polen bei der WM

1 Spiel: eine Niederlage, 5:6 Tore.

1930:
nicht teilgenommen.

1934:
in der Qualifikation an der Tschechoslowakei gescheitert.

1938:
gegen Brasilien 5:6.

1950:
nicht teilgenommen.

1954:
in der Qualifikation gegen Ungarn nicht angetreten.

1958:
in der Qualifikation an der UdSSR gescheitert.

1962:
in der Qualifikation an Jugoslawien gescheitert.

1966:
in der Qualifikation an Italien und Schottland gescheitert.

1970:
in der Qualifikation an Bulgarien gescheitert.

Gruppe 6
Aufbruch im tiefen Tal

Bulgariens vierte Endrundenteilnahme

Mit vier Siegen und zwei Unentschieden gegen Portugal, Nordirland und Zypern qualifizierte sich Bulgarien zum vierten Mal für eine Endrunde der Weltmeisterschaft. Die Erinnerung freilich an die FIFA-Turniere 1962, 1966 und 1970 verbot lauten Siegesjubel. Bulgarien hat in Chile, England und Mexiko kein einziges Endrundenspiel gewinnen können.
Beim dritten Anlauf 1970 hatten die Bulgaren eine reelle Chance, in das Viertelfinale vorzustoßen. Jeder Fußballfreund in der Heimat erwartete Erfolge über Marokko und Peru; die Niederlage gegen Deutschland war einkalkuliert. Aber nach der 2:0-Führung gegen die Peruaner verloren die Bulgaren die Nerven und gaben das Gruppenspiel mit 2:3 noch aus der Hand. Nach dem 2:5 gegen Deutschland folgte das 1:1 gegen Marokko und das vorzeitige Ausscheiden. Bulgariens Fußball erholte sich nur schwer von diesem Schlag. In der letzten Europameisterschaft scheiterte die Mannschaft früh an Ungarn; auch bei den Olympischen Spielen in München fehlten die Bulgaren. Zudem starb Georgi Asparuchov, der Regisseur der Nationalelf, nach einem Autounfall.
Als der ehemalige Sportjournalist Christo Mladenov am 1. Juli 1972 Trainer der Nationalmannschaft wurde, hatte er dreieinhalb Monate Zeit bis zum ersten WM-Qualifikationsspiel gegen Nordirland. Mladenov, in Budapest ausgebildet, verzichtete auf die Mexiko-WM-Teilnehmer Simeonov, Schalamanov, Dimitrov und Jakimov. Maraschliev, Michailov, Jekov und Jetschev verloren ihren Stammplatz, trugen aber hin und wieder das Nationaltrikot. In den sechs WM-Qualifikationsspielen setzte Mladenov nicht weniger als 29 Spieler ein, fast drei komplette Mannschaften – ein seltener Rekord.

Bulgariens Weg nach Deutschland

18. 10. 1972	Bulgarien–Nordirland	3:0	(1:0)
19. 11. 1972	Zypern–Bulgarien	0:4	(0:3)
2. 5. 1973	Bulgarien–Portugal	2:1	(1:0)
26. 9. 1973	Nordirland–Bulgarien	0:0	
13. 10. 1973	Portugal–Bulgarien	2:2	(0:0)
18. 11. 1973	Bulgarien–Zypern	2:0	(1:0)

Tabelle

1. Bulgarien	6	4	2	0	13:3	10:2
2. Portugal	6	2	3	1	10:6	7:5
3. Nordirland	6	1	3	2	5:6	5:7
4. Zypern	6	1	0	5	1:14	2:10

Nur Bonev, Zafirow, Stojanov, Kolev und Denev waren in allen sechs Spielen dabei, und damit ist der Stamm der Elitespieler genannt. Christo Bonev war mit sieben Treffern Rekordtorschütze der WM-Qualifikationsgruppe 6. Der Ausbruch aus dem tiefen Tal begann am 18. Oktober 1972 mit einem 3:0-Sieg über Nordirland mit dem berühmten George Best. Es folgten drei weitere Siege, darunter der wichtige über Portugal in Sofia (2:1), und zwei Unentschieden, eins davon in Lissabon gegen die Portugiesen (2:2, nach einer 2:1-Führung bis zur 89. Minute). Als Portugal am 14. Oktober 1973 zu Hause gegen Nordirland nur 0:0 spielte, war Bulgarien bereits vor der letzten Begegnung mit Zypern in Deutschland »angekommen«. Routiniertester Spieler der WM-Elf ist Jetschev mit 68 internationalen Berufungen, ein Verteidiger, der in Deutschland sein viertes FIFA-Turnier erlebt. Bonev spielte drei Jahre »Traumfußball« mit Asparuchov, ehe dieser starb; er bestritt 60 Länderspiele. Zafirov, Stojanov, Kolev oder Denev, Mladenovs weitere Korsettstangen, sind bisher unter der Grenze von 30 Länderspielen geblieben.
Mladenov selbst ist ein Fußballtrainer mit starkem Gefühl für Pädagogik und Psychologie. Er liebt nicht den Lärm und das Rampenlicht. Den Journalisten begegnet er stets höflich – auch dann, wenn seine Elf das Spiel gerade verloren hat.

1973 verlor Bulgarien in Hamburg ein WM-Vorbereitungsspiel gegen Deutschland mit 0 : 3. Beckenbauer und Müller in gemeinsamer Aktion gegen die Bulgaren (oben), auf dem Bild auf Seite 94 Kapellmann im selben Spiel

Bulgariens Nationalelf mit Stojanov, Zafirov, Aladjov, Vassiliev, Ivkov, Kolev, Michailov, Denev, Penev, Jordanov und Christo Bonev (von links)

Bulgarien bei der WM

9 Spiele, zwei Unentschieden, sieben Niederlagen, 2 : 16 Punkte, 7 : 24 Tore

1930:
nicht teilgenommen.

1934:
in der Qualifikation an Ungarn und Österreich gescheitert.

1938:
in der Qualifikation an der Tschechoslowakei gescheitert.

1950:
nicht teilgenommen.

1954:
in der Qualifikation an der Tschechoslowakei und Rumänien gescheitert.

1958:
in der Qualifikation an Ungarn gescheitert.

1962:	
gegen Argentinien	0 : 1
gegen Ungarn	1 : 6
gegen England	0 : 0
1966:	
gegen Brasilien	0 : 2
gegen Portugal	0 : 3
gegen Ungarn	1 : 3
1970:	
gegen Peru	2 : 3
gegen Deutschland	2 : 5
gegen Marokko	1 : 1

Gruppe 7
Jugoslawiens Frankfurter Heimspiel

Spanien mit Fußball von gestern

Enver Maric im Tor der Jugoslawen war einer der besten Spieler der Frankfurter Begegnung am 13. Februar 1974

Das beste unter vielen guten Spruchbändern und Transparenten am Nachmittag des 13. Februar 1974 um und im Frankfurter Waldstadion war dieses: ein jugoslawischer Torero, schlank und rank, reizt einen fülligen und müden spanischen Stier. Der Zeichner muß über Sehergaben verfügt haben. Zwischen 19.30 und 21.15 Uhr an diesem milden Februartag endete in der Main-Metropole ein spanischer Traum. Spaniens Fußball wurde als ein Ereignis von gestern entlarvt.
Mit dem 1:0(1:0)-Sieg Jugoslawiens über Spanien im Entscheidungsspiel der Gruppe 7 wurde der sechzehnte und letzte WM-Teilnehmer und zugleich der Gegner von Weltmeister Brasilien im Eröffnungsspiel der Endrunde am 13. Juni 1974 im selben Frankfurter Stadion ermittelt. Ein Tor von Libero Josip Katalinski entschied die Begegnung. Jugoslawien und Spanien trennte danach eine Welt. Genau 61 942 Zuschauer sahen das Spiel, sicherlich zwei Drittel davon Jugoslawen und Spanier, Gastarbeiter aus allen Teilen Deutschlands, aus der DDR und dem benachbarten Ausland.
Der hohe Anteil ausländischer Zuschauer, einmalig auf deutschem Boden, machte die Frankfurter Begegnung zu einem Heimspiel für die Jugoslawen, die im Grunde nicht die Spanier zu fürchten hatten, sondern nur die eigenen Sorgen. Denn sie hatten seit dem 19. Dezember 1973 keinen Tag mehr Fußball gespielt, weil man in Jugoslawien Winterpause macht. Sechs Trainer, ein Kollektiv, das nach dem Frankfurter Sieg sofort

Jugoslawische Schlachtenbummler vor dem Entscheidungsspiel Jugoslawien–Spanien (1 : 0) im Frankfurter Waldstadion

Jugoslawiens Weg nach Deutschland

19. 10. 1972	Spanien–Jugoslawien	2:2
19. 11. 1972	Jugoslawien–Griechenland	1:0
21. 10. 1973	Jugoslawien–Spanien	0:0
19. 12. 1973	Griechenland-Jugoslawien	2:4

Tabelle

1. Jugoslawien	4	2	2	0	7:4	6:2
Spanien	4	2	2	0	8:5	6:2
3. Griechenland	4	0	0	4	5:11	0:8

Entscheidungsspiel in Frankfurt
13. 2. 1974 Jugoslawien–Spanien 1:0

auseinanderbrach, hatten eine Mannschaft aufgeboten, deren elf Aktive auf 246 Länderspiele verweisen konnten, mit Dragan Dzajic (67 Länderspiele) an der Spitze. Ladislao Kubala, Trainer der Spanier, mischte dagegen wohl mehr aus Verzweiflung denn aus Überlegung alternde Stars wie Amancio und international wenig erfahrene Spieler wie Juan Carlos Perez. Aber auch dies nützte Kubala nichts. So wie für ihn die Länderspiele, die er einst für die Tschechoslowakei (6), Ungarn (3) und Spanien (18) bestritten hat, nutzlose Mitgift waren. Kubala saß mit seiner mitteleuropäischen Vergangenheit und seiner romanischen Gegenwart zwischen allen Zeiten. Amancio, der berühmte Amancio von Real Madrid, spielte, als sei er tausend Jahre alt und Reals Glanzzeit achthundert Jahre vorbei... Über das Frankfurter Spiel mit seinem außergewöhnlichen Rahmen durfte man natürlich nicht vergessen, wie es überhaupt zu diesem 13. Februar 1974 gekommen war: In der Gruppe 7 beendeten Jugoslawien und Spanien die Runde tor- und punktgleich; untereinander spielte man zweimal unentschieden. Der Vorwurf, beim 4:2-Sieg der Jugoslawen gegen Griechenland in Athen am 19. Dezember 1973 seien Geschenke im Spiel gewesen, war natürlich nicht zu beweisen. Nur: Griechenlands Mannschaft wurde danach bis auf einen kleinen Kern aufgelöst.

Jugoslawien bei der WM

19 Spiele: 9 Siege, drei Unentschieden, 7 Niederlagen, 33:27 Tore.

1930:

gegen Brasilien	2:1
gegen Bolivien	4:0
gegen Uruguay	1:6

1934:
in der Qualifikation an Rumänien gescheitert.

1938:
in der Qualifikation an Polen gescheitert.

1950:

gegen die Schweiz	3:0
gegen Brasilien	0:2
gegen Mexiko	4:1

1954:

gegen Frankreich	1:0
gegen Brasilien	1:1
gegen Deutschland	0:2

1958:

gegen Frankreich	3:2
gegen Paraguay	3:3
gegen Schottland	1:1
gegen Deutschland	0:1

1962:

gegen UdSSR	0:2
gegen Uruguay	3:1
gegen Kolumbien	5:0
gegen Deutschland	1:0
gegen CSSR	1:3
gegen Chile	0:1

1966:
in der Qualifikation an Frankreich und Norwegen gescheitert.

1970:
in der Qualifikation an Belgien gescheitert.

Gruppe 8
Die Sache mit Leeds

Schottland oder der englische Einfluß

Schottlands Teilnahme an der Weltmeisterschaftsendrunde nach einer Pause von sechzehn Jahren hat ein besonders pikantes Detail. Die meisten der schottischen Spieler, die Dänemark und die Tschechoslowakei ausschalteten, leben und spielen in England. Selbst als die Schotten am 26. September 1973 nach dem 2 : 1 über die CSSR in Glasgow ihren Whisky auftischten und ihre Dudelsackpfeifen zu blasen begannen, mußten sie zugeben, daß es vor allem die Stärke des englischen Fußballs gewesen ist, der ihnen zu diesem Triumph verholfen hat.
Leeds United, die beste englische Mannschaft der letzten zehn Jahre, kann für sich den Ruhm in Anspruch nehmen, für Schottlands Glanz und für Englands Tragödie verantwortlich zu sein. Drei Spieler von Leeds, Paul Madeley, Alan Clarke und Norman Hunter, standen in Englands Elf, die Polen nicht besiegen konnte. Auf sogar vier Akteure von Leeds baute Schottland: auf Billy Bremner, der Kapitän von Leeds und Schottland ist, auf den Torhüter David Harvey, auf Peter Lorimer und auf Joe Jordan. Und Ersatzmann Lorimer setzte dem Spiel in Hampden Park in Glasgow das Glanzlicht auf, als er das Siegestor gegen die CSSR einleitete.

Der schottische Fußball mit den beiden großen Glasgower Clubs Rangers und Celtic an der Spitze hat niemals verhindern können, daß seine besten Spieler nach Süden abwanderten, nach England, wo der Sport attraktiver ist und wo es mehr Geld gibt. Frühere Trainer der schottischen Nationalelf zeigten sich verärgert über diese »Verräter« und weigerten sich, diese Männer für Länderspiele zu nominieren. Die Folge waren schottische Niederlagen. Bei den Ausscheidungen für die Weltmeisterschaften wurde gegen die Tschechoslowakei (1962), gegen Italien (1966) und Deutschland (1970) verloren.
Dann aber kamen Tommy Docherty und der gegenwärtige Nationaltrainer Willie Ormond, und sie fielen wie die Heuschrecken über England, um bei den Spitzenvereinen des Nachbarn »abzugrasen« und die schottischen Spieler in das blaue Trikot ihrer Heimat zu stecken. Und so finden

Schottland bei der WM

5 Spiele: kein Sieg, ein Unentschieden, vier Niederlagen, 4 : 14 Tore.

1930:
nicht teilgenommen.

1934:
nicht teilgenommen.

1938:
nicht teilgenommen.

1950:
in der Qualifikation an England gescheitert, spätere Einladung nach Brasilien abgelehnt.

1954:
gegen Österreich 0 : 1
gegen Uruguay 0 : 7

1958:
gegen Frankreich 1 : 2
gegen Jugoslawien 1 : 1
gegen Paraguay 2 : 3

1962:
in der Qualifikation an der CSSR gescheitert.

1966:
in der Qualifikation an Italien gescheitert.

1970:
in der Qualifikation an Deutschland gescheitert.

Schottlands Weg nach Deutschland

18. 10. 1972	Dänemark–Schottland	1 : 4 (1 : 2)
15. 11. 1972	Schottland–Dänemark	2 : 0 (1 : 0)
26. 9. 1973	Schottland–CSSR	2 : 1 (1 : 1)
17. 10. 1973	CSSR–Schottland	1 : 0 (1 : 0)

Tabelle

1. Schottland	4	3	0	1	8 : 3	6 : 2
2. CSSR	4	2	1	1	9 : 3	5 : 3
3. Dänemark	4	0	1	3	2 : 13	1 : 7

Joe Jordan (links, dunkles Trikot) gelingt der Siegtreffer zum 2 : 1 gegen die CSSR am 26. September 1973 vor 100 000 Zuschauern in Glasgow

Auf den Schultern seiner schottischen Kameraden, die ihre Hemden mit den Tschechoslowaken getauscht haben: Kapitän Billy Bremner nach seinem 41. Länderspiel

wir wieder Denis Law, George Graham, Willie Morgan, Billy Bremner und Frank McLintock in Schottlands Team. Dänemark und die Tschechoslowakei bezahlten die Zeche für diesen schottischen Aufwand. Nach drei Spielen – 4 : 1 und 2 : 0 gegen Dänemark und 2 : 1 gegen die CSSR – stand Ormonds Mannschaft als WM-Teilnehmer fest. Am Tag, als England gegen Polen nur 1 : 1 spielte und ausschied, konnte sich Schottland sogar eine 0 : 1-Niederlage gegen die CSSR leisten. England fehlt unter den letzten Sechzehn in Deutschland, aber die Solidität und Erfahrung von Leeds United, Manchester United, Liverpool und anderen englischen Spitzenvereinen wirken in Schottlands Mannschaft.

Gruppe 9
Chiles Moskauer Pfand

Wie sich die UdSSR eliminierte

Die Weigerung der Moskauer Sportführung, nach dem Sturz und Tod Salvatore Allendes die sowjetische Nationalmannschaft zum fälligen WM-Ausscheidungsspiel gegen Chile im Stadion von Santiago antreten zu lassen, weil dort zeitweise politische Gefangene festgehalten worden waren, hat ein Faktum in den Hintergrund gespielt, das man als Chiles Moskauer Pfand bezeichnen dürfte: Das 0:0 am 26. September 1973 zwischen der UdSSR und Chile im ersten Ausscheidungsspiel zur Ermittlung des Siegers der Gruppe 9. Über dieses 0:0 kamen die Sowjets und der Internationale Fußball-Verband nicht hinweg. Trotz zahlreicher Proteste und Eingaben der Sowjets und mit ihnen sympathisierender Länder mußten sich die Fußballspieler der UdSSR einer FIFA-Mehrheit beugen, die für die taktischen Züge Moskaus kein Verständnis zeigte. Am 21. November 1973, 18.30 Uhr Ortszeit, trat Chiles Nationalelf im Nationalstadion an. Auf der Anzeigetafel war zu lesen: »Fußball-Weltmeisterschaft in Deutschland 1974 – Chile–UdSSR«. Aber die Sowjets waren nicht da. Die Chilenen begannen das Spiel ohne Gegner. Mannschaftskapitän Francisco Valdez übernahm den Ball und schoß ihn ins leere Tor der Sowjets. Die Inszenierung des Geisterspiels setzte den Schlußpunkt: Chile war für Deutschland qualifiziert.

Vier Spiele genügten Chile, zwei Siege, ein Unentschieden, eine Niederlage. Venezuela hatte in der Südamerika-Gruppe 2 auf seine WM-Chance verzichtet. Im Entscheidungsspiel gegen Peru, den WM-Teilnehmer von 1970, gewannen die Chilenen mit 2:1, nachdem es vorher auf den Plätzen der Gastgeber jeweils ein 2:0 gegeben hatte. Die für ein Ausscheidungsspiel gegen Chile ausgeloste UdSSR hatte in der Europagruppe 9 Irland und Frankreich ausgeschaltet, dabei aber das Auswärtsspiel gegen Frankreich 0:1 verloren. Chile hat schon 1930 an der Weltmeisterschaft teilgenommen, doch wurde der Fußball in dem Andenland erst 1962 zu einem internationalen Begriff, als das VII. FIFA-Turnier ausgerichtet wurde und Gastgeber Chile den dritten Platz belegte. In dem 4230 km langen und durchschnittlich nur 177 km breiten Staat mit 8,99 Millionen Einwohnern gibt es 8000 Fußballklubs mit 245000 Aktiven, Amateuren und Halbprofis. Bezahlter Fußball wird in 32 Vereinen gespielt, 18 Klubs starten in der A-, 14 Klubs in der B-Liga. 16 Profispiele an einem Wochenende werden von etwa 200000 Zuschauern besucht, die zwischen 0,60 und 2,40 DM Eintritt bezahlen. Die Starspieler in Chile verdienen etwa 400 Mark monatlich; Handgelder erreichen selten

Chile bei der WM

15 Spiele, 7 Siege, 1 Unentschieden, 7 Niederlagen, 15:15 Punkte, 22:22 Tore.

1930:

gegen Argentinien	1:3
gegen Frankreich	1:0
gegen Mexiko	3:0

1934:
in der Qualifikation gegen Argentinien nicht angetreten.

1938:
nicht teilgenommen.

1950:

gegen England	0:2
gegen Spanien	0:2
gegen USA	5:2

1954:
in der Qualifikation an Brasilien und Paraguay gescheitert.

1958:
in der Qualifikation an Argentinien und Bolivien gescheitert.

1962:

gegen die Schweiz	3:1
gegen Italien	2:0
gegen Deutschland	0:2
gegen UdSSR	2:1
gegen Brasilien	2:4
gegen Jugoslawien	1:0

(Weltmeisterschaftsdritter)

1966:

gegen Italien	0:2
gegen Nordkorea	1:1
gegen UdSSR	1:2

1970:
in der Qualifikation an Uruguay gescheitert.

Chiles Weg nach Deutschland

29. 4. 1973	Peru–Chile	2:0	(1:0)
13. 5. 1973	Chile–Peru	2:0	(0:0)
5. 8. 1973	Chile–Peru	2:1	(1:1)
(Entscheidungsspiel in Montevideo)			
26. 9. 1973	UdSSR–Chile	0:0	
21. 11. 1973	Chile–UdSSR	kampflos	
(UdSSR nicht angetreten)			

Der nur 1,65 m große Juan Olivares lenkt einen Ball um den Pfosten. Szene aus dem Moskauer Spiel, das Chile das 0:0-Pfand brachte

die 5000-Mark-Grenze. Spieler der B-Liga müssen sich mit 50 Mark im Monat bescheiden. Trainer der Nationalmannschaft ist Luis Alamos, ein 52jähriger Mann, der als Vorgänger und Nachfolger von Rudi Gutendorf dessen Fehler vermied. Als »Meistermacher« gerühmt, weil er mit Universidad viermal und mit Colo Colo einmal die Landesmeisterschaft gewinnen konnte, verstand er zugleich die verschieden gelagerten Probleme der Klubs und der Nationalmannschaft. Alamos ging Querelen mit Klubtrainern aus dem Weg. Die Colo-Colo-Spieler betrachtete er als Stamm der Nationalmannschaft; diesen verstärkte er vor allem durch fünf echte chilenische Profis, die ihr Geld im Ausland verdienen, Klassespieler wie der Rekord-Internationale Elias Figueroa, der in Brasilien lebt, wie Carlos Cszely vom spanischen Klub Levante oder wie Julio Crisosto von Panathinaikos Athen.
Das deutsche Element, im Sport Chiles traditionell, findet sich auch in der Nationalmannschaft. Colo-Colo-Torhüter Adolfo Nef war in allen drei Spielen gegen Peru eingesetzt; der 27jährige, der noch ausgezeichnet Deutsch spricht, stand allerdings in scharfem Duell mit dem nur 1,65 m großen und fünf Jahre älteren Juan Olivares, der das 0:0 in Moskau hielt. Figueroas Mutter ist Deutsche, und in Deutschland geboren wurde Gustavo Graef, der zweite Mann hinter Luis Alamos.

Gruppe 10
Qualifiziert nach sechzehn Stunden

Die Mannschaft der Einwanderer: Australien

Das Tor von Jimmy Mackay fiel in der 70. Minute des dritten Spiels gegen Südkorea im Stadion von Hongkong aus 35 Metern Entfernung. 30000 begeisterte Zuschauer feierten am Ende den 1:0 (0:0)-Sieg der Australier, der die Teilnahme an der Weltmeisterschaft in Deutschland bedeutete. Der 13. November 1973 wurde dennoch in Australien eher gelassen und mit angelsächsischem Witz hingenommen.
In Melbourne schrieb die Zeitung »Herald Sport«:

»Die Engländer werden grün vor Neid, wenn wir demnächst unsere Koffer packen. Sie werden sich ärgern, daß wir in Deutschland spielen dürfen und sie nicht, und sie werden den Austragungsmodus kritisieren, der es einer so hoffnungslos verlorenen Truppe wie der unsrigen gestattet, im Kreis der großen Fußballänder mitzumischen.«
Aber dann überkam den »Herald Sport« doch die große Freude, und er zeichnete ironisch die Zukunft: »Eigentlich braucht unsere Mannschaft ja nur ein oder zwei Vorrundenspiele zu gewinnen. Mit ein wenig Glück wird sie die Zwischenrunde überstehen und dann das große Finale von München bestreiten. Englands Fußball-König Sir Alf wird ebenso wie die britische Regierung zurücktreten, und 55 Millionen Engländer werden den Weltuntergang herbeisehnen – alle, bis auf ein paar Sportjournalisten. Die werden schreiben, das ganze sei das Ergebnis einer glücklichen Auslosung und hätte sich normalerweise nie ereignet . . .«
Ereignet hat sich, daß nicht das favorisierte Südkorea die Asien/Ozeanien-Gruppe gewann, sondern eben Australien. Und dabei hatten es die Australier gar nicht leicht, denn vor den Preis der Flugtickets nach Europa hatte die FIFA den Schweiß gesetzt – insgesamt elf Spiele einschließlich des 13. November 1973. Oder 16:10 Stunden Spielzeit bis zu Mackays Tor . . .

Australien bei der WM

kein Endrundenspiel

1930, 1934, 1938, 1950, 1954, 1958 und 1962:
nicht teilgenommen.

1966:
in der Qualifikation an Nordkorea gescheitert.

1970:
in der Qualifikation an Israel gescheitert.

Wer sind nun diese Australier, die erstmals an einer WM-Endrunde teilnehmen? Die bei ihrer WM-Qualifikation rund eine halbe Million Mark auslegen mußten! Die für das 1:0 von Hongkong rund 10000 Mark Siegesprämie erhielten! Die ihren jugoslawischen Trainer Zvonimir Rasic nach der Weltmeisterschaft verlieren! Die, wenn sie gut sind, in den Profiligen von Victoria, Neusüdwales, Südaustralien und Queensland 20000 Mark im Jahr verdienen können – im Nebenberuf Fußball, versteht sich! Wer sind sie?

Australiens Weg nach Deutschland

4. 3. 1973	Australien–Neuseeland	1:1	(0:0)
11. 3. 1973	Australien–Irak	3:1	(0:0)
13. 3. 1973	Australien–Indonesien	2:1	(2:1)
16. 3. 1973	Australien–Neuseeland	3:3	(3:1)
18. 3. 1973	Australien–Irak	0:0	
24. 3. 1973	Australien–Indonesien	6:0	(3:0)

Turniersieger der Untergruppe A

1. Australien	6	3	3	0	15:6	9:3
2. Irak	6	3	2	1	11:6	8:4
3. Indonesien	6	1	2	3	6:13	4:8
4. Neuseeland	6	0	3	3	5:12	3:9

18. 8. 1973	Australien–Iran	3:0	(1:0)
24. 8. 1973	Iran–Australien	2:0	(1:0)
28. 10. 1973	Australien–Südkorea	0:0	
10. 11. 1973	Südkorea–Australien	2:2	(1:1)
13. 11. 1973	Australien–Südkorea	1:0	(0:0)

(Entscheidungsspiel in Hongkong)

Australiens WM-Expedition: Hintere Reihe von links: Trainer Rasic, Buljevic, Watkiss, Wilson, Alston, Tolson, Campbell, Trainerassistent Scheinflug; mittlere Reihe: Williams, Baartz, Utjesenovic, Abonyi, Richards, Schäfer; vorne kniend: Rooney, Mackey, Milisavljevic, Frazer, Curran und Warren

Nun, das sind Einwanderer aus Schottland, England, Skandinavien und Deutschland oder die Nachfahren emigrierter Europäer. Jimmy Mackay, der das Tor in Hongkong erzielte, spielte 1965 noch beim schottischen Erstligaklub Airdrieonions. Er ist 30 Jahre alt und arbeitet als Dachdecker. Mannschaftskapitän Peter Wilson und Ray Richard kommen aus England, der eine ist vier, der andere zehn Jahre im Land der Känguruhs. Wie die Namen schon sagen, stammen Buljevic, Utjesenovic, Milisavljevic oder Vojtek aus Jugoslawien, Abonyi aus Ungarn.
Manfred Schäfer, 31, wanderte 1956 mit seinen Eltern von Mannheim nach Sydney aus. Fußball ist für den blonden, knochigen Mann der zweite Beruf. Frau und zwei Kinder ernährt er als Milchmann. Dettmar Cramer, der sieben Jahre lang Trainer der FIFA war und dabei auch Australien besuchte, sagte über Schäfer: »Ein knorriger Typ; in amerikanischen Westernserien findet man solche Burschen. Als er noch in den Anfängen seiner Karriere steckte, war Jupp Posipal sein großes Vorbild.« Manfred Schäfer ist nach dem in Australien geborenen Ray Baartz (46 Länderspiele) Zweiter in der Rangliste der erfolgreichsten Internationalen. Auf 43 Berufungen hat er es gebracht.

Gruppe 11
Die helle Vergangenheit

Uruguays Stars in alle Winde verstreut

Uruguay bei der WM

26 Spiele: 14 Siege, 4 Unentschieden, 8 Niederlagen, 56:33 Tore.

1930:

gegen Peru	1:0
gegen Rumänien	4:0
gegen Jugoslawien	6:1
gegen Argentinien	4:2
(Weltmeister)	

1934:
nicht teilgenommen

1938:
nicht teilgenommen

1950:

gegen Bolivien	8:0
gegen Spanien	2:2
gegen Schweden	3:2
gegen Brasilien	2:1
(Weltmeister)	

1954:

gegen CSSR	2:0
gegen Schottland	7:0
gegen England	4:2
gegen Ungarn	2:4
gegen Österreich	1:3
(Weltmeisterschaftsvierter)	

1958:
in der Qualifikation an Paraguay gescheitert.

1962:

gegen Kolumbien	2:1
gegen Jugoslawien	1:3
gegen UdSSR	1:2

1966:

gegen England	0:0
gegen Frankreich	2:1
gegen Mexiko	0:0
gegen Deutschland	0:4

1970:

gegen Israel	2:0
gegen Italien	0:0
gegen Schweden	0:1
gegen UdSSR	1:0
gegen Brasilien	1:3
gegen Deutschland	0:1
(Weltmeisterschaftsvierter)	

»Wir haben die feinsten Fußballer, eine stolze Tradition, die größten Krisen – und das alles in einem kleinen Land.« Dieser Ausspruch des früheren uruguayanischen Nationaltrainers Juan Eduardo Hohberg bestätigte sich auch bei der Weltmeisterschaftsqualifikation für 1974. Obwohl Uruguay als Weltmeister der Jahre 1930 und 1950 und als WM-Vierter 1954 und 1970 schon am 8. Juli 1973 als Endrundenteilnehmer in Deutschland feststand, als erster aller Gruppensieger übrigens, wagte man in Montevideo nicht, die jetzige Nationalmannschaft mit früheren zu vergleichen. Vom Weltmeisterschaftsvierten von Mexiko standen am 8. Juli nur noch Ubinas, Cubilla und Esparrago in der Mannschaft, die Ekuador mit 4:0 (3:0) besiegte. Spieler wie Rocha, Ancheta, Montero Castilla oder der seinerzeit als weltbester Torhüter gelobte Mazurkiewicz waren zum Zeitpunkt der WM-Qualifikation in alle Winde verstreut.

Uruguays Weg nach Deutschland

24. 6. 1973	Kolumbien–Uruguay	0:0	
1. 7. 1973	Ekuador–Uruguay	2:2	(1:1)
5. 7. 1973	Uruguay–Kolumbien	0:1	(0:0)
8. 7. 1973	Uruguay-Ekuador	4:0	(3:0)

Tabelle

1. Uruguay	4	2	1	1	6:2	5:3
2. Kolumbien	4	1	3	0	3:2	5:3
3. Ekuador	4	0	2	2	3:8	2:6

Nationaltorhüter Santos hatte nicht einmal einen Stammplatz bei seinem Klub Penarol, denn dort war er die zweite Wahl hinter dem Brasilianer Manga, der wiederum in seiner Heimat nicht zur Spitze zählte.
Skandale hat es im uruguayanischen Fußball immer gegeben. Revolutionen der Spieler gegen den Trainer sind an der Tagesordnung. Wenn es gar zu dick kommt, greift die hohe Politik ein. So war es auch bei Luis Cubilla. Luis Cubilla, so meint man in Montevideo, ist »das Fußballgenie mit unerträglichem Charakter«. Der 34jährige Mittelfeldspieler, der schon 1962 in Chile dabei war, 1966 dagegen fehlte und 1970 in Mexiko imponierte, wurde im Dezember 1972 bei einem Meisterschaftsspiel des Feldes verwiesen. Er verabschiedete sich vom Schiedsrichter, indem er ihm kräftig ins Gesicht spuckte. Trotz mehrmaliger Aufforderung des Verbandes, sich zu entschuldigen oder wenigstens zu rechtfertigen, zog es Cubilla vor, im Fernsehen den höchsten Richtern der Schiedsrichtervereinigung das Vertrauen abzusprechen.

Als Cubilla gesperrt wurde, setzte er Gerüchte in Umlauf, er werde ins Ausland gehen. Da aber Uruguay schon am 24. Juni 1973 zur ersten WM-Qualifikation gegen Kolumbien anzutreten hatte, verfügte der Kultusminister in Montevideo eine Amnestie aller gesperrten Fußballsünder. So zog Cubilla, statt auszuwandern, das Nationaltrikot an und schoß am 8. Juli vor 65 000 Zuschauern in Montevideo das dritte Tor (von vieren) gegen Ekuador, das Uruguay aller Sorgen enthob. Denn Sorgen hatten die Spieler nach einem 0:0 und einer 0:1-Niederlage gegen Kolumbien durchaus gehabt. Hätte Uruguay am 8. Juli 1973 zu Hause gegen Ekuador nur 1:0 gewonnen, wäre es zu einem Entscheidungsspiel gegen Kolumbien gekommen, das die Männer um Cubilla fürchteten. Der 4:0-Sieg über Ekuador jedoch erinnerte an die helle Vergangenheit Uruguays im Fußball und ließ plötzlich wieder auf eine ebensolche Zukunft hoffen.

Uruguays Mannschaft, die sich mit dem 4:0 über Ekuador die Flugkarten nach Deutschland erkämpfte: Santos, Ubina, Masnik, Cardaccio, de Simone, Zoryez (stehend von links), Cubilla, Esparrago, Morena, Bertocchi und Milar (gebückt von links)

Gruppe 12
Ein Trainer namens Sivori

1973 war ein Erfolgsjahr für die Argentinier

Argentinien bei der WM

16 Spiele: acht Siege, zwei Unentschieden, sechs Niederlagen, 31 : 27 Tore

1930:

gegen Chile	3 : 1
gegen Mexiko	6 : 3
gegen Frankreich	1 : 0
gegen USA	6 : 1
gegen Uruguay (Vizeweltmeister)	2 : 4

1934:

gegen Schweden	2 : 3

1938:
nicht teilgenommen

1950:
gegen Chile und Bolivien in der Qualifikation nicht angetreten.

1954:
nicht teilgenommen

1958:

gegen Deutschland	1 : 3
gegen Nordirland	3 : 1
gegen CSSR	1 : 6

1962:

gegen Bulgarien	1 : 0
gegen England	1 : 3
gegen Ungarn	0 : 0

1966:

gegen Spanien	2 : 1
gegen Deutschland	0 : 0
gegen Schweiz	2 : 0
gegen England	0 : 1

1970:
in der Qualifikation an Peru und Bolivien gescheitert.

Was immer über Argentiniens Fußball der siebziger Jahre zu sagen ist, man wird dabei mit dem Namen eines Trainers beginnen, mit Sivori. Enrico Omar Sivori, ein 1935 in Argentinien geborener italienischer Nationalspieler, der 1961/62 neun Länderspiele bestritt, betreute Argentiniens Elf in den entscheidenden Jahren 1972 und 1973, disziplinierte die Individualisten vom La Plata und hauchte ihnen Teamgeist ein. Das war für alle, die Sivori aus seiner Aktivenzeit kannten, die größte Überraschung, daß er, der Disziplinlose, der mehr als dreißigmal vom Platz gestellte Stürmer, nun gerade die Tugenden pries und verlangte, die er früher konsequent verleugnet hatte.

Sivori, der Mann zweier Fußballwelten, kennt die Europäer und kennt seine Südamerikaner. 1960 war er mit 27 Treffern für Juventus Turin italienischer Torschützenkönig, und vier Jahre nach seinem Transfer von River Plate wurde »das unbeherrschte Genie« Europas »Fußballer des Jahres« (1961).

In seinen zwölf Profijahren in Italien gewann Sivori die Erkenntnis, daß Taktik und Strategie im

Argentiniens Weg nach Deutschland

9. 9. 1973	Argentinien–Bolivien	4:0	(2:0)
16. 9. 1973	Paraguay–Argentinien	1:1	(1:1)
23. 9. 1973	Bolivien–Argentinien	0:1	(0:1)
7. 10. 1973	Argentinien–Paraguay	3:1	(1:1)

Tabelle

1. Argentinien	4	3	1	0	10:3	7:1
2. Paraguay	4	2	1	1	7:4	5:3
3. Bolivien	4	0	0	4	1:11	0:8

14. Februar 1973 in München, Argentinien führt 3 : 0 gegen Deutschland und gewinnt 3 : 2

Unten:
Argentinischer Jubel nach dem Sieg über Deutschland

Fußball mannschaftliche Geschlossenheit und Disziplin verlangen und nicht ersetzt werden können durch noch so hinreißenden individuellen Einfallsreichtum. Als die Argentinier am 14. Februar 1973 im Olympiastadion von München gegen den Europameister Deutschland mit 3:2 gewannen, führten sie dank dieses inneren Zusammenhalts und natürlich ihres Spielwitzes sogar mit 3:0. Deutschland konnte am Ende das Ergebnis nur deshalb verbessern, weil die Argentinier mit der Vorstellung eines Sieges über Deutschland nicht ganz fertig wurden. Ein folgendes 1:1 gegen Israel holte Sivoris Spieler auf den Boden der Realitäten zurück.

Zu diesen Realitäten gehörte, daß Argentinien 1970 in der WM-Qualifikation an Peru und Bolivien gescheitert war. Und ausgerechnet gegen Bolivien mußte die 74er WM-Serie begonnen werden. Am 9. September 1973 gewann Argentinien zu Hause mit 4:0, es folgte ein 1:1 gegen Paraguay in Asuncion, ein 1:0-Sieg im 3800 Meter hoch gelegenen La Paz gegen Bolivien und schließlich das befreiende 3:1 gegen Paraguay im Boca-Juniors-Stadion von Buenos Aires. 80000 Zuschauer feierten am 7. Oktober 1973 ihre Mannschaft, als sei sie bereits Weltmeister. Brindisi, Angel Hugo Vargas, der als Profi in Frankreich spielt, Escobar, Guerini, Ruben Ayala und Oscar Fornari waren Sivoris Stars im Erfolgsjahr 1973.

Gruppe 13
Sieg zum siebzigsten Geburtstag

Haitis Triumph im CONCACAF-Endturnier

Am 13. Dezember 1973 war Haitis Fußballsport am Ziel der Wünsche, die 39 Jahre zurückreichten. 1934 hatte sich die Mannschaft der Antillen-Insel zum erstenmal für die Weltmeisterschaft zu qualifizieren versucht, war jedoch frühzeitig an Kuba gescheitert. Nach weiteren Enttäuschungen 1954 und 1970 brachte das CONCACAF-Turnier im Sylvio-Cator-Stadion der Haiti-Hauptstadt Port-au-Prince vom 29. November bis 18. Dezember 1973 den Sieg im Endturnier der Nord- und Mittelamerika-Gruppe. Nach dem 2:1 (1:1)-Erfolg über Guatemala am 13. Dezember, also fünf Tage vor Beendigung des Turniers, stand Haiti als WM-Teilnehmer fest; die 0:1 (0:1)-Niederlage im Schlußspiel gegen den siebenmaligen Endrundenstarter Mexiko hatte keine Bedeutung mehr. Fußball wird auf Haiti seit über siebzig Jahren gespielt. Am 6. Februar 1974 feierte die Union Sportive Haitienne ihren 70. Geburtstag. So war die Qualifikation für Deutschland das schönste Geburtstagsgeschenk des 1926 gegründeten Fußball-Verbandes von Haiti für die ältere Union.

Haiti bei der WM

Kein Endrundenspiel

1930:
nicht teilgenommen.

1934:
in der Qualifikation an Kuba gescheitert; Kuba wiederum unterlag dem Endrundenteilnehmer Mexiko.

1938:
nicht teilgenommen.

1950:
nicht teilgenommen.

1954:
in der Qualifikation an Mexiko und USA gescheitert.

1958:
nicht teilgenommen.

1962:
nicht teilgenommen.

1966:
nicht teilgenommen.

1970:
in der Qualifikation an El Salvador gescheitert.

Haitis Weg nach Deutschland

Vorrunde

15. 4. 1972	Haiti-Puerto Rico	7:0	(5:0)
26. 9. 1972	Puerto Rico–Haiti	0:5	(0:2)

Endturnier

1. 12. 1973	Haiti–N.-Antillen	3:0	(1:0)
4. 12. 1973	Haiti–Trinidad	2:1	(1:1)
7. 12. 1973	Haiti–Honduras	1:0	(0:0)
13. 12. 1973	Haiti–Guatemala	2:1	(1:1)
18. 12. 1973	Haiti–Mexiko	0:1	(0:1)

Turnierendstand

1. Haiti	5	4	0	1	8:3	8:2
2. Trinidad	5	3	0	2	11:4	6:4
3. Mexiko	5	2	2	1	10:5	6:4
4. Honduras	5	1	3	1	6:6	5:5
5. Guatemala	5	0	3	2	4:6	3:7
6. N.-Antillen	5	0	2	3	4:19	2:8

Im Gründungsjahr der Fédération Haitienne de Football spielte die Nationalmannschaft auch zum erstenmal im Ausland. Bei einem Turnier in Kingston auf Jamaika gab es zwei Siege, zwei Unentschieden und drei Niederlagen. Das war der Anfang des Weges und der Hoffnungen.
In den Jahren 1972 und 1973 nahmen 13 der 22 CONCACAF-Mitglieder an den Qualifikationsspielen zur Weltmeisterschaft in Deutschland teil: Kanada, die USA, Mexiko, El Salvador, Guatemala, Honduras, Costarica, Niederländisch-Antillen, Puerto Rico, Trinidad, Antigua, Surinam und Haiti. Das ebenfalls gemeldete Jamaika verzichtete auf die Begegnungen mit Niederländisch-Antillen. CONCACAF ist die Vereinigung der Fußballverbände von 22 Ländern Nord- und Zentralamerikas sowie der Karibik.
Die Mannschaft, die das Endturnier im Stadion von Port-au-Prince ge-

wann, das den Namen des einstigen Weitsprung-Weltrekordmannes Sylvio Cator (7,93 m im Jahre 1928) trägt, ist eine rein farbige; lediglich der 26 Jahre alte Philippe Vorbe, Sohn eines Bauunternehmers, der schon bei den Profis in New York unter Vertrag war, ist hellhäutiger als seine Kameraden. Die Elf von Trainer Antoine Tassy hat ihre reiche internationale Erfahrung nicht nur in Länderspielen gewonnen, sondern auch in ausländischen Klubs. Rekord-Internationaler ist der 33 Jahre alte Guy Saint-Vil mit über 80 Länderspielen. Er hat in Angoulême, Paris und New York gespielt, und er verweist gerne darauf, daß er im selben Monat und Jahr wie Pele geboren ist, nur zwei Tage später. Auf 62 Länderspiele hat es Philippe Vorbe gebracht, ein Bewunderer des »Königs Pele und des deutschen Prinzen Beckenbauer«. Ihm folgen Serge Ducoste und Henri Francillon mit 60 Berufungen. Der schnelle Rechtsaußen Claude Barthelemy, Guy François und Joseph Obas bestritten über 50 internationale Begegnungen. Im CONCACAF-Endturnier überzeugten vor allem der kleine, schmächtige (»Tom Pouce«) Jean Claude Désir und der mehrfache Torschütze Emmanuel Sanon.
Antoine Tassy und sein Helfer René Vertus können im übrigen auf einen großen persönlichen Erfolg verweisen. 1957 gewannen sie mit Haitis Nationalelf das zentralamerikanische Championat in Willemstad auf Curaçao.

Haitis Spieler vor dem CONCACAF-Endturnier, hintere Reihe von links: Trainer Hyacinthe, François, Bayonne, Barthelemy, G. Saint-Vil, Gilles, F. Leandre, Louis, Trainer Vertus; mittlere Reihe: Cheftrainer Tassy, Pignant, Antoine, Desir, Sanon, M. Leandre, R. Saint-Vil, Ducoste, Auguste, Sportdirektor Legros; vordere Reihe: Masseur Oriole, Vorbe, Torhüter Francillon, Nazaire, Jean-Joseph, André, Joseph und S. Racine

Gruppe 14
Die Leoparden vom Kongo

Zaire – Sieger über den Favoriten Marokko

Zaire: das ist flächenmäßig der elftgrößte Staat der Erde, bekannt früher unter der Bezeichnung Demokratische Republik Kongo oder, populärer, Kongo-Kinshasa, eine Präsidialrepublik mit über 22 Millionen Einwohnern, mit Bantus, Niloten, Sudan-Stämmen, hamitischen Gruppen, Pygmäen, 60000 weißen Bürgern und rund 900000 Zugewanderten aus Angola, Ruanda und dem Sudan. Man spricht Französisch und die Stammessprachen Kingwana, Kikongo, Lingala und Suaheli. 13 Millionen Anhänger von Naturreligionen stehen 6,5 Millionen Katholiken und 1,1 Millionen Protestanten gegenüber, dagegen kaum Mohammedaner. Sport in Zaire: das ist vor allem Fußball. Jeden Sonntag sind die Stadien bei den Meisterschaftsspielen gut besetzt. In der Hauptstadt Kinshasa (früher Leopoldville, 1,3 Millionen Einwohner) ist ein Wochenende ohne Fußball ein totes Wochenende. Zu den Punktetreffen im Nationalstadion kommen sonntags regelmäßig 70000 bis 80000 Zuschauer.

Zaires Weg nach Deutschland

Erste Runde

6. 6. 1972	Togo–Zaire	0:0	
20. 6. 1972	Zaire–Togo	4:0	(2:0)

Zweite Runde

25. 2. 1973	Zaire–Kamerun	0:1	(0:1)
27. 2. 1973	Zaire–Kamerun	2:0	(1:0)

Dritte Runde

5. 8. 1973	Ghana–Zaire	1:0	(1:0)
19. 8. 1973	Zaire–Ghana	4:1	(2:0)

Endrunde

4. 11. 1973	Sambia–Zaire	0:2	(0:2)
18. 11. 1973	Zaire–Sambia	2:1	(1:1)
9. 12. 1973	Zaire–Marokko	3:0	(0:0)
23. 12. 1973	Marokko–Zaire	0:2*)	

*) Marokko verzichtete, weil Zaire bereits qualifiziert war, FIFA erklärte Zaire zum 2:0-Sieger.

Turnierendstand

1. Zaire	4	4	0	0	9:1	8:0
2. Sambia	4	1	0	3	5:6	2:6
3. Marokko	4	1	0	3	2:9	2:6

Zaire bei der WM

Kein Endrundenspiel

1966:
Meldung für die Qualifikation (wie alle 15 afrikanischen Verbände) zurückgenommen.

1970:
nicht teilgenommen.

Wer Zaires sportliche Entwicklung in den letzten Jahren genau verfolgt hat, der konnte von Zaires WM-Qualifikation nicht überrascht sein. Der großartige Erfolg steht in einer Relation mit den Bemühungen der Regierung, den Sport und besonders den Fußball populär zu machen. Das Jahr 1973 zeigte die

Die Leoparden vom Kongo, das WM-Aufgebot von Zaire

ersten bedeutenden Erfolge. AS Vita Kinshasa gewann die afrikanische Klubmeisterschaft mit einem 3:0-Heimsieg über die ghanesische Elf von Katoko, nachdem es im Vorspiel ein 2:4 gegeben hatte. Nach dem unerwarteten Sieg in der Qualifikationsgruppe 14 der WM gewann Zaire auch die Endrunde der afrikanischen Meisterschaft in Kairo.

liegt in den überragenden Leistungen der Spieler Kidumu, Kibonge, Kembo und den Brüdern Bwanga, die fast alle mit dem Ball am Fuß geboren worden sind. Unter den Aktiven herrscht eine gute Kameradschaft, gepflegt auch durch Familienbande, denn nicht nur Bwanga und Kazadi sind Brüder, sondern auch die Verteidiger Mwepu und Mukombo.

kennt, daß er mit der WM-Atmosphäre vertraut ist und daß er die europäischen und südamerikanischen Gegner zu beurteilen weiß. Vidinics Spitzenspieler, die Togo, Kamerun, Ghana, Sambia und Marokko in der WM-Qualifikation besiegten, haben – im Durchschnitt – ein Alter von 25 Jahren und die Erfahrung von 24 Länderspielen. Senior

seines Landes. Während Mittelfeldspieler Mabwene Mana nur 1,57 m mißt, ist der Ersatzmann Ndongala Lungmila 1,86 m groß.
Die erste schwarzafrikanische Elf, die sich für eine Weltmeisterschaft durchzusetzen vermochte, ist von Staatspräsident Sese-Seko Mobutu reich belohnt worden. Die Namen der Spieler, die den Favori-

Die afrikanischen Sportjournalisten wählten außerdem Tshimen Bwanga zum Fußballer des Jahres, und sein Bruder Mwanba Kazadi gilt als der beste Torhüter des Kontinents.
Das Geheimnis der Mannschaft von Zaire, die von dem Jugoslawen Blagojew Vidinic trainiert wird und sich selbst »die Leoparden« nennt,

Trainer Vidinic, der 1970 Marokko bei der Weltmeisterschaft in Chile betreute, hat für Zaires Mannschaft den Vorteil, daß er seit Jahren die afrikanische Mentalität

der Nationalelf ist der Mittelfeldspieler Mafu Kibonge, geboren am 12. Februar 1945, Junior der 21 Jahre alte Dekkungsspieler Boba Lobilo. Auf 44 Länderspiele kann Torhüter Kazadi verweisen; er ist der Rekordinternationale

ten Marokko ausschalteten, kennt jeder Fußballfreund in Zaire: Kazadi, 26 Jahre, 44 Länderspiele – Mwepu 24/11, Mukombo 28/36, Bwanga 24/25, Lobilo 21/5 – Mana 26/12, Kibonge 28/29 – Kakoko 23/29, Mannschaftskapitän Kidumu 27/29, Kembo 26/31 und Mayanga 25/17.

Die Deutschen in einer Gruppe

Die Auslosung am 5. Januar 1974 in Frankfurt

Der 5. Januar 1974 war ein milder Tag, wie überhaupt der ganze Januar zu warm für die Jahreszeit gewesen ist. So spielte die Frankfurter Eintracht frühlingshaft beschwingt gegen den 1. FC Köln und gewann das Bundesligaspiel mit 2:1 Toren. 31000 Zuschauer sahen im bereits für die Weltmeisterschaft hergerichteten Waldstadion das Treffen der Spitzenmannschaften, während im nur drei Kilometer Luftlinie entfernten Airport-Hotel die Verantwortlichen der FIFA jene Modalitäten bekanntgaben, die abends im großen Sendesaal des Hessischen Rundfunks die Auslosung der WM-Endrunde zu einem überschaubaren und dennoch spannenden Spektakulum werden ließen, das schätzungsweise von 800 Millionen Menschen in aller Welt gesehen und gehört wurde.
Die FIFA-Gewaltigen haben sich nicht immer leicht getan mit einer gerechten und fairen Beurteilung der Mannschaften und ihres Leistungsvermögens. Man denke nur an 1954, als Deutschland nicht gesetzt wurde, deshalb in der Vorrunde zweimal gegen die Türkei spielen mußte und trotzdem die Weltmeisterschaft gewann.
Bei der Beurteilung der 16 Endrundenteams kommen neben dem reinen Leistungsvermögen, das sich aus früheren Erfolgen und augenblicklichen Resultaten addiert, auch geographische, kontinentale und gewisse sportpolitische Aspekte ins Spiel. Das FIFA-WM-Komitee folgte in seiner Diskussion im Airport-Hotel jenen Vorschlägen, die in der Öffentlichkeit ventiliert worden waren – mit der einen Ausnahme, daß man die darüber verständlicherweise nicht erfreuten Schweden in die Gruppe der sogenannten »schwachen Länder« einreihte, was bei der Auslosung logischerweise starke Konkurrenz bedeutete.
Doch der Reihe nach. Die vier Erstplazierten der WM von 1970, Brasilien, Italien, Deutschland und Uruguay, wurden auf die vier Gruppen verteilt, wobei die Einreihung Deutschlands in Gruppe 1 und Brasiliens in Gruppe 2 schon vorher feststand. Dann zog man die verbleibenden beiden Südamerikaner, nämlich Argentinien und Chile, die osteuropäischen Länder Polen, Bulgarien, DDR und Jugoslawien (das sich freilich erst am 13. Februar 1974 endgültig qualifizieren sollte) sowie die Außenseiter Zaire, Australien und Haiti so auseinander, daß sie beim Griff in die Töpfe auf verschiedene Gruppen gelost werden mußten.
Ein kleiner Schönheitsfehler war, daß man den Gewinner der Gruppe 7 noch nicht kannte, man also mit Spanien oder Jugoslawien als Gegner Brasiliens im WM-Eröffnungsspiel am 13. Juni 1974 kalkulieren mußte. Die vom Deutschen Fußball-Bund und seinem WM-Organisationskomitee gut vorbereitete FIFA-Sitzung trug sicherlich dazu bei, daß sich Spanien und Jugoslawien für das Entscheidungsspiel der Gruppe 7 auf deutschem Boden aussprachen. Als man sich auf den Termin 13. Februar 1974 geeinigt hatte, folgten beide Verbände sofort dem Angebot Hermann Neubergers, das Spiel in Frankfurt auszutragen. Knapp 62000 Zuschauer sahen fünfeinhalb Wochen nach der Auslosung Jugoslawiens 1:0-Erfolg über Spanien.
Ein Thema, das wochenlang die Gemüter erhitzt hatte und die Sowjets und einige ihrer Freunde auch weiterhin beschäftigen sollte, war das von der UdSSR abgesagte Qualifikationsspiel am 21. November 1973 in Santiago gegen Chile. Die ganze Geschichte begann mit einem Zufall. Der Gewinner der Qualifikationsgruppe 9, so wurde bei der Festlegung der WM-Ausscheidungen von der FIFA bestimmt, mußte gegen den Sieger der Südamerikagruppe 3 um den Endrundenplatz in Deutschland spielen. Als Gruppenerste setzten sich die UdSSR gegen Irland und Frankreich sowie Chile in drei Begegegnungen gegen Peru durch.
Alles schien ohne Komplikationen abzugehen: da wurde in Santiago

Maßgebliche Männer der FIFA: Hermann Neuberger, Harry Cavan, Sir Stanley Rous und Dr. Helmut Käser (von links)

Salvatore Allende, der erste frei gewählte kommunistische Staatspräsident, von seinen politischen Gegnern im chilenischen Heer ermordet. Allendes Anhänger wurden in der Folge verhaftet und – mangels genügender Gefängnisse – im Nationalstadion von Santiago festgehalten. Während der chilenischen Bürgerkriegswirren und nach dem Tode Allendes trafen sich die Fußball-Verantwortlichen Chiles und der UdSSR in Zürich, um die Termine der beiden Qualifikationsspiele auszuhandeln. Man einigte sich auf den 26. September in Moskau und auf den 21. November in Santiago. Was kaum jemand erwartet hatte, trat beim ersten Spiel ein. Chile erreichte in Moskau ein torloses Unentschieden.

Nur wenige Tage nach diesem Treffen begannen die Sowjets eine politische Kampagne, die sich als Bumerang erweisen sollte. Das 0:0 von Moskau völlig außer acht lassend, forderte die Moskauer Sportführung wegen des »faschistischen Putsches und des blutigen Terrors« die Absage des Spiels in Santiago und seine Verlegung in ein neutrales Land. Der sowjetische Standpunkt verfestigte sich innerhalb einer Woche so sehr, daß jeder Kompromiß praktisch ausgeschlossen war. Zarte chilenische Hinweise, man könne vielleicht in einer anderen Stadt des Landes spielen, wurden erst gar nicht auf ihren Wahrheitsgehalt untersucht. Als die FIFA erkannte, daß ein den Sowjets angenehmer Boykott der WM 1974 durch die befreundeten Länder Bulgarien, Polen und DDR, ja sogar die Boykottdrohung selbst ausbleiben würde, bestand der Weltverband am 12. Oktober 1973 in Gelsenkirchen auf der Austragung des Spiels in Santiago. Eine nach Chile entsandte FIFA-Kommission stellte zwar wenig Erfreuliches, aber auch nichts Bestürzendes fest.

Als sich die FIFA-WM-Kommission am 5. Januar 1974 zusammensetzte, bestritt kaum jemand den moralischen Anspruch der Sowjets. Gleichzeitig aber wurde die falsche Taktik der Moskauer beklagt, die mit ihrer massiven Erpressung der FIFA im Grunde keinen Spielraum ließen. Und was die Chilenen anging, so kam der Sportfreund einfach nicht über ihr 0:0 von Moskau hinweg. Die FIFA mußte die Sowjetunion wegen der Verweigerung des Qualifikationsspiels am 21. November 1973 in

Unter den Augen der FIFA-Präsidialmitglieder zog der Berliner Sängerknabe Detlef Lange die WM-Lose

M 74

WM-Symbolik: Bälle, der neue FIFA-Pokal, Austragungsort und Datum des Endspiels

Santiago bestrafen. Dies bedeutete Chiles WM-Teilnahme. FIFA-Präsident Sir Stanley Rous ließ in Frankfurt eine Diskussion über die Vorgänge nicht mehr zu. Mit 13:5 Stimmen wurde gegen die UdSSR entschieden.
Da Polen, Bulgaren und die Mitteldeutschen den Ausschluß der UdSSR zur Kenntnis nahmen, ohne von Boykott zu sprechen, ging man schnell zur Tagesordnung über. Die Exoten aus Haiti und Zaire, die alle französisch sprechen, standen im Mittelpunkt der Frankfurter Betrachtungen. Wo würden die farbigen Mannschaften, deren Führungen diszipliniert und mit von Diktaturen geprägter Zurückhaltung und Vorsicht auftraten, spielen? Am Abend, in weniger als 35 Minuten, wußte es die ganze Welt. Als die DDR als Nummer 3 der Gruppe 1 der Mannschaft des Gastgebers Deutschland zugelost wurde, brach nach einer sekundenlangen Stille des Atemholens schließlich langanhaltender Beifall aus. Der Berliner Sängerknabe Detlef Lange, der die Lose aus den Töpfen zog, erfüllte mit seinem Griff zweifellos einen Wunsch der Fußballfreunde aus beiden Teilen Deutschlands. Die Dame Fortuna, die sich an diesem Abend von ihrer besten Seite zeigte, verhinderte zugleich ein sportpolitisches Spektakulum, das zweifellos das deutsch-deutsche Treffen am 18. Juni 1974 in Berlin gewesen wäre. Chile gegen DDR in Berlin – das war Politik genug. Fünfeinhalb Monate vor Beginn der WM hatte das Los gesprochen.

Gruppe 1	**Gruppe 2**
1 Chile	**5 Jugoslawien**
2 Deutschland	**6 Brasilien**
3 DDR	**7 Zaire**
4 Australien	**8 Schottland**

Gruppe 3	**Gruppe 4**
9 Holland	**13 Haiti**
10 Uruguay	**14 Italien**
11 Schweden	**15 Polen**
12 Bulgarien	**16 Argentinien**

HENNES WEISWEILER über Setzen und Losen: Fußball auf höchster Ebene

Setzen und Losen hatten sich bei den letzten Weltmeisterschaften und so auch diesmal bewährt. Am 5. Januar 1974 gewann der Veranstalter Deutschland bei der Auslosung gewisse Vorteile; denn in seiner Gruppe gab es nur zwei Favoriten, dagegen in den anderen Gruppen je drei spielstarke Nationalteams, von denen je eines in der ersten Finalrunde ausscheiden mußte.
Während man also von den gesetzten Favoriten Brasilien, Deutschland, Uruguay und Italien ein Weiterkommen voraussetzte, wurde in diesen spielstarken Gruppen eine Entscheidung beispielsweise zwischen Jugoslawien und Schottland, Holland und Bulgarien und Polen und Argentinien gefordert.
Gegenüber früheren Fußball-Weltmeisterschaften hatten wir diesmal eine komplette zweite Finalrunde und damit keine Entscheidung nach dem k.o.-System. Auf diese Weise finden spielstarke Mannschaften eher den Weg ins Endspiel. Das geht sicher auf Kosten von Überraschungen, aber darüber braucht man nicht zu streiten. Das war im Fußball immer der Unterschied zwischen Meisterschafts- und Pokalspielen.
Bei den Auslosungen für die Fußball-Weltmeisterschaft alle vier Jahre kommt dann auch immer dieselbe Frage: Was haben die meist spielschwachen Vertreter Asiens, Afrikas und Mittelamerikas in einem solchen Spitzenturnier zu suchen? (Besonders wenn man diesmal an das Ausscheiden von England, Spanien und der Sowjetunion denkt . . .) Dennoch: Bei dem ungeheuren Interesse an einer Fußball-Weltmeisterschaft sollte verständlich sein, daß auch die Millionen aktiver Fußballer und Anhänger in fremden Kontinenten vertreten sein wollen, wie es auch bei Olympischen Spielen war und ist.
Für die nächste Fußball-Weltmeisterschaft 1978 in Argentinien streben die Verantwortlichen der FIFA mindestens 20 Teilnehmer an. Dabei hätten sicher weitere zwei europäische Fußballnationen die Möglichkeit der Teilnahme. Das würde allerdings für jede Mannschaft in der ersten Runde ein Spiel mehr bedeuten. Doch die Teilnahme an einem solchen Weltturnier ist bei den weiten Reisen über Kontinente mit vier Spielen in der ersten Finalrunde sogar sportlich und finanziell ertragreicher. Der Nachteil ist allerdings: die Weltmeisterschaft würde dann für die Endrundenteilnehmer vier Wochen dauern.
Die Fußball-Weltmeisterschaften in den letzten zwanzig Jahren zeigten dem Fachmann und auch dem verständigen Fußballfreund den Stand und die Entwicklung des Fußballes auf höchster Ebene. Das Weltturnier 1954 in der Schweiz war sicher das offensivste und brachte deshalb auch das Ende des WM-Systems, das immerhin fast 30 Jahre Bestand hatte. Der 3:2-Erfolg der deutschen Nationalelf im Endspiel über Ungarn ist bis heute unvergessen. 1958 in Schweden ging der Stern von Pele auf, und das neue 4:2:4-System wurde kreiert, obwohl es in Wirklichkeit immer ein 4:3:3 war. 1962 in Chile wurde der Fußball von der Abwehr bestimmt, die Verteidiger schalteten sich nicht in den Angriff ein. Die Weltmeisterschaft 1966 im Mutterland des Fußballs, England, war ein Triumph der englischen Profis und von deren Betreuer Alf Ramsey. Er änderte das 4:3:3 in ein 4:4:2 und spielte so mit zwei Sturmspitzen ohne Außenstürmer, aber mit vier Mittelfeldspielern. Diesem System und den Spielern blieb er zu lange treu, so daß die Weltmeisterschaft 1974 ohne England stattfinden mußte. 1970 in Mexiko hatte sich der Fußball wieder zwischen Angriff und Abwehr eingependelt. Alle Spieler wußten um ihre zweiseitige Aufgabe: anzugreifen und zu verteidigen!

Eröffnungsfeier in Frankfurt

Folklore-Festival unter Schirmen

Für die Stunde X der zehnten Fußball-Weltmeisterschaft hatten die Meteorologen in Hessen zwar nicht das Blaue vom Himmel versprochen, aber doch eine Wetterberuhigung. Am 13. Juni 1974, dem Tag der Eröffnung des FIFA-Turniers, stiegen die Quecksilbersäulen an der deutschen Nordseeküste auf 25 Grad Celsius, in Frankfurt dagegen hielten sie bei 13,5 Grad an, und aus einer düsteren, nur selten aufreißenden Wolkendecke regnete es mit kurzen Unterbrechungen.
Als sich am frühen Nachmittag dieses Dreizehnten die Folklore-Gruppen aus den sechzehn an der Endrunde beteiligten Ländern im Frankfurter Waldstadion formierten, dachten viele der Besucher ein Jahr, neun Monate und 18 Tage zurück, erinnerten sich des 26. August 1972, als in München die Olympischen Spiele mit der heiteren Eröffnungsfeier ihren Anfang nahmen. Damals lachte die Sonne und stimmte die Menschen fröhlich. Am 13. Juni 1974 spülte der Regen die mitreißende Stimmung hinweg.

Brasiliens Star Pele fror, selbst im Fellmantel, auf der Tribüne. Die 1400 Ehrengäste unter den 61 500 Zuschauern im Frankfurter Waldstadion hüllten sich, sofern es das Protokoll erlaubte, in Wintermäntel. In den sechzehn riesigen Plastik-Fußbällen warteten die Folklore-Gruppen fröstelnd auf ihren Auftritt.

Bundespräsident Gustav Heinemann sprach am 13. Juni 1974 in Frankfurt die traditionelle Eröffnungsformel und wünschte »Spiele der Freundschaft und der Fairneß«

Was so schön gedacht war, erwies sich an den Unbilden der Witterung als graue Theorie. Die Praxis war klammes Bemühen vor einem freundlichen, dankbaren Publikum, das sich unter Schirme duckte, und eher noch als die Fahnenschwinger aus Florenz, die Dudelsackpfeifer aus Schottland, die Holzschuhtänzer aus Holland, das brasilianische »Ballett Tropical« oder die Volkstanzgruppe aus Bandundu am Kongo, die sich den Beifall wahrlich verdienten, erfreuten die 2300 Frankfurter Schulkinder, die in turnerischer Gymnastik das WM-Emblem auf den nassen, seifigen Rasen zauberten. Hier fand die Eröffnungsfeier ihren stimmungsvollen Gipfel.
Alles andere war Auftrittsroutine, abgehaktes Protokoll. Das reichte vom Pokaltausch zwischen Pele und Uwe Seeler bis hin zu der von Bundespräsident Gustav Heinemann nüchtern gesprochenen Eröffnungsformel. Auf der Ehrentribüne saßen neben Heinemann Ex-Bundeskanzler Willy Brandt, Innenminister Maihofer, Außenminister Genscher, der Präsident des Deutschen Sportbundes, Willi

Unter den sechzehn Folklore-Gruppen erhielten die Fahnenschwinger und Trommler aus Florenz den meisten Beifall der 61 500 Zuschauer im Waldstadion (rechts)

Für ein karnevalistisches Bild bei der Eröffnungsfeier sorgte Brasiliens »Ballett Tropical«

Weyer, der Präsident des Deutschen Fußball-Bundes, Hermann Goesmann, der Mann an den Schalthebeln der zehnten WM, Hermann Neuberger, und die beiden Mächtigen der FIFA, Präsident Sir Stanley Rous und sein Nachfolger Joao Havelange. Die schönsten Bilder, so hörte man später, habe das Fernsehen übertragen, gesendet mittels eines Zeppelins, der während der Feier über dem Stadion kreiste und dem Regen trotzte.

PS: 24 Stunden später stöhnte man in Frankfurt unter einer Hitzewelle (26 Grad).

COMMERZBANK

Über 2000 Frankfurter Schulkinder zauberten in tänzerischer Gymnastik das WM-Emblem auf den Rasen; Moment aus der WM-Eröffnungsfeier

Die Spiele

Brasilianisch-jugoslawische »Traube« beim torlosen WM-Auftakt im Frankfurter Waldstadion (rechts)

Eröffnungsspiel

Punktsieger Jugoslawien

»Es war das erste Spiel der Weltmeisterschaft«, resümierte Brasiliens Trainer Mario Zagallo, »eine solche Begegnung ist immer eine seelische Belastung.« Sein jugoslawischer Kollege Miljan Miljanic sprach vom fehlenden Rhythmus beim torlosen WM-Auftakt 1974, beim 0:0 zwischen dem dreimaligen Weltmeister Brasilien und dem Außenseiter Jugoslawien. Kein Tor also, aber ein Spiel voller Spannung, Hektik und Turbulenz. Jugoslawiens Torhüter Enver Maric flog panthergleich durch die Luft, faustete Bälle über dreißig Meter. Sicherlich: es fehlte die Brillanz, die Gelöstheit auf beiden Seiten, die strahlende Stürmerfigur, die Pele einst bei Brasilien war.
Südamerikanische Technik und Balltreterei nahm nüchterner, aber nicht überzeugender europäischer Zielstrebigkeit den möglichen Glanz. Zagallo nannte den rutschigen, schweren Boden als zweiten Gegner neben Jugoslawien. Branko Oblak durfte dagegen seinen Kopfball an den Pfosten auf der Habenseite verbuchen, der Brasilien wahrscheinlich geschlagen hätte, wäre er zwei Zentimeter weiter nach rechts auf das Holz geprallt. Zwei Zentimeter . . .
Jugoslawien hätte das Spiel gewinnen müssen. Aber von den Außenstürmern kamen die Flanken zu selten, und wenn sie geschlagen wurden, dann spielten die Pele-Nachfolger ihre Stärke im Kopfballspiel aus. Artisten ohne Regisseur, die Brasilianer! Meisterliche Handwerker ohne Intuition, die Jugoslawen! In jeder anderen Sportart hätte Jugoslawien einen Punktsieg errungen.
Vom Platz gingen zwei Mannschaften, die nicht verloren hatten.

Enver Maric im jugoslawischen Tor gefiel durch seine reaktionsschnellen Paraden; hier gegen den Brasilianer Jairzinho (unten)

Coca-Cola

Sieben Bälle gegen Chile

Deutsche Premiere ohne Regisseur

Zuerst ging Helmut Schön auf Paul Breitner zu; anerkennend klopfte der Bundestrainer dem 22jährigen Münchner auf die Schulter. Der junge Mann mit dem Afrolook, der als Außenverteidiger in erster Linie dazu da ist, Tore zu verhindern, hatte das erste Tor der X. Fußball-Weltmeisterschaft erzielt. Von insgesamt nur sieben Bällen, die Chiles katzengewandter Torhüter Leopoldo Vallejos zu halten hatte, landete Breitners wuchtiger Fernschuß in der 16. Minute genau im linken Winkelkreuz. Die deutsche Mannschaft war mit diesem 1:0-Sieg ihrer Tradition treu geblieben. Sieht man einmal von dem 5:0-Erfolg über die Schweiz in England 1966 ab, so gab es bei allen übrigen Weltturnieren äußerst schwache Premieren.

Politik im Stadion: »Chile ja, Junta nein« stand auf den Spruchbändern, mit denen in Berlin Zuschauer gegen das Militärregime in Chile protestierten. Momentaufnahme vor dem Spiel Deutschland–Chile (1:0)

Bernd Cullmanns Kopfball in der 41. Minute hätte das 2:0 für Deutschland sein können, aber der Ball ging knapp über das Lattenkreuz. Rechts der Chilene Elias Figueroa

Der Regisseur am Boden. Wolfgang Overath hatte nicht immer einen guten Stand gegen Chile

Paul Breitner schoß das erste Tor der WM 1974, das zugleich Deutschlands 1 : 0-Sieg gegen Chile bedeutete (14. Juni 1974, 16.16 Uhr)

Woran lag es, daß diesmal die 83168 erwartungsvollen Zuschauer im Berliner Olympiastadion so unzufrieden waren? Die Verbindung zwischen Abwehr und Angriff funktionierte nicht. Wolfgang Overath, der dienstälteste Nationalspieler (seit 1963 dabei), war in seinem 75. Länderspiel nicht der erwartete Regisseur. Hinzu kamen Abwehrschwächen durch Georg Schwarzenbeck, Angriffsmängel durch die schwachen Flügel Jürgen Grabowski und Jupp Heynckes und ein oft übertrieben hart einsteigender Gegner (drei gelbe Karten und ein Platzverweis für Carlos Caszely). »Auch wir haben uns das Spiel anders vorgestellt«, nahm der Bundestrainer allen Kritikern den Wind gleich aus den Segeln.

Berti Vogts, gegen Chile der beste deutsche Spieler, hier im Kampf mit Carlos Reinoso (links) und Francisco Valdez

Erstes Auftreten der DDR

Die unterschätzten Australier

Das erste Auftreten der beiden Weltmeisterschafts-Debütanten DDR und Australien im direkten Duell überraschte doppelt. Die Mitteldeutschen, die zu ihrer WM-Premiere mit der Referenz dreizehn hintereinander nicht verlorener Länderspiele in Hamburg erschienen, hinderte der Siegzwang an der vollen Entfaltung ihrer spielerischen Möglichkeiten bei dieser ersten Vorstellung auf bundesdeutschem Boden. Der krasse Außenseiter Australien dagegen, der bei dieser Weltmeisterschaft aus der Anonymität in das Rampenlicht des Weltfußballs heraustrat, rüttelte mit nicht erlahmendem Kampfeseifer an der Selbstsicherheit der mitteldeutschen Spieler. Unter psychologischem Druck und angesichts eines gelb-grünen Abwehrwalls erreichte die Mannschaft der DDR nicht ihr volles Leistungsvolumen und suchte ihr Heil in Rüpeleien, die mit drei gelben Karten geahndet wurden. Es fehlten die Überraschungsmomente. Einzelaktionen von Torjäger Joachim Streich blieben Seltenheit. Und den Angriffen, die bis vor den australischen Strafraum vorgetragen wurden, mangelte es an Präzision. Die Verkrampfung löste sich erst, als Colin Curran bei einem verzweifelten Rettungsversuch einen Schuß von Jürgen Sparwasser ins eigene Tor abfälschte (56. Minute). Die dann aufkommende leichte Überlegenheit der DDR in der Schlußphase dokumentierte Joachim Streich mit einem Volleyschuß zum 2:0 (69. Minute). DDR-Trainer Georg Buschner leugnete nicht, die Australier unterschätzt zu haben. Wie so viele übrigens, die die Kirche im Dorf für den Mittelpunkt der Welt halten.

Fast eine Stunde brauchte die DDR, um gegen Australien in Führung zu gehen. Colin Curran schlug einen Ball von Jürgen Sparwasser bei einem Rettungsversuch vom Pfosten ins eigene Tor

Oft nur durch Klammern konnten sich die DDR-Spieler gegen die Angriffe der Australier wehren, wie hier Gerd Kische gegen Branko Buljevic. Am Ball Jimmy Rooney

Der senegalesische Schiedsrichter N'Diaye zeigte dem DDR-Mittelfeldspieler Siegmar Wätzlich (Nr. 12) die gelbe Karte nach einem Foul an Stürmerstar Adrian Alston. Links Gerd Kische (Nr. 18)

Ein Tor nach 19:03 Stunden

Wie Haiti den Weltrekord Dino Zoffs brach

Bis zum 20. September 1972, kurz vor 18 Uhr, war Dino Zoff aus Turin ein Fußballtorwart, wie es viele in den Nationalmannschaften der Welt gibt. An diesem Tage kam er seinen Pflichten genauso nach wie in allen anderen Spielen auch; Italien gewann ein Länderspiel gegen Jugoslawien 3:1 – Zoff wurde durch den Schuß eines gegnerischen Spielers namens Momcilo Vukotic bezwungen. An diesem Tag allerdings begann für Dino Zoff auch eine Zeit, in der er nicht mehr ein Torwart wie alle anderen war. Zoff geriet in den Geruch der Unschlagbarkeit!
Italien spielte gegen die Griechen, gegen die Engländer, gegen die Brasilianer, gegen die Deutschen, die Schweden und die Österreicher – man trat in jeweils zwei Spielen der Weltmeisterschafts-Qualifikation gegen die Schweizer, die Türken und die Luxemburger an. Aber keinem der großen und der kleinen Stars gelang es, den Ball an Zoff vorbei in das Tor zu bugsieren. Die Experten begannen die Minuten zu zählen, dann die Spiele – und schließlich stand es fest: Italiens Torwart Dino Zoff, ein eleganter Mann, 1,82 Meter groß, schlank natürlich, mit einer starken Nase unter den buschigen Augenbrauen und glänzenden schwarzen Haaren – Dino Zoff hatte etwas erreicht, was man als Weltrekord bezeichnen durfte. Italiens Tifosi bewunderten ihn, begeisterten sich an jeder noch so simplen Aktion – Dino Zoff geriet in die Rolle eines Weltwunders, eines Menschen mit vier Armen. Zoff, 32 Jahre alt, ein gläubiger Katholik, litt darunter.
Als Italiens Mannschaft am 15. Juni 1974 ins Olympiastadion von München zog, um die ersten Punkte dieser Weltmeisterschaft 1974 zu gewinnen, hatte das Los ihr die Elf aus Haiti zuerkannt. Haiti – das ist karibische See, das sind bunte Farben, das ist ein Präsident namens Baby Doc, Papa Docs Sohn. Haiti – das ist sicherlich nicht Fußball. In der ersten Minute der zweiten Halbzeit erhielt ein Mann namens Emmanuel Sanon an der Mittellinie den Ball, rannte wie um sein Leben, wurde am Hemd festgehalten, riß sich los, stürmte mit dem Ball auch an Zoff vorbei und schob das Ding in das leere Tor. Seit jenem September-Tag 1972 waren in diesem Moment 1143 Länderspiel-Minuten vergangen oder 19:03 Stunden. Sanon hatte Zoff entzaubert. Die Italiener gewannen dieses Spiel noch mit 3:1 Toren. Ihr Torhüter Dino Zoff aus Turin sagte: »Endlich – ich bin wieder ein normaler Mensch mit zwei Beinen, zwei Armen und einem Kopf. Ein Torwart wie andere auch!«

Nach dem Treffer Emmanuel Sanons, der die Kreide auf der italienischen Torlinie aufstauben ließ, Händeschütteln zwischen Dino Zoff und seinem Bezwinger

Am 18. Juni reichte in Gelsenkirchen der Raum auf der Anzeigetafel nicht ganz aus. Die Spieler Nr. 7 und Nr. 19 waren Petkovic und Bajevic, letzterer damit dreifacher Torschütze. Ein Dokument ohne weitere Worte

WM-Splitter

Die Welt ist klein geworden. Während der Fußball-Weltmeisterschaft betreute das Nationale Olympische Komitee für Deutschland Ehrengäste aus 62 Ländern der Erde. Es handelte sich vorwiegend um führende Sportfunktionäre, Journalisten und Regierungsbeamte.

Das Organisationskomitee für das X. FIFA-Turnier in Frankfurts Otto-Fleck-Schneise akkreditierte insgesamt 4000 Journalisten – ein neuer WM-Rekord.

Das erste »Millionending« ohne die deutsche Mannschaft drehten die Zuschauer in Stuttgart bei Italien–Argentinien (1:1) am 19. Juni. Sie brachten 1,3 Millionen Mark in die Kassen.

Gemessen an früheren FIFA-Turnieren war die Weltmeisterschaft in Deutschland im wahrsten Sinne des Wortes eine haarige Sache. Viele der Starkicker trugen schulterlang. Alle übertraf Hugo Ruben Ayala, 24, Argentinier, Stürmer bei Atletico Madrid. Geschätzte Haarlänge: 40 Zentimeter.

Die beste Überschrift der ersten WM-Woche: »Johan Cruyff, ein Feldherr, der keinen Hügel braucht«.

Bei einer Weltmeisterschaft blüht das Geschäft auch auf dem Spielermarkt – sollte man annehmen. Die Südamerikaner machten andere Erfahrungen. So war Juventus Turin vor dem 13. Juni 1974 bereit, zwei Millionen Mark für den Italo-Argentinier Miguel Angel Brindisi (Huracan Buenos Aires) zu zahlen, nachher nur noch die Hälfte. Penarol Montevideos Forderung von 2,5 Millionen Mark für den Stürmer Fernando Morena wirkte während der Gruppenspiele Uruguays für Real Madrid wie ein Witz. Selbst der für 400000 Mark »preiswerte« Argentinier Mario Kempes (Rosario Central) war schließlich europäischen Einkäufern zu teuer.

Ernst Jean-Joseph, der erste Dopingsünder der WM 1974, verließ am achten WM-Tag vorzeitig Deutschland. Begründung der haitianischen Mannschaftsführung: »Er soll durch Interviews nicht verwirrt werden.«

Es sagte Deutschlands Reservetorhüter Wolfgang Kleff (Borussia Mönchengladbach) im Trainingslager Malente vor dem Spiel gegen die DDR: »Malente ist für mich nur Vorbereitung auf die neue Bundesligasaison.«

Polen entschuldigte England

Von der Faszination des Fußballs

Zwei Jahre nach den Spielen von München werteten die Polen ihren Sieg im olympischen Fußball-Turnier noch einmal auf. Ihrem ersten Spiel im WM-Turnier 1974 – 3:2 gegen Argentinien – gebührt eine Goldmedaille. Der Gegner hat mit seiner Leistung in der zweiten Halbzeit dazu beigetragen, daß diese Begegnung zu den unvergessenen Treffen bei der Fußball-Weltmeisterschaft zählen wird. 30000 Zuschauer bejubelten erst die schnellen, gradlinigen und doch verwirrenden Spielzüge der Polen, feuerten später aber Argentiniens Artisten so frenetisch an, daß sich die Südamerikaner wie zu Hause fühlten, und schließlich wurden beide Mannschaften beim Verlassen des Spielfeldes mit Beifall überschüttet.

Die Polen hatten in ihrer Mannschaft nicht nur drei Angreifer auf dem Papier gemeldet, sondern sie stürmten tatsächlich mit Sturmspitzen im Sprintertempo über das Feld: Robert Gadocha, Andrzej Szarmach und Grzegorz Lato verfügen bei enormer Grundschnelligkeit über eine hervorragende Balltech-

Polens dritter Treffer gegen Argentinien. Grzegorz Lato überlistete Torhüter Daniel Carnevali. Rechts der argentinische Verteidiger Francisco Sa. Szene aus dem Glanzspiel der ersten Runde Polen–Argentinien 3:2

Rosen für den Gegner: Uruguays Spieler Victor Esparrago (8) und Baudilio Jaureguy (2) vor dem Spiel gegen Bulgarien (1:1)

nik und präzise Schußsicherheit. Sie erzielten alle drei Treffer für ihre Mannschaft und schossen noch zweimal an Latte und Pfosten. Sie schafften sich selbst Raum und Platz in ihrem offensiven Tempospiel, weil Gadocha und Lato auf den Flügeln blieben und weite Flanken schlugen, ohne den Ball allzu lange selbst zu führen und zu treiben. Man denke hier auch an ihr 7 : 0 gegen Haiti. Als Lato beim 2 : 1 - Sieg über Italien schärfer gedeckt wurde, stürmte Außenverteidiger Henryk Kasperczak bis an die gegnerische Eckfahne und bereitete dort das 1 : 0 durch Andrzej Szarmach vor. Mit diesem modernen Spiel wurden die Italiener nicht fertig. Zwei Tore hatten sie zuletzt am 4. März 1972 in Athen gegen Griechenland hinnehmen müssen (1 : 2).

Im Stuttgarter Spiel gegen Argentinien hätte jeder polnische Spieler eine Charakterisierung seiner Leistung verdient, und doch wirkte die Elf in erster Linie durch ihre Geschlossenheit.

Anders Argentiniens Solisten: Von einer genauen Manndeckung hielten sie nichts, auch dann nicht, als sie die Gefährlichkeit der polnischen Angreifer zu spüren bekamen. Wie auch vier Tage später gegen Italien (1 : 1) war ihre Devise nicht Defensive, sondern Offensive. Beinahe hätten sie im zweiten Spielabschnitt ein verlorenes Spiel zumindest noch unentschieden gestaltet.

Fazit: Auf den Rängen wurde nicht über Taktik, Defensive und Schablone diskutiert, sondern wieder einmal die Faszination des Fußballs gepriesen. Das war das Verdienst beider Mannschaften. Die polnische Elf, die England eliminiert hatte, entschuldigte den Weltmeister von 1966.

Abend der Sprechchöre

Berlin und Chile–DDR

Es war der Abend der Sprechchöre. Knapp 100 hinter Polit-Transparenten und roten Fahnen verschanzte Demonstranten skandierten ihr »Chile si, Junta no!« 3020 von der SED und dem Deutschen Turn- und Sportbund ausgewählte DDR-Bürger schwenkten das Hammer- und Zirkel-Emblem, jubelten »Neun–Zehn–Klasse!« und jauchzten »DDR! DDR!« Die Mauer ist dem Berliner Olympiastadion zu nahe, als daß dort eine solche Herausforderung nicht spontan beantwortet würde: Dem herausgestellten Klassenbewußtsein folgten zornige Pfiffe und der aufpeitschende Schrei »Chile! Chile!«

Cheftrainer Georg Buschner hatte auf die einhellige Publikumsunterstützung seiner Mannschaft gehofft; doch für die meisten der 29696 Zuschauer spielten da nicht Landsleute gegen Südamerikaner. Der Rest an gesamtdeutschem Empfinden war vielmehr durch die äußeren Einflüsse schon eliminiert, noch bevor der 19jährige Martin Hoffmann aus Magdeburg zum ersten beifallswürdigen Sturmlauf ansetzte. Sein Tor in der 56. Minute fand weit weniger Anerkennung als der Ausgleichstreffer Sergio Ahumadas 13 Minuten später. Wo Jorge Socias für seine Fouls nur leise Mißbilligung erntete, wurde Gerd Kisches übertriebene Härte gellend verurteilt. Kaum eine Hand rührte sich, als Eberhard Vogel humpelnd vom Platz mußte; er war schon 1964 dabei, als der Deutsche Fußballverband in Tokio für die gesamtdeutsche Mannschaft olympische Bronze gewann. Jürgen Kreisches Lattenaufsetzer kurz vor Schluß wurde eher mit Erleichterung denn mit Bewunderung registriert. Am Ende eines beiderseits bis zur totalen Erschöpfung geführten turbulenten Kampfes sprach der Regierende Bürgermeister Klaus Schütz von einem gerechten Ausgang – aber mit »gerecht« meinte er wohl nur das Ergebnis.

Der erst 19 Jahre alte mitteldeutsche Stürmerstar Martin Hoffmann erzielte in der 56. Minute das 1 : 0 im Spiel gegen Chile, das schließlich 1 : 1 endete. Alberto Quintano (3) und Guillermo Paez (16) glaubten an die schnellere Reaktion von Torhüter Leopoldo Vallejos (blaues Trikot)

Beckenbauers Aggression

Nur drei Tore gegen Australien

Australiens international-illustre, letztlich doch nur bunt zusammengewürfelte Elf, die im ersten Treffen gegen die DDR zeitweise durch ihre riesenhafte Kraft gefiel, wurde von der Bundesrepublik Deutschland im zweiten Gruppenspiel unsanft, aber keineswegs bravourös auf ihren wahren Stellenwert zurückgestuft. Drei Tore fielen in Hamburg, wo mindestens sechs hätten fallen können und mindestens zehn hätten fallen müssen. 3:0 (2:0) also. Ein bißchen Pech und reichliches Unvermögen der Deutschen bewahrten die Männer vom fünften Kontinent vor dem Debakel.

Das Pech: Gerd Müller, bei dem Milchmann Manfred Schäfer aus Sydney selbst sehr gut aufgehoben, köpfte den Ball einmal an die Latte.
Das Unvermögen: Uli Hoeneß stand zweimal völlig frei, ohne zum Erfolg zu kommen. Bayern Münchens Jungstar entschädigte freilich mit zwei feinen Flanken, aus denen die Tore Nummer zwei (Bernd Cullmann) und drei (Gerd Müller) resultierten.
Noch etwas. Es war auch das Spiel der erfreulichsten Überraschung und der bis dahin größten Mißhelligkeit.
Die Überraschung: Wolfgang Overath, wieder frech, wieder keß, feierte ein Comeback als Regisseur. Sein Tor, das 1:0, ein Schuß aus gut zwanzig Metern, stand als Indiz für zurückgewonnenes Selbstvertrauen.
Die Mißhelligkeit: »Kaiserlicher« Speichel, mit dem Franz Beckenbauer in Richtung jener Fans spuckte, die ihn mit wahrlich unfeinen Ausdrücken beleidigten. Eine falsche Antwort auf eine gemeine Herausforderung, eine fehlgeleitete Aggression des Superstars. 55000 werteten Beckenbauers Reaktion als Gruppenbeschimpfung. Sie pfiffen ihn fortan gnadenlos aus.

Am 18. Juni erfüllte sich für Manfred Schäfer ein sportlicher Traum; der in Königsberg geborene Australier spielte gegen den Torschützenkönig der WM 1970, Gerd Müller. Und er spielte nicht schlecht

»Vierkampf« vor dem australischen Tor und doch kein Treffer; von links: Gerd Müller, Colin Curran, Wolfgang Overath (12) und Jack Reilly. Deutschland–Australien 3:0 (2:0)

Gerd Müllers Kopfball an die Latte, eine der packendsten Szenen im Hamburger Spiel gegen Australien

Spiel mit Fäusten und Finessen

Bessere Schotten 0:0 gegen Brasilien

Schottlands größte Chance im Spiel gegen Brasilien (0:0) vergab Kapitän Billy Bremner. Einen von Torwart Emerson Leao verlorenen Ball drückte er knapp neben den Pfosten

Der britische Premierminister Harold Wilson zog die Bilanz direkt nach Spielende, und sein Urteil kam spontan: »Gäbe es dies im Fußball, dann hätte Schottland nach Punkten gewonnen.«
Es war eine harte, oft häßliche Begegnung zwischen Brasilien und den Schotten, die von ihrem Kapitän Billy Bremner, am Ende der dominierende Spieler auf dem Feld, meisterlich geführt wurden.
David Hay und Roberto Rivelino zeigten im Mittelfeld ihre hohen Fähigkeiten als Fußballspieler ebenso wie ihr Talent, die Fäuste fliegen zu lassen. Rivelino, zweifellos der größere Schurke, wurde mit der gelben Karte verwarnt, hatte aber Glück, daß ihn Hollands schwacher Schiedsrichter Arie van Gemert nicht vom Platz stellte.
Die Brasilianer, die überraschend den jüngeren Paulo Cesar für Joao Leivinha einwechselten, schienen am Ende mit dem torlosen Unentschieden zufrieden – sie dachten wohl an Zaire und ihre Tormaschine, die sie dann in Gang setzen würden.
Die Schotten aber brauchten den Sieg. Dafür kämpften sie, und sie taten es mit aller Leidenschaft. Torhüter David Harvey war nicht zu schlagen. Vor ihm wurde der lange Jim Holton zum neuen Volkshelden der 10000 schottischen Schlachtenbummler, die sich im Frankfurter Waldstadion eingefunden hatten.
Schottland war an diesem Tag die bessere Mannschaft. Luiz Pereira, Rivelino und die beiden Marinhos hatten sich stürmischer Angriffe der schottischen Sturmspitzen zu erwehren, aber Joe Jordans Kopfbälle und Peter Lorimers Schüsse fanden das Netz nicht.

Heißer Triumph – kalt genossen

Stundenbuch über ein 1:0

Karl Adolf Scherer über den 22. Juni 1974

Ein Samstag, dieser 22. Juni 1974. Schwüle Hitze über Norddeutschland, aber das reinigende Gewitter bleibt aus. Um 21.04 Uhr folgt freilich ein fußballerischer Donner, der weit über Hamburg hinaus vernommen wird.
Gegen 16 Uhr an diesem 22. Juni kanalisieren sich Autos aus allen Teilen Deutschlands in die Hamburger Stadtautobahn. Die meisten haben kleine Fähnchen an den Fenstern; Fußballfreunde machen kein Hehl aus ihrer Neigung. Ein Wuppertaler Wagen hat gleich das SV dazu auf dem Nummernschild. Dazu Kölner, Offenbacher, Hannoveraner. Im Rundfunk haben die Reportagen über die Spiele Australien–Chile, Brasilien–Zaire und Schottland–Jugoslawien begonnen. 16.14 Uhr stehen alle drei Begegnungen noch 0:0.
Wenig später, 16.20 Uhr, eine Szene wie aus einem Science-fiction-Film: Atomwarnung, die Menschen sind in die unterirdischen Bunker verschwunden. In Hamburg ist die City menschenleer. Nur auf der Alster ist etwas Leben, dort wird gerudert. Amateure, die auf ihre Art gegen die Allmacht Fußball rebellieren. In Hamburgs Inter Continental Hotel warten die Journalisten auf die Pressebusse. Für viele ein Tag wie jeder andere, für manchen Deutschen nicht.
Um 19.30 Uhr spielt im Hamburger Volksparkstadion Deutschland gegen die DDR, »ein Spiel, auf das die Fußballfreunde in beiden Teilen Deutschlands seit zwanzig Jahren gewartet haben«. Wirklich?
Noch sind es drei Stunden bis dahin. Australien wehrt sich in Berlin gegen Chile mit der Hingabe von Sportlern, die sich unter Ehre noch etwas vorzustellen wissen. Auch noch 0:0 um 17 Uhr.

Wenn Chile unentschieden spielt, sind Deutschland und die DDR eine Runde weiter. Das Spiel der beiden untereinander ist damit lediglich eine Prestigefrage, für den weiteren Ablauf der WM fast ohne Bedeutung.
Aber die Begegnung ist emotionell aufgeladen, politisch unterlegt, brisant durch das Aufeinanderprallen konträrer Systeme und Ideologien.
Als erste Mannschaft trifft diejenige Helmut Schöns im Volksparkstadion ein. Beifall für Uli Hoeneß, als er den Rasen betritt und ihn – ein Herberger-Ritual – mit den Händen prüft.
Die DDR kommt später. Sie hat in ihrem Hotel in Quickborn den Ausgang des Spiels Chile–Australien abgewartet. Als sie abfährt, später als vorgesehen, weiß sie, daß sie eine Runde weiter ist. Sie weiß auch, daß das erste Ziel erreicht ist. Und mehr als das: daß sie gegen die Bundesrepublik frei und ungehemmt aufspielen kann. Später wird DDR-Trainer Georg Buschner sagen: »Wir haben gesehen, daß die Elf der BRD Fehler macht . . .«
Als Hoeneß den Rasen prüft, ist die Welt noch in Ordnung, ist alles noch Wohlwollen. Keine Pfiffe gegen Franz Beckenbauer nach seiner Gruppenbeschimpfung im Spiel gegen Australien, keine Rufe nach »Uwe, Uwe«, als Müller erscheint. In der Westkurve des Stadions werden Fahnen geschwenkt, Schwarz-Rot-Gold der Bundesrepublik. Auf der

Sieger und Verlierer des 22. Juni 1974, Georg Buschner (links) und Helmut Schön (rechts)

Ehrentribüne nehmen Bundeskanzler Helmut Schmidt, dazu sechs Bundesminister und die Herren der Opposition Platz. 900 Ehrengäste als goldener Rahmen.
Die Zuschauer auf der Haupttribüne prüfen den Ernstfall – es ist 19.10 Uhr – und üben »Deutschland, Deutschland« im rhythmischen Chor. Ein Länderspiel wie jedes andere?
Als die über 1500 Zuschauer aus der DDR sich auf der Gegentribüne einfinden, steigen auch hier Fahnen hoch, kleinere, auch Schwarz-Rot-Gold, doch Hammer und Zirkel im roten Streifen. Demonstration zweier Deutschland auf höchster Ebene nun auch im Fußball. Es ist ein historischer Augenblick, wenn man will. Ich will.
22. Juni 1974, 19.30 Uhr. Und dann passiert, was den Sport zu dem komplexen, faszinierenden Phänomen macht, unhandlich für Soziologen, Psychologen und Politiker. Die sportliche Entscheidung legt sich über das prophezeite Kräftemessen der Anschauungen. Es wird plötzlich nur noch Fußball gespielt; nicht immer blendender, aber der geschicktere von der Mannschaft der DDR. 60400 Zuschauer erleben, wie Buschner das taktische Duell mit Schön gewinnt, wie sich der leider geduldete »Bayern«-Stil in der DFB-Elf als Schablone entlarvt, wie eine Elf aus dem abgesteckten, ausgemessenen Rahmen ihres Könnens die höchste Effektivität zieht und wie die Starkicker der Bundesrepublik gestehen müssen, daß sie ihre Hausaufgaben nicht gemacht haben.
Um 21.04 Uhr liegen an der Seitenauslinie an der Haupttribüne Jürgen Sparwasser, der Schütze des 1:0, Martin Hoffmann und seine Mitspieler über- und untereinander. Sie haben es geschafft, ihre Freude ist überschäumend. Auf der Bank Georg Buschners indes genießt man kalt den heißen Triumph.
21.17 Uhr geht Helmut Schön versteinerten Gesichts vom Platz.
Die Fahnen sind eingerollt. Der Respekt für den Sieger läßt keinen Raum für weitere Gefühle. In der S-Bahn, die die meisten Zuschauer nach Hause trägt, ist es still.
Als die Ehrengäste das Stadion verlassen, gehen ihnen die Kommentare leicht von der Zunge. Der Sport hat ihnen das Urteil längst abgenommen.

Hamburg, 22. Juni 1974, 19.25 Uhr, Einzug der deutschen Mannschaften ins Volksparkstadion, an der Spitze die Kapitäne Franz Beckenbauer und Bernd Bransch (oben)

Drei Torchancen hatte der Frankfurter Jürgen Grabowski im Spiel gegen die DDR, keine konnte er nutzen – so wie hier allein vor dem leeren Tor (links)

Eine Sekunde später ist Deutschland geschlagen. Jürgen Sparwasser setzt zum Schuß an. Horst-Dieter Höttges (6) und Berti Vogts (2) kommen zu spät, Bernd Cullmann hat keine Möglichkeit zum Eingreifen (ganz oben)

Das Dokument des DDR-Erfolges; der Ball ist im Tor, Jürgen Sparwasser dreht jubelnd ab, links Berti Vogts, rechts am Boden Torhüter Sepp Maier (oben)

Mit dem 1:0 (0:0) über die Mannschaft der Bundesrepublik Deutschland wurde die DDR Gruppensieger; Torwart Jürgen Croy und seine Kameraden feiern nach dem Schlußpfiff gebührend den Erfolg, indem sie sich ihren 1500 Landsleuten auf der Gegentribüne zuwenden (links)

Gruppe 1

Die DDR vor Deutschland

Niemand wagte so recht, Georg Buschner noch eine Frage zu stellen. Aber da Journalisten nun einmal neugierig sind, wollte ein Kollege aus Santiago von dem DDR-Trainer doch noch gerne wissen, ob er nach dem 1:1 gegen Chile überhaupt noch eine Chance für den Einzug in die zweite Finalrunde sähe. »Solange ein sportlicher Wettkampf nicht beendet ist, glaube ich immer an eine Chance.« So Buschner.
Vier Tage später war Chile ausgeschieden und die DDR Gruppensieger vor dem gestoppten WM-Favoriten Deutschland.
Als die mitteldeutsche Mannschaft am 22. Juni von Quickborn ins Hamburger Volksparkstadion fuhr, war ihr die Teilnahme an der zweiten Finalrunde gewiß. Die wieder einmal bravourös kämpfenden Australier hatten in Berlin den Chilenen mit dem 0:0 alle Chancen genommen. Für das Spiel gegen Deutschland besaß die DDR nun eine glänzende Ausgangsposition. Der Idealfall war eingetreten. Die Buschner-Mannschaft konnte frei von allen Belastungen aufspielen und durfte sogar verlieren. Niemand würde der DDR eine Niederlage gegen den Europameister und Weltmeisterschaftsfavoriten übelnehmen.
Aber am Abend des 22. Juni 1974 hieß es 1:0 für den Außenseiter. Jürgen Sparwasser, der 26jährige Maschinenbaustudent vom Europapokalsieger 1. FC Magdeburg, hatte in der 79. Minute einen der vielen Konter gegen Sepp Maier genutzt und die Abwehr der DFB-Elf nach 481 Spielminuten erstmals wieder bezwungen.
Mit 5:1 Punkten wurde die DDR Gruppenerster vor Deutschland (4:2). Die letztlich enttäuschenden Chilenen mußten mit nur einem Punkt mehr als der sensationell kampfstarke Debütant

Gruppe 1

14. 6.	Berlin Deutschland–Chile	1:0	(1:0)
14. 6.	Hamburg DDR–Australien	2:0	(0:0)
18. 6.	Hamburg Deutschland–Australien	3:0	(2:0)
18. 6.	Berlin Chile–DDR	1:1	(0:0)
22. 6.	Berlin Australien–Chile	0:0	
22. 6.	Hamburg DDR–Deutschland	1:0	(0:0)

Tabelle

1. DDR	3	2	1	0	4:1	5:1
2. Deutschland	3	2	0	1	4:1	4:2
3. Chile	3	0	2	1	1:2	2:4
4. Australien	3	0	1	2	0:5	1:5

Paul Breitners 20-m-Schuß brachte Deutschland den 1:0-Sieg über Chile; links Gerd Müller, rechts Alberto Quintano (3) und Rolando Garcia (2)

Berti Vogts wurde seinem Ruf als einer der besten Außenverteidiger der Welt vollauf gerecht; in jedem Spiel kämpfte er »weltmeisterlich«, so wie hier gegen den jungen Martin Hoffmann (DDR)

Australien (1:5) die weite Heimreise antreten. Viele Antworten gab es auf die Frage, wie dieses 0:1 gegen die DDR nur möglich war. Die vordergründige Erklärung lautete: Nur Franz Bekkenbauer und Berti Vogts boten Normalform, der Rest war tiefes Schweigen.
Helmut Schöns Fazit nach Abschluß der ersten Finalrunde: »Der Erfolgszwang hat eine nicht unwesentliche Rolle bei der einen oder anderen Enttäuschung gespielt. Aber ich weiß, daß die Elf sich wesentlich steigern kann, zumal jetzt andere Mannschaften als Favoriten im Vordergrund stehen.« Gesprochen am 22. Juni 1974.

Wolfgang Overath war in den Gruppenspielen gegen Chile, Australien und die DDR ein umstrittener, weil an sich selbst zweifelnder, aber letztlich doch bemühter und geschätzter Spielmacher in der deutschen Mannschaft

HENNES WEISWEILER
über Deutschlands Rolle in der Vorrunde:

Spiel ohne die Flügel

Die hohen Erwartungen, die fast in der ganzen Welt der deutschen Nationalmannschaft für die Fußballweltmeisterschaft 1974 entgegengebracht wurden, erfüllten sich in der ersten Finalrunde nicht. Nach dem mühsamen 1:0-Sieg über Chile glaubte man noch an den Spätstarter Deutschland, ähnlich wie beim 2:1-Erfolg über Marokko 1970 in Mexiko. Der doppelte Punktgewinn mit 3:0 gegen Australien wurde deshalb überschätzt, zumal vorher die DDR größere Schwierigkeiten mit den »Aussies« hatte. Die 0:1-Niederlage ausgerechnet gegen die DDR öffnete dann allen die Augen über den wahren Stand der deutschen Fußballelf.
War die Favoritenrolle für unsere Spieler eine zu große seelische Last? Und dann gleich die zweite Frage, die zwischen der ersten und zweiten Finalrunde aufkam: Scheiterten die deutschen Fußballprofis taktisch, weil sie im eigenen Land auf Angriff spielen mußten? Meine Antwort: Zweimal nein!
Helmut Schön verfügte über eine Mannschaft von solcher internationaler Erfahrung, daß sie in der Favoritenrolle für diese Weltmeisterschaft 1974 einfach nicht scheitern durfte. Die Begründung für die Antwort auf die zweite Frage (»Müssen wir offensiv spielen?«) war nicht ganz so einfach. In diesem Zusammenhang muß ich das angebliche Problem des Flügelspiels ansprechen. Alle vorher eingesetzten Außenstürmer hatten versagt: Grabowski, Hölzenbein, Heynckes, Flohe. Jeder kann einmal schlecht spielen; wenn sich aber keiner durchsetzen konnte, müssen noch andere Gründe eine Rolle gespielt haben.
Die deutsche Nationalmannschaft kopierte zu sehr das Spiel von Bayern München, nämlich ohne Flügel anzugreifen. Das wurde nur verständlich durch den zahlenmäßig starken Block der Bayernspieler. Der Europameister von 1972 in Brüssel hatte dazu in einem austrainierten Günter Netzer einen starken Widerpart. Er machte mit seinen langen Pässen über die Flügel das deutsche Spiel schnell. Aber der ehemalige Gladbacher brachte durch Verletzungspausen und Gewöhnung an den langsamen spanischen Stil nicht mehr die körperliche Verfassung für eine Weltmeisterschaft. An seiner Stelle konnte auch der Kölner Wolfgang Overath nicht mehr die Führungsrolle übernehmen. Er ordnete sich zu sehr unter, statt sich als wirkliche Persönlichkeit durchzusetzen. Deshalb hatten wir kein Flügelspiel, und deshalb versuchten Franz Beckenbauer und Gerd Müller einseitig durch die Mitte erfolgreich zu sein.
Nach den wenig überzeugenden Leistungen der deutschen Nationalmannschaft in der Vorrunde stand auch noch eine dritte Frage im Raum: Waren die Erfolge von Bayern München in der deutschen und in der Europameisterschaft nützlich oder schädlich? Die Frage wird beantwortet, wenn man an den Sieg der Schützlinge von Sepp Herberger 1954 in der Schweiz zurückdenkt. Damals bildete der 1. FC Kaiserslautern den Mannschaftsblock, der im Endspiel gegen Hannover 96 mit 1:5 verloren hatte. Ich weiß es nicht, könnte mir aber vorstellen, daß auch die Erfolge der holländischen Nationalmannschaft 1974 ihre Grundlage in den Mißerfolgen des »Ajax-Blocks« im selben Jahr hatten.

Gruppe 2

Imponierende Jugoslawen

Brasilien und Jugoslawien bestritten das Eröffnungsspiel um die Fußballweltmeisterschaft 1974. Zuschauer und Experten waren enttäuscht. Man hatte vom amtierenden Weltmeister und von den »Brasilianern Europas«, wie die Jugoslawen genannt werden, mehr erwartet. Trotzdem war das Spiel besser als sein Nachruf. Das torlose Unentschieden trübte den Blick. Wenn Jugoslawien drei und Brasilien zwei Tore erzielt hätten, wäre die Kritik anders ausgefallen. Fünf Tore waren möglich, und Jugoslawien stellte die bessere Mannschaft. Die Brasilianer haben für Gerson, Pele und Tostao (noch) keinen gleichwertigen Ersatz gefunden. Deshalb haben sie die Abwehr auf Kosten des Angriffs verstärkt und verzichteten bei den Rundenkämpfen der Gruppe 2 auf alle »Schön-Spielereien«.

Die Jugoslawen ließen ausgezeichnete Einzelspieler zu einer festgefügten Mannschaft zusammenwachsen. Torwart Enver Maric zählt zu den besten seines Fachs. Die Mittelverteidiger Ivan Buljan und Jozip Katalinski fürchten Tod und Teufel nicht. Im Mittelfeld regierte Branko Oblak, und die Angriffsspitzen lebten von den Flanken, die Dragan Dzajic und Ilija Petkovic servierten. Die Jugoslawen haben imponiert.
Schottland ist unglücklich ausgeschieden. Die Mannschaft um Feuerkopf Billy Bremner, der das Musterbeispiel eines guten Kapitäns ist, hat kein Spiel verloren, aber ein Tor zu wenig geschossen. Das gab den Ausschlag.
Im ersten Spiel trafen die Schotten auf Zaire. Die Afrikaner waren von

Gruppe 2

13. 6.	Frankfurt Brasilien–Jugoslawien	0:0	
14. 6.	Dortmund Schottland–Zaire	2:0	(2:0)
18. 6.	Gelsenkirchen Jugoslawien–Zaire	9:0	(6:0)
18. 6.	Frankfurt Schottland–Brasilien	0:0	
22. 6.	Gelsenkirchen Brasilien–Zaire	3:0	(1:0)
22. 6.	Frankfurt Jugoslawien–Schottland	1:1	(0:0)

Tabelle

1. Jugoslawien	3	1	2	0	10:1	4:2
2. Brasilien	3	1	2	0	3:0	4:2
3. Schottland	3	1	2	0	3:1	4:2
4. Zaire	3	0	0	3	0:14	0:6

Nur Temperament, keine Schiedsrichterbeleidigung: Jugoslawiens Verteidiger Enver Hadziabdic zeigt dem mexikanischen Schiedsrichter Gonzales Archundia, wie er von dem Schotten Peter Lorimer (hinter ihm stehend) gefoult worden ist. Szene aus dem Spiel Jugoslawien–Schottland (1:1)

Ilija Petkovic erzielt das achte und damit vorletzte Tor für Jugoslawien im Spiel gegen Zaire

Trainer Blagojew Vidinic intensiv vorbereitet worden und standen im Saft. Schottland tat sich schwer. Lorimer und Jordan wurden stark bewacht, hautnah gedeckt und energisch bekämpft. Zwei Tore waren die magere schottische Ausbeute. Das war bei der Endabrechnung nicht genug.
Jugoslawien traf gegen Zaire neunmal ins Schwarze und Brasilien dreimal. Die Afrikaner haben nicht enttäuscht, sondern den Zuschauern in Dortmund und Gelsenkirchen Freude gemacht. Ihre Ballbehand-

Afrikanische Abwehrpyramide. Moment aus der Begegnung Brasilien–Zaire (3:0)

Branko Oblak (8) bejubelt das Führungstor seines Kameraden Stanislav Karasi gegen Schottlands Torhüter David Harvey

lung war »brasilianisch« und ihre Kondition »europäisch«. Was fehlte, ist internationale Erfahrung. Dafür gibt es keinen Ersatz. Erfahrung macht reifer, kühler, selbstsicherer und beherrschter. Die sympathischen Vertreter des Schwarzen Erdteils waren zu aufgeregt und zu hastig, um unnötige Gegentore zu vermeiden und gute Torchancen zu nutzen. Das war ihre deutliche Schwäche. Im Mittelfeld sahen sie besser aus als die Schotten, waren sie den Brasilianern gleichwertig und nur den Jugoslawen unterlegen.

»Luftkampf« von David Hay über dem Jugoslawen Jovan Acimovic (Schottland–Jugoslawien 1 : 1) (rechts)

10

Gruppe 3

Cruyff dirigierte Michels Musik

Wer die Geschichte der Vorbereitung der holländischen Fußballelf auf die Weltmeisterschaft kannte, der hat sich nicht vorstellen können, daß Holland fünf Punkte aus drei Spielen der ersten Finalrunde holen und danach auch noch zu den Favoriten zählen würde. Noch am 5. Juni 1974, als es gegen Rumänien vor 25 000 restlos enttäuschten Zuschauern nur ein 0:0 gab, wurde die Mannschaft von Rinus Michels ausgepfiffen. Natürlich können die Holländer Fußball spielen – nur machten sie dies früher vorwiegend in den Klubs.

Ein Mann war für den großen Erfolg verantwortlich: Rinus Michels (46), ein Trainer, der akademische Qualitäten hat, egal, ob es sich um Psychologie, Werbung oder Fußball handelt. Natürlich hatte er auch die für den Erfolg notwendigen Spieler. Um Johan Cruyff bewegten sich der schnelle und eisenharte Wim Suurbier, der etwas bullige, aber technisch und taktisch so geschmeidige Wim van Hanegem, der emsige, unsichtbare Wim Jansen, der Mittelfeld-Dynamo Johan Neeskens und die beiden agilen Stürmer Johnny Rep und Robbie Rensenbrink.
Michels bildete mit Cruyff ein außergewöhnliches Paar. Die beiden hatten 1974 Barcelona zum spanischen Meister gemacht. Um Cruyff, so dachte Michels, sollte das »alte« Ajax Amsterdam wiedererstehen. Um Cruyff bewegten sich also die Spieler.
Michels schrieb die Musik; Cruyff war der Dirigent. Die Skandale, früher an der Tagesordnung, legten sich. »Der Bulle«, wie Freunde Michels nennen, duldete keine anderen um sich. Er war hart, er ist es weiter. Wer nicht hören will, kann gehen.
Ein Beispiel? Johnny Rep (22) war zuletzt bei Ajax so etwas wie ein Enfant terrible, das sich nicht einmal einen Stammplatz in der Vereinself erkämpfen konnte. Rep spielte einmal gut, einmal schlecht, immer eins nach dem anderen. Michels und Cruyff (der wie ein zweiter Vater zu Rep ist) änderten das. Das Auge von Rinus Michels genügte. Nach vielen Jahren gab es endlich Ruhe in der und um die Mannschaft. Und weil die Holländer erstmals auch in der Nationalelf alles gaben, was sie sonst nur im gut zahlenden Verein taten, gab es in Deutschland auch Heimspiele für sie:

Gruppe 3

15. 6.	Hannover Holland–Uruguay	2:0	(1:0)
15. 6.	Düsseldorf Schweden–Bulgarien	0:0	
19 .6.	Dortmund Holland–Schweden	0:0	
19. 6.	Hannover Bulgarien–Uruguay	1:1	(0:0)
23. 6.	Dortmund Holland–Bulgarien	4:1	(2:0)
23. 6.	Düsseldorf Schweden–Uruguay	3:0	(0:0)

Tabelle

1. Holland	3	2	1	0	6:1	5:1
2. Schweden	3	1	2	0	3:0	4:2
3. Bulgarien	3	0	2	1	2:5	2:4
4. Uruguay	3	0	1	2	1:6	1:5

Der große Mann der ersten Finalrunde: Hollands Spielmacher Johan Cruyff

Wahrlich »eingestiegen« ist hier Julio Montero Castillo gegen Johan Neeskens. Szene aus dem Spiel Holland– Uruguay 2 : 0

Von vier Spielern Uruguays »eingerahmter« Johan Cruyff

30000 holländische Zuschauer in Hannover, zweimal 34000 in Dortmund.
»Die Anteilnahme ging bis ins kleinste Dorf«, erläuterte Theo de Jong, »aber eine richtige Erklärung dafür habe ich nicht. Wenn man daran denkt, daß 1973 zum entscheidenden Qualifikationsspiel gegen Belgien das Amsterdamer Olympiastadion nicht einmal ausverkauft war,

11

Im Zeichen massierter Verteidigungen stand die Begegnung Bulgarien–Schweden (0:0), hier ein Moment vor dem bulgarischen Tor (links)

Auch nach der vierten Endrundenteilnahme wartet Bulgarien noch auf den ersten Sieg; in insgesamt zwölf Spielen seit 1962 gab es vier Unentschieden und acht Niederlagen. Christo Bonevs Führungstor gegen Uruguay reichte nicht. Das Spiel endete 1:1 (unten)

kann man nur von einem Wunder sprechen.«
Aber vielleicht lag das »Wunder« auch darin, daß sich die Stars von Ajax Amsterdam und Feyenoord Rotterdam nicht mehr bekämpften, sondern an einem Strang zogen.
Ein Wort noch zur Konkurrenz in der Gruppe: Uruguay spielte Altherren-Fußball (Altersschnitt des WM-Aufgebots: 29 Jahre, 4 Monate) ohne Tempo und ohne Sicherheit in der Abwehr. Die Bulgaren hatten nur einen Spieler von Format, Christo Bonev, der alles tun mußte: verteidigen, stürmen, dirigieren und Tore schießen (eins schoß er). Schwedens nicht so hoch eingeschätzte Fußballspieler profitierten von den Auslandserfahrungen ihrer Stürmer Roland Sandberg und Ralf Edström sowie des Mittelfeldspielers Björn Nordquist, und es waren die in Eindhoven spielenden Nordquist und Edström, die zusammen mit Torhüter Ronny Hellström den Holländern mit dem 0:0 ein wenig das Konzept verdarben.

Johan Neeskens Elfmetertor zum 2 : 0 gegen Bulgarien;
das Spiel endete 4 : 1 für Holland

Gruppe 4

Polen ließen den Ball laufen

Die Auslosung der Gruppe 4 mit Polen, Argentinien, Italien und Haiti erwies sich – im nachhinein – als Volltreffer. Die Besucher der Stuttgarter Spiele und die Millionen Fernsehzuschauer werden noch lange von den Polen und den Argentiniern schwärmen, und sie werden dabei die italienischen Starsenioren in ihre Diskussion einbeziehen.
Im Neckarstadion sind die polnischen Spielzüge frenetisch beklatscht worden. Kazimierz Deyna, Grzegorz Lato und Robert Gadocha avancierten zu Publikumslieblingen. Als Andrzej Szarmach im letzten Spiel gegen Italien nach einer Gesichtsverletzung vom Feld ging, wurde er mit prasselndem Applaus verabschiedet. Warum? Weil das polnische Spiel so einfach aussah, so klar in der Konzeption angelegt war und mit so großem Tempo ausgeführt wurde, daß sowohl die Argentinier als auch die Italiener schlecht aussehen mußten. Die Schnelligkeit der Polen zermürbte die Altstars Italiens. Polens Spieler beherrschten in der ersten Finalrunde eine Grundregel des Fußballs optimal. Jene Regel, die besagt, den Ball laufen zu lassen.
Argentiniens Individualisten haben trotz ihrer 2:3-Niederlage gegen Polen in Süddeutschland ebenfalls imponiert; es wäre bedauerlich gewesen, hätte diese Elf vorzeitig ausscheiden müssen. Die Südamerikaner wirkten in ihrer Mannschaftsleistung erstaunlich diszipliniert. Dabei blieb genügend Spielraum für Solisten, für Ballkünstler, wie sie überall in der Welt geliebt werden.
Der temperamentvollste unter ihnen war Carlos Babington, der Raum, Ball und Gegner beherrschte, nur sich selbst nicht immer. Babington schlug die Bälle meist diagonal über das halbe Feld in den Angriff, zu Houseman, Ayala oder Yazalde.
Das 1:1 gegen Italien schmeichelte den

(Fortsetzung S. 170)

Gruppe 4

15. 6.	München Italien–Haiti	3:1	(0:0)
15. 6.	Stuttgart Polen–Argentinien	3:2	(2:0)
19. 6.	München Polen–Haiti	7:0	(5:0)
19. 6.	Stuttgart Argentinien–Italien	1:1	(1:1)
23. 6.	München Argentinien–Haiti	4:1	(2:0)
23. 6.	Stuttgart Polen–Italien	2:1	(2:0)

Tabelle

1. Polen	3	3	0	0	12:3	6:0
2. Argentinien	3	1	1	1	7:5	3:3
3. Italien	3	1	1	1	5:4	3:3
4. Haiti	3	0	0	3	2:14	0:6

Italiens Abwehr mit Tarcisio Burgnich (6), Giacinto Facchetti (3) und Romeo Benetti (4) stemmt sich gegen die Angriffswellen der Polen; links Grzegorz Lato

Sandro Mazzola, Italiens bester Spieler, nach einem Sturz im Zwiegespräch mit dem Schiedsrichter; ein Bild voller Symbolik (links)

Der Argentinier René Houseman nach seinem Führungstor gegen Italien; Szene aus der Begegnung Argentinien–Italien (1:1)

Der Tifoso

Die Schultern leicht nach vorn geschoben, saß er da, fast allein im Stadion, und schaute blicklos auf das Grün des Rasens. Dorthin, wo vor einer halben Stunde Italiens dunkelblaue Elf gegen Polen mit 1:2 verloren hatte. Er weinte still vor sich hin, ganz verkörpertes Leid. Enttäuschung, nicht Wut zeichnete sein Gesicht. Ein Gastarbeiter wahrscheinlich, aus dem Süden Italiens, wo man sich überschwenglicher freut und auch tiefer weint als anderswo. Zwei Stunden zuvor hatte er noch sein »Italia, Italia« hinuntergeschmettert ins Neckarstadion mit 40000 anderen seiner Landsleute, hatte geschimpft und geschrien, gepfiffen und gejubelt. Hatte sich selbst als einer von jenen gefühlt, die sich der Niederlage entgegenstemmten. Doch hilflos und ohnmächtig mußte er mit ansehen, wie das Tempospiel der Polen seine Elf langsam erdrosselte. Italiens Fußball ging tapfer und mit Anstand unter, für den Tifoso war dies jedoch kein Trost.

Und während draußen vor den Stadiontoren Polen ihre Lieder sangen, sich mit rot-weißen Fähnchen ablichten ließen, italienische Fanatiker gegen den Azzurri-Bus spuckten, schlugen und Steine warfen und Trainer Valcareggi an den Galgen wünschten, saß dieser Italiener immer noch auf seinem Platz und weinte. Er trug ein blaues Trikot mit der Nummer 9 auf dem Rücken.

So eng bewachte Romeo Benetti den polnischen Spielmacher Kazimierz Deyna (links oben)

Haitis Torhüter Henri Francillon bewahrte seine Elf vor einer noch höheren Niederlage gegen Polen. Im Sprung Andrzej Szarmach, daneben Pierre Bayonne. Szene aus Polen–Haiti (7 : 0)

Italiens Torhüter Dino Zoff streckt sich vergeblich nach dem Kopfball von Andrzej Szarmach. Von links: Grzegorz Lato, den Giacinto Facchetti am Arm festhält, und der Torschütze Szarmach

Die Polen nach dem 1 : 0 gegen Italien. Jerzy Gorgon, Grzegorz Lato, Robert Gadocha und Kazimierz Deyna beglückwünschen Szarmach (von links)

»Azzurri«. Argentinien gab Europa einen Vorgeschmack auf die WM 1978 am La Plata. Wie türmte sich hier der Gegensatz zu den Erfindern des defensiven Fußballs. Italien, das in seinen führenden Vereinsmannschaften und der Nationalelf geradezu eine destruktive Spielweise entwickelt hat, erlebte in Stuttgart das Ende einer Erfolgsserie. Zweimal spielten die Azzurri im Neckarstadion vor ausverkauftem Haus, und jedesmal fühlte man sich nach Rom, Mailand oder Neapel versetzt. Die Hälfte der Besucher waren italienische Gastarbeiter, die mit Fahnen und skandierten »Italia«-Rufen ihre Spieler nach vorn peitschen wollten. Es war zu spät. Da half keine Anfeuerung mehr. Valcareggis Prätorianer gingen kämpfend und mit sportlichem Anstand gegen Polen mit 1 : 2 (0 : 2) unter.
Ein Bild, unvergessen und zugleich schmerzlich: In der 66. Minute des Spiels gegen Argentinien mußte Gianni Rivera abtreten, nachdem er mehrmals über den Ball und die eigenen Beine gefallen war. Nur Sandro Mazzola konnte im Schlußspiel gegen Polen noch einmal zeigen, welch großer Spieler er einmal war.
Das Ende einer Ära sah so aus: Der Mannschaftsbus rollte mit heruntergelassenen Jalousien aus dem Stadion, bedroht von wenigen randalierenden Tifosi. Vergessen waren zwei Weltmeisterschaften, war der zweite Platz von Mexiko.
Das ist Fußball.

Das Holzkästchen

Polens Aufstieg zur Weltmacht im Fußball ist kein Geheimnis, keine Hexerei und schon gar kein Wunder. Es ist wissenschaftliche Arbeit. Vielleicht liegt viel auch in der polnischen Mentalität begründet. Wahrscheinlich vergißt man in Polen weniger schnell als anderswo. So erklärte Trainer Kazimierz Gorski, 53 (unser Bild), nach dem 2:1-Erfolg gegen Italien in Stuttgart: »Vor neun Jahren haben wir gegen den gleichen Gegner noch mit 1:6 verloren.« Man lernte aus den Fehlern der Vergangenheit. Die Polen zeigten in der Gruppe 4 auf ihrer Straße des Sieges die besten Spiele und die besten Ideen. Die Mannschaft wird durch Erfolge noch motiviert, kennt – noch – kein Sattsein. Kazimierz Deyna, der Mittelfeldstratege, sagte einfach: »Sicher hätte ich gerne ein Auto, aber da ich keines besitze, fahre ich eben mit der Straßenbahn.«
Bei Polens Olympiasieg in München meinten die Experten und jene, die sich dafür halten, na ja, gegen Westamateure ist doch leicht zu gewinnen. Die Weltmeisterschaft hat bisher das olympische Turnier nachträglich aufgewertet.
Wenn man Polens Trainer meint, spricht man von Kazimierz Gorski und vergißt leicht, daß es auch einen Jecek Gmoch gibt, 35 Jahre alt, Diplomingenieur von Beruf, sogenannter Leiter der Informationsbank. Er ist der Wissenschaftler, der Tüftler, der Sammler von Daten, Systemen, Erkenntnissen, die er in einem Holzkästchen wie ein Beamter aufbewahrt. Gmoch (»für die westeuropäischen Mannschaften war die Saison zu lang und zu hart«) analysierte vor der Weltmeisterschaft alle teilnehmenden Teams und suchte für das Training Klubmannschaften als Sparringspartner aus, die beispielsweise deutsche, italienische oder holländische Spielart zu kopieren hatten.
So einfach ist das – wenn man dann Spieler wie Deyna, Gorgon, Lato, Kasperczak oder Szarmach hat.

HENNES WEISWEILER nach der ersten Finalrunde:

Quittung für Italien

Die ersten Spiele einer Fußballweltmeisterschaft wurden schon immer von der Sorge diktiert, nur ja nicht zu verlieren. So war es 1966 in England, 1970 in Mexiko und auch diesmal bei der Weltmeisterschaft 1974. Der Zweikampf Europa gegen Südamerika brachte immer dem Land Vorteile, das sich in seinem Kontinent eben zu Hause fühlte. So waren 1966 in England mehr die europäischen Fußballnationen erfolgreich. Das änderte sich in Mexiko. Zwischen Brasilien und Uruguay schoben sich immerhin Italien und Deutschland als Zweiter und Dritter. Außerdem hatten sich in Mexiko die führenden europäischen Nationalmannschaften wie Italien, Deutschland und England auf langsameres Tempo im Mittelfeld umgestellt. Das aber nur so lange, bis sie sich auf über 2000 Meter Höhe und das entsprechende Klima eingestellt hatten.

Bei der Fußballweltmeisterschaft 1974 versuchten besonders die Südamerikaner, durch eine zahlenmäßig starke Abwehr und Verschleppung des Tempos über die erste Runde zu kommen. Gerade deshalb blieben Chile und Uruguay auf der Strecke. Ihr Angriff war zu schwach. Der dreifache Weltmeister Brasilien spielte im Sturm genausowenig durchschlagskräftig und überstand die erste Finalrunde nur deshalb, weil er sich auf eine starke Abwehr stützen konnte.

Die erfreuliche südamerikanische Ausnahme war allein der nächste Ausrichter der Weltmeisterschaft 1978, Argentinien. Die Männer um Carlos Babington und René Houseman lieferten mit Italien (1:1) und Polen (2:3) die schönsten Spiele der ersten Finalrunde.

Die Außenseiter Haiti, Zaire und Australien schieden entsprechend ihrer Spielstärke aus. Dennoch mußte man den Spielern aus dem Fünften Kontinent vor allem großen Mut und kämpferischen Ehrgeiz bescheinigen.

Eine gewisse Tragik begleitete das frühe Ausscheiden der schottischen Fußballprofis. Denn ohne Niederlage, mit gerechten Unentschieden gegen Brasilien und Jugoslawien, mußten sie mit der schlechteren Differenz von einem Tor Abschied von der Weltmeisterschaft 1974 nehmen.

Die Bulgaren waren Teilnehmer der letzten drei Fußballweltmeisterschaften, aber in allen Turnieren kamen sie nicht über die Vorrunde hinaus; sie entwickelten zuwenig Druck auf das gegnerische Tor.

Der große Favorit dieser Fußballweltmeisterschaft, Italien, blieb schon in der Vorrunde hängen. Die Azzurri bekamen die Quittung dafür, daß sie über ein Jahrzehnt allein Wert auf die Verteidigung des Tores gelegt hatten. Neben dem Ausscheiden der Italiener war die 0:1-Niederlage der deutschen Nationalmannschaft gegen die DDR die Sensation der Vorrunde.

Die Jugoslawen haben wieder zu ihrem typischen Spiel gefunden. Spielerische Eleganz und Wechsel des Spieltempos waren die Eigenschaften, die sie Gruppenerster werden ließen.

Der Olympiasieger von 1972, Polen, machte den spielerisch besten Eindruck. Er demonstrierte herrlichen Angriffsfußball mit seinen Außenstürmern Grzegorz Lato und Robert Gadocha und dem Torjäger Andrzej Szarmach. Der polnische Spielmacher Kazimierz Deyna gehörte zu den besten Mittelfeldspielern dieses Weltturniers.

Holland war die einzige Mannschaft, die ihrer Favoritenrolle gerecht werden konnte. Trainer Rinus Michels hatte eine wirkliche Einheit geformt. Da gab es keine Differenzen zwischen dem Ajax-Block und dem »Neuspanier« Johan Cruyff. Im Gegenteil: Der bis dahin beste Spieler des Turniers stand ganz im Dienst der Mannschaft.

Zum Beispiel Dogan Babacan

Ein Lob den Schiedsrichtern

Wenn man sich nach Jahren an die Weltmeisterschaft 1974 erinnert, wird man sicherlich nicht nur von Toren sprechen, von harten Schüssen und glänzenden Fangkünsten der Torhüter – ein Novum wird es sein, daß man zum ersten Mal auch von jenen Leuten reden wird, von deren Fingerspitzengefühl jedes Fußballspiel der Welt abhängt. Gemeint sind die Schiedsrichter. Jene Leute, die angeblich am besten wirken, wenn man sie überhaupt nicht kennt, die in einer Person Zeuge, Staatsanwalt, Experte und Richter sein müssen, die am besten ein Dutzend Sprachen beherrschen sollen, von denen man den Inbegriff der Unparteilichkeit und die Kenntnis eines Morsealphabets verlangt, denen politische, religiöse oder rassische Vorurteile weiter entfernt sind als allen Olympiern zusammengenommen – Fußballschiedsrichter zu sein, das bedeutet im Grunde genommen, für neunzig Minuten Abschied zu nehmen von der eigenen Persönlichkeit.
Die, die man in die Bundesrepublik eingeladen hatte, wurden vorher nicht nur mit freundlichen Worten begrüßt, sondern auch mit einiger Skepsis. Was sollte schon ein Handelsvertreter aus Australien, ein Autospengler aus Kanada, ein Kaufmann aus der Türkei oder ein Sportlehrer aus Singapur von jener Art Fußball wissen, die man bei solchen Gelegenheiten spielt? Und dann wurden die Schiedsrichter plötzlich sogar zu dem, was sie gar nicht sollen – sie wurden zu Stars.
Zum Beispiel der Maler Youssoupha N'Diaye aus dem senegalesischen Dakar, der die Spieler aus der DDR und aus Australien mit der souveränen Bestimmtheit eines guten Lehrers durch das Spiel führte. Oder der nur 1,60 Meter große Govindasamy Suppiah aus Singapur, der bei Polen–Haiti nie seine Sicherheit verlor. Oder auch der Ägypter Mustafa Kamel, der bei den Bundesdeutschen gegen Australien der 23. Mann war.
Und dann natürlich jener Dogan Babacan aus Istanbul, der es fertigbrachte, die Szene zum Tribunal werden zu lassen, als der Chilene Carlos Caszely sich eine Zehntelsekunde gegen das Energiebündel (es fällt mir nur dieses abgegriffene Attribut ein) Berti Vogts vergaß – als Babacan wartete, bis der Sünder glaubte, seine Schauspielkunst habe den Unparteiischen überzeugt, als er dann mit großer Gebärde seine rote Karte hervorzog – so spielt man in Istanbul wahrscheinlich den Hamlet.
Hierzulande hatte man geglaubt, die guten Schiedsrichter müßten aus Europa, vielleicht noch aus Lateinamerika kommen. Aber der erste, der sich nur bei den Spielern aus Brasilien und Schottland bedanken konnte, daß es nicht zur offenen »Feldschlacht« kam, war ein baumlanger Holländer. Deshalb Verzeihung an die stillen Herren aus Istanbul, Dakar, Kairo oder Singapur – Verzeihung für unser großes Vorurteil.

Der Kolumbianer Omar Delgado stellt den Zaire-Spieler Mulamba Ndaye vom Platz

Superlative der ersten Finalrunde

Die friedlichsten Schiedsrichter: der Peruaner Edison Perez Nunez (Schweden–Bulgarien) und Govindasamy Suppiah aus Singapur (Haiti gegen Polen) sahen als einzige keinen Anlaß, einen Spieler zu verwarnen.

Die friedlichste Mannschaft: nur die Bundesrepublik Deutschland überstand die erste Finalrunde ohne eine gelbe oder rote Karte.

Die meisten Zuschauer: 79 600 verkaufte Eintrittskarten meldete das Berliner Olympiastadion beim Spiel Deutschland–Chile.

Der beständigste Torjäger: Andrzej Szarmach (Polen) erzielte als einziger in jedem Spiel wenigstens ein Tor.

Die meisten torlosen Unentschieden: der Rekord von Chile ist gebrochen. Fünfmal ein 0:0 gab es noch nie.

Der beste Angriff: Polens Sturm erzielte zwölf Tore. Nur Jugoslawien (10) kam ebenfalls auf eine zweistellige Trefferzahl.

Die schwächste Abwehr: Haiti und Zaire kassierten jeweils 14 Gegentore.

Die größte Überraschung: wieder Polen. Als einzige Mannschaft überstand der England-Bezwinger die erste Finalrunde ohne Minuspunkt.

Die meisten Verwarnungen: Jugoslawiens Spieler bekamen insgesamt achtmal die gelbe Karte zu sehen.

Die torreichste Gruppe: wieder die »polnische«. Polen, Argentinien und Italien schossen mit 26 Treffern bald dreimal so viel Tore wie die Gruppe 1 mit DDR, Deutschland und Chile mit insgesamt neun Toren.

MARTINI

Rivelinos goldener Schuß

Freistoßtor schlug die DDR

Zweite Finalrunde

Gruppe A

Brasilien–DDR
1:0 (0:0)

Der Austragungsmodus einer Weltmeisterschaft entwickelt trotz der überschaubaren mathematischen Basis eine eigene Dynamik, die dem Sport den ewigen Reiz verleiht. Fairerweise muß jedoch eingestanden werden, daß diese Dynamik auch zu Ungerechtigkeiten, zumindest aber zu Benachteiligungen führen kann.
Am Abend des 26. Juni, genau dreizehn Tage nach der Eröffnung der Weltmeisterschaft und nach Abschluß von 28 von 38 Spielen, war die polnische Mannschaft trotz ihrer vier Siege in Folge und ihrem Torverhältnis von 13:3 keinen Schritt weiter als beispielsweise Brasilien, das nach zwei torlosen Unentschieden gegen Jugoslawien und Schottland, einem 3:0 gegen Zaire und einem 1:0 gegen die DDR in vier Spielen also ganze vier Tore erzielt hatte. Selbst Deutschland, in der ersten Finalrunde von der DDR 1:0 geschlagen, stand auf der gleichen Höhe wie Polen, ja rein mathematisch durch das 2:0 gegen Jugoslawien im ersten Spiel der zweiten Finalrunde sogar einen Treffer günstiger. Die Schotten dagegen, die in der Vorrunde genau wie Deutschland und Brasilien auf 4:2 Punkte gekommen und unbesiegt geblieben waren, befanden sich am 26. Juni als unglückliche Gruppendritte bereits wieder zu Hause in Glasgow, Edinburgh oder Aberdeen. Setzte man, eben an diesem 26. Juni und als Beobachter des langweiligen, introvertierten und selbstsüchtigen Spiels der Brasilianer gegen die DDR in Hannover, die Überlegungen fort, dann waren die Gruppensieger DDR und Jugoslawien am ersten Spieltag der zweiten Finalrunde praktisch schon von den spektakulären Kämpfen um den ersten und dritten Platz der WM ausgeschlossen, ja, schlimmer noch, die Brasilianer mit ihrer Balltreterei, mit ihren Tricks und ihrem Tamtam waren auf dem Weg an die Spitze.
Der 26. Juni war in Niedersachsen ein verunglückter Sommertag; es nieselte, und die Luft war fast zum Trinken. Auf dem rutschigen Rasen in Hannover hatten die gewandten Brasilianer eindeutig Vorteile gegen die geradlinig, aber schwerblütiger spielen-

Der Freistoßtrick, der Brasilien gelang: Jairzinho öffnete die Mauer für Rivelinos goldenen Schuß

den Mitteldeutschen. Georg Buschners Rechnung, die Südamerikaner in die Hälfte der DDR zu locken, sie dort dann zu stören und mit schnellen Kontern zu überraschen, ging nicht auf. Dem guten Rezept fehlten die Zutaten: trockener Boden und schnellere Außenstürmer. Immerhin gab Buschner wieder Denkanstöße – so wie er mit dem taktischen Sieg über Deutschland Helmut Schön das Gesetz des Handelns vor der Begegnung gegen Jugoslawien aufgezwungen hatte.

Die DDR hätte möglicherweise ein torloses Unentschieden halten können, wenn Roberto Rivelino in der 61. Minute nicht der goldene Schuß gelungen wäre, ein Freistoßtor von der Strafraumgrenze aus, ein flach und trocken getretener Ball durch die von den Brasilianern auseinandergerissene Mauer der DDR. Jürgen Croy zuckte nicht einmal, so sehr wurde er überrascht.

Vorher hatten die 55 000 Zuschauer den Chor »Aufhören, aufhören« angestimmt, beim Abspielen der DDR-Hymne gepfiffen, Brasilien wie eine Heimmannschaft angefeuert und sich erstaunt die Augen gerieben, als Jürgen Croy in der 5. Minute einen Ball von Franco Valdomiro im Tauchen mit dem Kopf abwehrte – ungewollt, aber gekonnt.

Indem die Brasilianer die Grenzen der DDR-Elf aufzeigten, stießen sie selbst an den Horizont ihrer Fähigkeiten. Selbst wenn sie siegen, langweilen sie manchmal.

Die fliegenden Holländer

Vier Tore reichten gegen Argentinien

Zweite Finalrunde

Gruppe A

Holland gegen Argentinien 4:0 (2:0)

Wie ein Tornado fegte Holland gleich im ersten Spiel der zweiten Finalrunde Argentiniens hochgespannte WM-Hoffnungen vom Platz. Eine halbe Stunde Powerplay genügte den fliegenden Holländern, um den Südamerikanern den K. o. zu versetzen. Nach einer beruhigenden 2:0-Führung durch Weltstar Johan Cruyffs ersten Treffer bei einer Weltmeisterschaft und Verteidiger Ruud Krols »Bombe« aus dem Hinterhalt hielten die Niederländer die Pampas-Artisten regelrecht in Schach und bestimmten die Spielart nach Belieben. Trotz der Absicht, Kraft für weitere Aufgaben zu sparen, und der Zurückhaltung im Toreschießen hieß es am Ende 4:0 für die Holländer. Torjäger Johnny Rep mit seinem vierten Turniertor und »Cruyffie« hatten erneut zugeschlagen.

Den Experten und den Fans im Gelsenkirchener Parkstadion war endgültig klar: So spielen Weltmeister. Die Londoner Buchmacher reagierten prompt und seismographisch genau: Holland überrundete am 26. Juni in der Gunst der Wetter Gastgeber Deutschland als Titelaspirant Nummer eins.
Wie beim 2:0-Sieg über Uruguay im ersten WM-Spiel nach 36 Jahren hatte Holland »beim Neubeginn der Weltmeisterschaft«, wie Cruyff den Start in die zweite Runde nannte, einen glänzenden Auftakt und stellte selbstbewußt die Weichen in Richtung A-Gruppen-Sieg.
Daß der Erfolg über Argentinien noch deutlicher ausfallen würde als einen Monat zuvor beim WM-Test in Amsterdam – damals 4:1 –, hatte im holländischen Lager niemand erwartet. »Die Argentinier haben es uns leicht gemacht«, atmete »Supervisor« Rinus Michels auf. Sein Helfer Dr. Frantisek Fadhronc bekrittelte die »magere Torausbeute«: »Wir hätten zweistellig gewinnen können.« Konterte sein Chef Michels: »Vier Tore reichten. Wir mußten Kraft sparen . . .«

Johan Cruyff, immer wieder Cruyff; hier umspielt der Holländer den argentinischen Torwart Daniel Carnevali und schießt das zweite Tor. Szene aus dem Spiel Holland–Argentinien (4:0). Rechts Verteidiger Ramon Heredia

Mit Energie, Härte und Kampfkraft: Georg Schwarzenbeck im Kopfballduell mit Drazen Muzinic

Schlüsselspiel mit neuen Leuten

Schöns Radikalkur gegen Jugoslawien

Zweite Finalrunde

Gruppe B

Deutschland gegen Jugoslawien 2:0 (1:0)

Mit der »Nummer 18« – Dieter Herzog – beendete der Stadionsprecher seine Durchsage. Riesenapplaus für den Düsseldorfer Lokalmatador und gleichzeitig lautstarkes Raunen im Rheinstadion: ohne Bernd Cullmann, ohne Jürgen Grabowski, ohne Heinz Flohe und ohne Uli Hoeneß! Bundestrainer Helmut Schön hatte die Konsequenzen aus dem Hamburger Spiel gegen die DDR gezogen. Nach den schwachen Leistungen verschiedener Spieler brachte er mit Herbert Wimmer, Rainer Bonhof, Bernd Hölzenbein und Dieter Herzog gleich vier neue Leute in die Begegnung mit Jugoslawien. »Wer nicht kämpft und immer noch nicht begriffen hat, daß wir um die Weltmeisterschaft spielen und den Titel gerne holen möchten«, so argumentierte Schön, »der hat keinen Platz in der Nationalmannschaft verdient.« Die Radikalkur hatte Erfolg; die harte Maßnahme trug ihre Früchte. Mit 2:0 (1:0) wurden Jugoslawiens Ballvirtuosen regelrecht niedergekämpft.

Vergessen wir nicht: Immerhin zählten die Männer um Dragan Dzajic, Branko Oblak und Enver Maric (als den bis dahin besten Torhüter der Weltmeisterschaft) nach Abschluß der ersten Finalrunde mit Polen und Holland zu den Endspielfavoriten. Die bundesdeutsche Mannschaft aber hatten viele nach der Niederlage gegen die DDR schon aus diesem Kreis gestrichen.

»Der Sieg über Jugoslawien war ein neuer Anfang«, zog Kapitän Franz Beckenbauer die Bilanz nach dem 2:0-Sieg. Und Helmut Schön ergänzte: »Vielleicht war es sogar ein Glück, daß wir gegen die DDR verloren haben . . .«

Sepp Maier fängt einen hohen Flankenball vor Jugoslawiens Linksaußen Dragan Dzajic ab, links Dzajic-Bewacher Berti Vogts. Spannende Szene im Spiel Deutschland–Jugoslawien 2:0 (1:0)

FAVORIT

Den Jugoslawen ging es in Düsseldorf wie der DFB-Mannschaft in Hamburg: sie kamen nicht ins Spiel. Änderung der Taktik und Verzicht auf den Schönheitspreis waren neben bedingungslosem Einsatz die Hauptschlüssel zum deutschen Erfolg.
Es wurde nun nicht mehr wie gegen Chile, Australien und die DDR munter und zufallsreich gestürmt und die Dekkungsarbeit vernachlässigt. Die Hauptaufgabe bestand in der Absicherung des eigenen Tores. Franz Beckenbauer sahen die 67 000 Zuschauer nur selten in des Gegners Hälfte. Paul Breitner stürmte nicht mehr so pausenlos wie zuvor, und Georg Schwarzenbeck hielt sich nur noch in Strafraumnähe auf. Dazu kam ein Berti Vogts, der gegen Dragan Dzajic das Prädikat »Weltklasse« verdiente – als bester Spieler auf dem Feld.
Daß auch mit einer defensiven Einstellung torreife Situationen herausgespielt werden können, bewiesen nicht nur das 2:0 durch Gerd Müller – unnachahmlich in der Reaktion auf dem Boden liegend –, sondern neben vielen anderen Chancen

Hilfreiche Hand des Gegners: Torhüter Enver Maric und der gestürzte Gerd Müller

Das Tor, das Jugoslawien endgültig besiegte. Gerd Müller, am Boden liegend, verfolgt den Ball, wie er über die Torlinie rollt. Schlußmann Enver Maric, Ivan Buljan (2) und Josip Katalinski (5) schauen machtlos zu

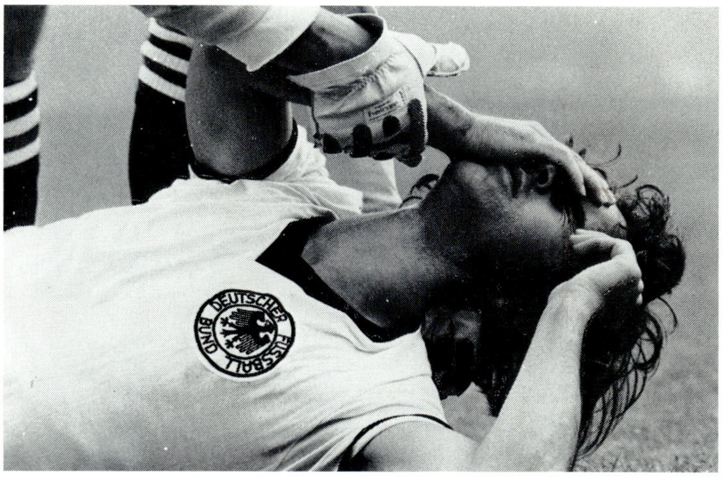

wie Rainer Bonhofs Kopfball gleich zu Beginn auch die beiden übersehenen Foulelfmeter durch den zu großzügigen brasilianischen Schiedsrichter Armando Marques. Und noch ein Beweis: Breitners 23-m-Schuß. Zwölf Tage vorher hatte er gegen Chile einen Treffer aus ähnlicher Entfernung erzielt. Viele sprachen damals von einem Glücksschuß. Der Treffer gegen Jugoslawien zum 1:0 war Kopie und zugleich Bestätigung.

»Ich habe einfach wieder draufgehalten«, sagte Breitner zu seinem beifallumrauschten Tor, obwohl er auch hätte sagen können, es sei ein ganz gezielter Schuß gewesen.

Auch hier zeigten sich die Wirkungen der Radikalkur von Schön.

Krisensituation gegen die Schweden

Tomaszewski rettete die Polen

Zweite Finalrunde

Gruppe B

Polen–Schweden
1 : 0 (1 : 0)

Mit fast steinernem Gesicht stand Polens Trainer Kazimierz Gorski nach dem 1 : 0 (1 : 0)-Erfolg gegen Schweden im Stuttgarter Neckarstadion: »Eine offensive schwedische Mannschaft hatten wir nicht erwartet.« Und dieses Angriffsspiel behagte den Polen überhaupt nicht. Sie, die mit herrlichen Attacken in der Vorrunde Argentinien und auch Vizeweltmeister Italien über-

Totale Offensive und totale Abwehr auf beiden Seiten zeichneten das Spiel Polen–Schweden (1 : 0) aus; hier stürmen Szarmach (17), Maszczyk (14) und Kasperczak (13) auf Schwedens Tor, vor dem Mittelstürmer Ralf Edström (10) »aushilft«

rollten, wankten gegen die Skandinavier nicht nur einmal. Auch Schwedens Trainer Georg Ericsson schien vom Olympiasieger nicht gerade die beste Meinung zu haben. So sagte er auf die Frage, warum er auf Angriff habe spielen lassen: »Gegen schwächere Mannschaften spielen wir immer offensiv.« Schweden deckte die Schwächen der Polen offen auf. Mit ihrem ständigen Sturmlauf ließen die Skandinavier die schnellen und umfassend angreifenden polnischen Außenverteidiger nicht nach vorne stoßen, sondern banden sie selbst. Und so verlor die Elf um den Mittelfeldstrategen Kazimierz Deyna viel von ihrer Kraft. Gorski: »Die Begegnung mit Schweden war für uns ein echtes Krisenspiel.« In der Tat: das war es. Grzegorz Latos Führung in der 43. Minute war ständig in Gefahr. Roland Sandberg und Ralf Edström hatten Chancen für Schweden. Bo Larsson verschoß einen Elfmeter gegen Jan Tomaszewski, der zudem eine zu kurze Rückgabe von Wladislaw Zmuda gerade noch in gewagtem Hechtsprung abfing. Der bedingungslose Angriff in den bisherigen Treffen ließ Polen zwar immer gut aussehen und viele Sympathien gewinnen, doch die Mannschaft verlor wahrscheinlich auch viel an Substanz. Die Worte von Teamarzt Dr. Galacki, jeder einzelne könne 150 Minuten »voll gehen«, waren sicherlich Teil der psychologischen Aufrüstung.

Südamerikanischer Schlagabtausch

Brasilien trickste Argentinien aus

Zweite Finalrunde

Gruppe A

Brasilien gegen Argentinien 2:1 (1:1)

Die »Schwarze Perle« Pele sprach nach dem 2:1 (1:1)-Sieg über Argentinien von »dem mit Abstand besten Spiel Brasiliens in der WM-Endrunde in Deutschland«. Es war das Spiel, in dem Torhüter Emerson Leao zum erstenmal bezwungen wurde, in dem die balltüchtigen, manchmal sogar europäisch wirkenden Argentinier Siegestore auf den Füßen hatten, aber von einem Kopfball Jairzinhos besiegt wurden, der am 30. Juni in Hannover wie ein junger Phönix aus der Asche der vorangegangenen vier Spiele aufstieg und nach dem Führungstreffer, das ja zugleich auch das Siegtor sein sollte, sein heidnisches Dankritual, die Selbstbeweihräucherung, kniend auf der Aschenbahn vollzog: Brasilien unter den letzten Vier. Begonnen hatten die Brasilianer mit einem 0:0 gegen Jugoslawien. Das gleiche Ergebnis ließen sie gegen Schottland folgen. Beide Male spielten die Konkurrenten für das Auge gefälliger, kämpferischer, moderner. Das 3:0 gegen Zaire rettete Brasilien in die zweite Finalrunde, wo eine vom 1:0-Sieg über Deutschland nervlich noch nicht erholte DDR-Mannschaft auf den Freistoßtrick der Kombination Rivelino (Schuß)-Jairzinho (Mauer-Durchbruch) plump hereinfiel. In dem nie offen, sondern stets verdeckt geführten Feldspiel hätten die Brasilianer noch zwei Stunden spielen können – und kein Tor geschossen.
Mit dem Glück als zwölftem Spieler hatte Brasilien bis dahin im Grunde nur bewiesen, daß man mit dem Ball geschickter und trickreicher als viele andere Mannschaften umgehen und vor allem Gegentore vermeiden kann. Freilich, die Gegner waren danach gewesen: das ausgeschiedene Schottland, das leicht überschätzte Jugoslawien, das Opfer Zaire, die stereotype Elf der DDR.
Brasilien ging gegen Argentinien, von Polen 3:2 und von Holland 4:0 bezwungen, erstmals Risiken ein. Den in der Mentalität ähnlichen Konkurrenten wurde der offene Schlagabtausch angeboten. Die Argentinier akzeptierten. Das Spiel in Hannover, das einzige dieser WM, das zwei südamerikanische Teams zusammenführte, brachte auf diese Weise den bis dahin besten Fußball der Jairzinho und Co. Temperament trat anstelle von Taktik, Aktion verdrängte die Angst. Brasiliens Deckung wankte, aber fiel nicht. Rivelino brachte Brasilien in der 31. Minute durch einen flachen 20-m-Schuß ins rechte untere Toreck, unerreichbar für Daniel Carnevali, in Führung. Miguel Brindisi glich mit einem geschlenzten Freistoßtor unter die Latte aus. Drei Minuten nach der Pause nutzte Jairzinho eine Verwirrung in der argentinischen Abwehr und köpfte das 2:1.
An dem feucht-schwülen Nachmittag in Hannover verdienten beide Mannschaften jenen Respekt, den man dem belgischen Schiedsrichter Vital Loraux versagen muß, der aus dem fairen, sauberen Spiel eine eigene Schau machen wollte und als schlechtester Akteur auf dem Feld mit Fug und Recht beim Publikum durchfiel. Europa, deine Schiedsrichter!

Die Brasilianer Paulo Cesar und Jair Ventura Jairzinho feiern auf ihre Art den 2:1-Sieg über Argentinien in Hannover

Blumen für die Anhänger: Mit Rosen begrüßten Hollands Nationalspieler die 30000 Landsleute im Gelsenkirchener Stadion vor dem Spiel gegen die DDR

Gesänge nach der Regenschlacht

Hollands königliches Spiel gegen die DDR

Kopfballduell zwischen Reinhard Lauck und Wim van Hanegem; Szene aus Holland–DDR (2:0)

Zweite Finalrunde

Gruppe A

Holland–DDR
2:0 (1:0)

Am Tag, als der große Regen kam, erschienen die Holländer mit Rosen aus der Heimat im Gelsenkirchener Parkstadion. Ihre Fans auf den Rängen (man schätzte sie auf 30000) rissen sich um die paar Blüten. Auf die DDR-Spieler und ihre 540 Fähnchen-Wedler wirkte diese Geste vor dem Spiel schockierend. Zumal ihre Mannschaft bei der Bekanntgabe auf der Anzeigetafel ausgebuht wurde und die Nennung des Namens Sparwasser ein gellendes Pfeifkonzert bei den (westdeutschen) Zuschauern auslöste. Die Motive der Antipathie mögen Verhaltensforscher testen, im Fall Jürgen Sparwasser waren sie vordergründig und absolut abzulehnen: Der Mann aus Magdeburg hat nichts anderes getan als den Sieg seiner Elf gegen die bundesdeutschen Stars herausgeschossen.
Freilich, Sympathiekundgebungen konnten die DDR-Leute für ihr reines Abwehrspiel gegen die Niederländer nicht erwerben. Alle wirkten sie auf Verteidigung eingestellt, und die Marschorder von Trainer Georg Buschner war in der ersten Minute schon zu erkennen: um keinen Preis hoch verlieren. Diesem Ziel wurden Stürmer und Mittelfeld geopfert. Und Angreifer zu Abwehrspielern umfunktioniert. Diese leider weltweit geübte Taktik unterlegener Mannschaften hinderte die Holländer an der ganzen Entfaltung ihres Spiels. Trotzdem war wieder zu erkennen, welch hervorragende Einzelkönner bei den Niederländern in einem gleichmäßig gut besetzten Team stehen. Wer gekommen war, um die vielgepriesenen Johan Cruyff und Johan Neeskens zu bewundern, kam auf seine Kosten. Aber er lernte auch noch Wim Rijsbergen und Rob Rensenbrink kennen. Die Bezeichnung Vorstopper ist für einen so exzellenten Fußballer wie Rijsbergen geradezu eine Beleidigung. Der Mann gestaltete das Spiel der Holländer wesentlich mit aus der Abwehr. Warum er bei seiner Übersicht in der vergangenen Saison Schwierigkeiten in der Elf von Rotterdam hatte, blieb ein Rätsel.
Natürlich war Johan Cruyff die königliche Figur im niederländischen Spiel. Cruyff ist nicht nur ein perfekter Fußballer, sondern er wirkt darüber hinaus so beneidenswert klug und gescheit. Wohl deshalb stürmte er gegen die DDR nicht bedingungslos mit, wenn seine Mannschaft angriff und

Johan Neeskens, hier vor Martin Hoffmann, war einer der besten Spieler Hollands beim 2:0 über die DDR

sich die gegnerische Abwehr massierte. Er blieb im Mittelfeld, trieb sich links und rechts herum, zog Jürgen Pommerenke mit sich, lockte Konrad Weise, seinen direkten Gegenspieler in der DDR-Hälfte, aus der Defensive und verteilte seine Vorlagen mit Fuß und Kopf, mit Übersicht und Verstand.
Die holländischen Schlachtenbummler hielten dem Regen stand, bewunderten Kondition und Ballbehandlung ihrer Stars in dieser Regenschlacht, lobten die Fairneß beider Teams, nahmen die Treffer von Johan Neeskens (8. Minute) und Rob Rensenbrink (59.) zur Kenntnis und sangen noch lange nach dem Abpfiff: »Holland wint de wereld-cup«.

Konter mit der letzten Kraft

Jugoslawische Tränen nach Polens Sieg

Zweite Finalrunde

Gruppe B

Polen–Jugoslawien
2:1 (1:1)

Ottmar Walter, einer der »Helden von Bern« 1954, lächelte beim Abgang von der Ehrentribüne im Frankfurter Waldstadion: »Die Jugoslawen lernen es nicht. Es war wie vor 20 Jahren. Sie spielen schön, aber erfolglos. Aus hundert Chancen kaum ein Tor. Und wenn sie noch heute um Mitternacht auf dem Platz wären, es fiele kein zweites Tor für sie . . .« Ottmar Walter stand mit seiner Meinung nicht allein. Irgendwie lag der polnische Sieg schon vorher in der Luft. Selbst die vielen jugoslawischen Schlachtenbummler mit ihrem »plavi-plavi« (blau-blau) machten diesmal kaum halb soviel Lärm wie etwa bei den Spielen gegen Brasilien oder Schottland. Es war sozusagen »Lärm in Moll«.

Beinahe einstimmig klang denn auch der Tenor der Fachleute: Diesmal haben die Polen Glück gehabt und sind mit einem im wahrsten Sinne des Wortes blauen Auge davongekommen.

Was sich schon vier Tage vorher in Stuttgart beim mageren 1:0 gegen Schweden andeutete, wurde im Waldstadion sichtbar: Die Polen haben zwar fünfmal gespielt und fünfmal gewonnen – aber dieser Kräfteverschleiß kann nicht mit den verschwitzten Trikots abgelegt werden. 55000 im Waldstadion, darunter mehr als die Hälfte Jugoslawen und nur eine Handvoll Polen, blieb dies nicht verborgen.

Die Polen wirkten müde, ausgebrannt, verschlissen. Ein Rennmotor mit nassen Kerzen . . .

Die Jugoslawen spielten – die Polen machten ein Tor mehr. So kurz kann man es sagen. Entscheidend waren schon die ersten 29 Minuten.

Zuerst humpelte Spielmacher Branko Oblak mit einem Muskelriß im Oberschenkel vom Platz, zehn Minuten später pfiff der lange Sachse Rudi Glöckner, deutete auf den Elfmeterpunkt, obwohl der Ball weit weg war. Kaum jemand hatte es gesehen: Bei Rangeleien in einer Freistoßmauer zwischen Stanislav Karasi und Andrzej Szarmach war der Pole wie tot umgefallen – Glöckner hatte es offenbar doch bemerkt. Tosend heulte der Proteststurm des Publikums zum Himmel, viele Jugoslawen heulten sogar aus Verzweiflung. Kazimierz Deyna focht das nicht an: sein Schuß zappelte im Netz.

Weiter drängten und stürmten die Jugoslawen, aber ihre Nerven flatterten. Auch der psychologisch wichtige Ausgleich kurz vor der Pause durch den »Sünder« Karasi half wenig. Nach der Pause zogen sich die Polen noch mehr in die eigene Hälfte zurück. Kein Spieler mehr jenseits der Mittellinie. Aber wer endlich lehrt die Blauhemden aus Titos Land das Toreschießen? Nur ganz vereinzelt polnische Konter. Meist über die pfeilschnellen Außen Grzegorz Lato und Robert Gadocha. Einer von ihnen war aber entscheidend: den Eckball von Gadocha nahm Lato mit dem Kopf: 2:1.

Der Rest war neues Anrennen der Jugoslawen, schließlich Resignation, Tränen, Trauer ringsum im weiten Rund. Nur die Polen sangen, lagen sich in den Armen. Sie waren unter den letzten Vier.

Was aber die jugoslawischen Schlachtenbummler, oft genug in Deutsch, von Herrn Glöckner aus Sachsen hielten, das sei besser verschwiegen . . .

Akrobatik: Jurica Jerkovic klärt vor Polens Scharfschütze Grzegorz Lato

Geschafft: Nach dem 2:1 über Jugoslawien unter den letzten Vier: Polens Spieler Leslaw Cmikiewicz (11), Andrzej Szarmach (17) und Kapitän Kazimierz Deyna (12)

Torhüter Ronnie Hellström war der beste Spieler der Schweden; hier wehrt er einen Schuß von Gerd Müller ab (rechte Seite)

Erinnerung an England und Mexiko

Dramatik im Regen: Deutschland–Schweden 4:2

Zweite Finalrunde

Gruppe B

Deutschland gegen Schweden 4:2 (0:1)

Freudestrahlend lagen sie sich in den Armen. In der Kabine des Düsseldorfer Rheinstadions herrschte nach dem 4:2 (0:1)-Sieg über die Schweden eine Stimmung unter den deutschen Spielern, die erstmals an die großen Tage von England und Mexiko erinnerte.
4:2 über Schweden! Das hört sich so überzeugend an, als hätte es bei strömendem Regen nie bange Minuten gegeben. Natürlich war das Ergebnis in dieser Höhe gerecht, ja, es hätte sogar noch deutlicher ausfallen können. Doch wie sehr wurde gezittert.
Zuerst das 0:1 durch Ralf Edström; ein herrlicher 15-Meter-Schuß in der 27. Minute nach einer unglücklichen Kopfball-Doublette von Georg Schwarzenbeck. 2:0 hätte es bis dahin für Deutschland heißen können, so stürmisch war der Auftakt. Und als die deutsche Mannschaft zu Beginn der zweiten Halbzeit die Tore schoß, die ihr die Glücksgöttin Fortuna vor der Pause vorenthalten hatte, kam der zweite Dämpfer: das 2:2 durch Roland Sandberg, nachdem Wolfgang Overath in der 50. Minute und Rainer Bonhof mit seinem ersten Länderspieltor schon zwei Minuten später für das viel umjubelte 2:1 gesorgt hatten. In der 66. Minute kam Jürgen Grabowski für den Lokalmatador Dieter Herzog ins Spiel. Zwölf Minuten später hieß es 3:2 – durch Grabowski. Erinnerungen an den »Joker von Mexiko« wurden wach. In letzter Minute verwandelte Uli Hoeneß noch einen Foulelfmeter zum 4:2.
Vier Tore gegen diese abwehrstarken Skandinavier, die in sämtlichen vier vorausgegangenen

Vier Tore gegen Schweden, doch keins von Gerd Müller, den die Skandinavier, wie hier Karlsson (3), Augustsson (18) und Nordquist (4), stets »einzukreisen« wußten. Deutschland–Schweden 4:2 (0:1) (links)

Spielen nur einen Treffer hatten hinnehmen müssen, zählten doppelt. Düsseldorf sah im fünften WM-Spiel die beste Leistung der deutschen Mannschaft. Das Kompliment ging schnell zurück: »Wir haben auch vor dem besten Publikum gespielt«, urteilte die gesamte Mannschaft einschließlich Helmut Schön. »Meinen herzlichen Dank nochmals an Düsseldorfs Zuschauer«, freute sich auch der Bundestrainer.
Franz Beckenbauer bekam im fünften Spiel zum fünften Mal das Prädikat »Weltklasse«. Er bestritt dabei sein 40. Länderspiel hintereinander und löschte damit den Dauerrekord von Berti Vogts aus (39 Spiele hintereinander). Neben ihm tauchten zwei weitere Sterne auf: einmal Bernd Hölzenbein und dann Rainer Bonhof. Der Frankfurter »Holz«, von Haus aus eigentlich Mittelfeldspieler, stürmte mit alter Routine am rechten Flügel, obwohl er in seinem achten Länderspiel erstmals von Beginn an dabei war. Rainer Bonhof, der jüngste in Deutschlands WM-Aufgebot, lieferte das größte Laufpensum, schoß das so ungemein wichtige 2:1 und sicherte sich mit dieser Leistung endgültig einen Stammplatz.
Doch auch Wolfgang Overath sei nicht vergessen: »Das war mein bestes Spiel«, beurteilte der Kölner sich selbst, der nach England und Mexiko erneut unterstrich, daß er als typischer Turnierspieler seinen Stellenwert hatte.

Das Tor, das die Entscheidung brachte. Nach einem Paß von Bernd Hölzenbein erzielte Jürgen Grabowski, hier schon abdrehend, an Torhüter Hellström und der gesamten schwedischen Verteidigung vorbei den dritten deutschen Treffer

Die Stunde der Reservisten

Bonhof

Rainer Bonhof war der jüngste Spieler in Helmut Schöns WM-Aufgebot. Sein Trainer Hennes Weisweiler hatte vor Beginn der Weltmeisterschaft gesagt: »Ich halte ihn für eines der größten Talente des deutschen Fußballsports, aber seine Zeit wird erst nach dem Weltturnier kommen.« Doch nach den Spielen gegen Jugoslawien und Schweden strahlte der Stern des 22jährigen Allroundspielers bereits in hellem Licht: Rainer Bonhof, der Senkrechtstarter der WM 1974.
Nach dem 4:2 über Schweden lobte ihn Franz Beckenbauer: »Der Rainer könnte in jeder Mannschaft spielen. Er hat eine ganz große Zukunft vor sich.« Bereits nach seinem ersten WM-Spiel, dem 2:0 über Jugoslawien, hatte Helmut Schön erfreut wie wohl auch überrascht festgestellt: »Bonhof bringt die gleiche Einstellung wie Berti Vogts mit. Mit solchen Spielern kann man arbeiten und gewinnen.«
Kein Wunder: Berti Vogts ist Bonhofs großes Vorbild und zugleich der beste Freund. Nach Ende der Bundesligasaison 1974 fuhren sie gemeinsam nach Monte Carlo und bereiteten sich dort zehn Tage lang auf die Weltmeisterschaft vor – das Nützliche mit dem Angenehmen verbindend, denn Vogts wie Bonhof sind Bewunderer des Automobilrennsports, und in Monte Carlo fand der Große Preis statt. Dort, am Mittelmeer, erfuhr Bonhof von seiner Nominierung aus der Zeitung. »Ich habe mit Berti daraufhin eine Flasche Sekt getrunken.«
Nach seinem ersten Länderspieltor, dem 2:1 gegen Schweden, sah sich Bonhof zu Vergleichen gezwungen: »Die WM war mein erstes Turnier überhaupt. Das UEFA-Jugendturnier ist im Vergleich dazu ein Kinderspiel.«

Hölzenbein

Es war am 20. Februar 1974, als sich ein Mann im langen Ledermantel, zuerst unerkannt auf der Tribüne, dann später von der Kunststoffbahn des Frankfurter Waldstadions aus ein Trainingsspiel der deutschen Nationalelf anschaute. Bernd Hölzenbein, kurz vor seinem 28. Geburtstag, gehörte nicht zu Helmut Schöns Aufgebot für die Vorbereitungsspiele gegen Spanien und Italien. Zwar reiste Hölzenbein in letzter Minute als Ersatzmann allein nach Rom, aber er fühlte sich so überflüssig wie noch nie.
Hölzenbein von der Frankfurter Eintracht schien zwar der ideale Reservist zu sein, bescheiden genug, um keine Unruhe zu stiften, alt genug, um seine Grenzen zu kennen, und klug genug, um in der Summe seiner vielfältigen Fähigkeiten auch seine Chance zu sehen. Aber ein WM-Spieler? Gegen Ungarn köpfte er ein Länderspieltor, es war der Durchbruch. Helmut Schön nahm ihn ins WM-Aufgebot, doch aus dem »Feuerwehrmann«, der er sein sollte, aus dem brillanten Techniker, der den hautnahen Kampf scheute, wurde Hölzenbein – neben Rainer Bonhof die große Sensation – ein die deutsche Elf wahrlich beflügelnder Athlet. Gegen Schweden riß er das deutsche Sturmspiel auseinander, schoß Flanken, die den Skandinaviern Sorge bereiteten, paßte gefühlvoll zu Mitspielern, verlor nie die Übersicht, jagte einen Schuß gegen den Pfosten und gab seinem Klubkameraden Jürgen Grabowski die Vorlage zum entscheidenden dritten Tor.
Nachher sagte Günter Netzer: »Hölzenbein hat ganz hervorragend gespielt.« Dazu Helmut Schön: »Ich habe nichts Negatives an seinem Spiel entdeckt.« Und dies immer gemessen an Beckenbauer.

Publikumsbelobigung

In der Nacht vom 23. auf den 24. Juni, kaum mehr als 24 Stunden nach der 0:1-Niederlage der favorisierten bundesdeutschen Nationalmannschaft gegen die DDR im Hamburger Bruderkampf, bildeten sich vor den Verkaufsstellen rund um die Königsallee in Düsseldorf, die berühmte »Kö«, die ersten Schlangen. Gegen Mittag meldete das örtliche Organisationskomitee den totalen Ausverkauf für die Begegnung mit Jugoslawien. Während die meisten Fußballfreunde zwischen Hamburg und München das 0:1 gegen die DDR noch nicht verkraftet hatten, starteten die Düsseldorfer die moralische Wiederaufrüstung der DFB-Elf.

Die Stadt am Rhein war unerwartet zum dritten Spielort nach Berlin und Hamburg für die DFB-Auswahl geworden, die nach dem programmierten Siegeszug als Vorrundenerster in Gelsenkirchen Einzug halten sollte. Nun kam eine angeschlagene Truppe, die bis dahin wenig vom »Heimvorteil« verspürt hatte.

Dem Düsseldorfer Publikum ging nicht unbedingt der Ruf voraus, bedingungslos hinter »seiner Elf« zu stehen. Der harte Kern der Sportbesessenen hatte hier seinen Platz im einige Kilometer entfernten Eisstadion bei den Puckjägern der Düsseldorfer EG: »DEH-EH-GEH«. Doch vier Tage nach dem Hamburger 0:1 erlebte die umgebildete deutsche Elf in den entscheidenden 90 Minuten gegen den neuen Favoriten Jugoslawien ein Bollwerk auf den Rängen, an dem sie sich aufrichten und wieder zusammenwachsen konnte.

Noch kritischer sah es nur drei Tage später aus. Schwedens kalter Konter im strömenden Regen drohte die neue Zuversicht jäh zu stoppen – die Narben von Hamburg waren kaum verheilt. In dieser kritischen Phase wuchs das Publikum vom Rhein zum großen deutschen World-Cup-Star. Die »Deutschland-Deutschland«-Chöre müssen dem Team um Franz Beckenbauer wie ein himmlischer Choral in den Ohren geklungen haben.

Hier geschah für deutsche Arenen kaum Glaubliches. Man fühlte sich nach Wembley versetzt, wo acht Monate zuvor 100000 ihr Aufgebot nach dem »Aus« gegen Polen mit der Nationalhymne verabschiedet hatten. Aber in Düsseldorf? In diesen vier letzten Juni-Tagen wuchs eine Mannschaft in der Arena am Rhein. Das mit über 50 Millionen Mark Renovierungskosten teuerste WM-Stadion hatte sich als Heilbad mehr als bezahlt gemacht – in einer Situation, als mit Geld nichts mehr zu machen war.

Fußball wie eine geballte Ladung

Holland stoppte Weltmeister Brasilien

Zweite Finalrunde

Gruppe A

Holland–Brasilien
2:0 (1:0)

Was sich in 36jähriger WM-Abstinenz an Druck angestaut hatte und was mit der Schubkraft der Europapokalsiege der holländischen Spitzenvereine Ajax Amsterdam und Feyenoord Rotterdam noch angereichert worden war, entlud sich am 3. Juli im Tribünengeviert des Westfalenstadions in Dortmund als eine geballte Ladung Fußball: Holland ließ dem Weltmeister und dreimaligen Rimet-Pokalgewinner Brasilien keine Chance und gewann in einer alles hinwegfegenden Offensive mit 2:0 (1:0) durch Tore von Johan Neeskens und Johan Cruyff.
Es war Fußball hoch drei; Fußball mit Tempo, Technik und Temperament. Kalt gespielt von Holländern mit heißen Herzen, die hinter sich eine Phalanx von 30000 Landsleuten spürten, die in jeder Sekunde bereit waren, ihre Stars auf dem Rasen neu zu motivieren. Was seit der letzten WM-Teilnahme Hollands 1938 in Frankreich nicht möglich, einfach nicht zu schaffen war, gelang in knapp drei Wochen in Deutschland: Hollands Fußballfreunde entdeckten ihre Nationalmannschaft.
Die Brasilianer hatten an diesem 3. Juli den Kün-

sten und der Kraft der Holländer nichts anderes entgegenzusetzen als ihre zweifellos brillanten individuellen Fertigkeiten am Ball und ihren Glauben an den Zauber ihrer Virtuosität. Sie wollten die Wirklichkeit nicht sehen. Sie waren weder mit der Rolle des Verlierers vertraut noch auf sie vorbereitet worden. So sollte der Zauber auch über Holland hinweg-

Prominentester Ehrengast beim Spiel Holland–Brasilien (2:0) in Dortmund war US-Außenminister Henry Kissinger, der als Junge in seiner Geburtsstadt Fürth Fußball gespielt hat

Gefährliche Situation vor dem holländischen Tor durch Jairzinho (7). Von links: Torhüter Jongbloed, Valdomiro (13), Krol (12), Haan (2) und Jairzinho. Szene aus dem Spiel Holland–Brasilien 2:0

Das »Aus« für Brasilien. Schiedsrichter Kurt Tschenscher stellt Luis Pereira (rechts neben ihm) wegen eines häßlichen Fouls an Johan Neeskens (am Boden) vom Platz. Von links: Rivelino, Tschenscher, Pereira, Krol, Valdomiro

helfen. Der Traum vom vierten Welttitel währte fünf Spiele und fünfzig Minuten. Das Tor von Johan Neeskens fünf Minuten nach der Pause, das Brasilien erstmals beim X. Weltturnier in Rückstand versetzte, war der krönende Abschluß einer Entwicklung, deren Zeichen schon vorher erkennbar waren. Die Brasilianer spürten nach einer halben Stunde instinktiv, daß ihre bisher angewandten Tricks, für sie freilich das Gütezeichen südamerikanischen Fußballs, nicht mehr ausreichen würden. Bevor ganz offensichtlich wurde, daß aus Brasiliens Starkickern Guerillas auf dem grünen Rasen geworden waren, hatte Schiedsrichter Kurt Tschenscher innerhalb von fünfzehn Minuten Luis Pereira, Zemaria und Mario Marinho die gelbe Karte gezeigt. Der Stolz der Italiener, die gegen Polen mit Anstand und Würde verloren, ging den Brasilianern ab; zuletzt ergaben sie sich in ihr Schicksal, das sie schon gegen Jugoslawien oder gegen Schottland hätte ereilen können, wenn nicht gar müssen.

Dabei war Holland an diesem 3. Juli nicht unfehlbar. Torhüter Jan Jongbloed wirkte nicht immer sicher, und zwischen der 50. Minute und Cruyffs Treffer war, wie Rinus Michels unumwunden zugab, »der Faden gerissen«. Kapital konnten die Brasilianer nicht daraus schlagen, wie überhaupt schwer festzustellen war, welches Konzept Mario Zagallo ausgetüftelt hatte. Cruyff ließ er ohne direkten Bewacher, wohl ausgehend von der Annahme, der Holländer sei sowieso nicht zu halten. Um so mehr sollten dafür die anderen Niederländer gedeckt werden. Als Zagallo in der 62. Minute Paulo Cesar gegen Mirandinha austauschte, gab er weitere Rätsel auf.

Auf der Ehrentribüne saß im übrigen neben dem neuen FIFA-Präsidenten Joao Havelange ein Mann, der als Junge in Fürth Fußball gespielt hatte: US-Außenminister Henry Kissinger. Er war mit dem Spiel zufrieden (»a wonderful match«); gar nicht dagegen der Brasilianer Havelange, der als FIFA-Boß einen Weltmeister als Hausmacht gut vertragen hätte.

Begeisterung

Aus dem Dortmunder Polizeibericht vom 4. Juli 1974: Nicht weniger als 110 Holländer, die das Spiel gegen Brasilien in Dortmund miterlebt hatten, verpaßten ihre Busse und baten schließlich die Dortmunder Polizei um Hilfe. 30 Übernachtungen wurden in der Sporthalle des Polizeipräsidiums auf Pritschen und mit Wolldecken ermöglicht. 21 Holländer hatten kein Geld mehr für die Rückfahrt und bekamen eine Unterstützung durch das niederländische Konsulat. Ein Holländer hatte besonderes Pech. Seine Braut brach sich während des WM-Spiels Holland–Brasilien einen Knöchel und mußte in ein Krankenhaus eingeliefert werden. In der Aufregung des Spiels vergaß er jedoch den Namen des Krankenhauses und wandte sich später hilfesuchend an die Polizei. Sie fuhr ihn mit dem Funkwagen ans Krankenbett der Braut.

2
13

Glanztore vor Geisterkulisse

DDR und Argentinien spielten 1:1

Zweite Finalrunde

Gruppe A

DDR–Argentinien
1:1 (1:1)

Auch wenn es nur ums Prestige geht, können Fußballspiele schön, gut, interessant und spannend sein. Diesen Beweis lieferten die DDR und Argentinien bei ihrem WM-Abschiedsspiel im Gelsenkirchener Parkstadion. Beide Mannschaften demonstrierten herzerfrischenden Offensivfußball und kämpften buchstäblich bis zur letzten Minute um den Sieg. Die Geisterkulisse von 20000 Zuschauern (53000 Karten waren im Vorverkauf abgesetzt worden) geizte für kernige Schüsse, Torwartparaden und gelungene Kombinationen nicht mit Sonderbeifall. Das Eintrittsgeld beim gerechten 1:1 (1:1)-Unentschieden waren fast schon die beiden herrlichen Tore wert. Nach Konrad Weises wunderbarem Slalomlauf über das halbe Feld und an vier Argentiniern vorbei nutzte DDR-Torjäger Joachim Streich aus Rostock die Vorlage zum 1:0. Auch der Ausgleich durch den kleinen quirligen René Houseman war ein Bilderbuchtor: Houseman nahm einen Paß von Kempes gedankenschnell auf und jagte den Ball genau in den Winkel. Diesen Schuß bedachte sogar der geschlagene DDR-Torhüter Jürgen Croy mit Beifall.

Zufrieden war auch Trainer Georg Buschner mit seinen Schützlingen. Lächelnd zog er sein WM-Fazit: »Die DDR hat mit dem dritten Gruppenplatz einen bemerkenswerten Erfolg errungen.« Auch sein argentinischer Kollege Vladislao Cap konstatierte zufrieden: »Meine Mannschaft hat ein gutes Spiel gezeigt und hatte die DDR in der Schlußphase vor dem K.o.« Und er fügte hinzu: »Mit dem heutigen Spiel hat praktisch schon die Vorbereitung für die Weltmeisterschaft 1978 in Argentinien begonnen. In vier Jahren werden Sie Spieler wie Ayala, Kempes, Babington, Brindisi und Houseman wiedersehen.«

Gruppe A

26. 6.	Hannover Brasilien–DDR	1:0	(0:0)
26. 6.	Gelsenkirchen Holland–Argentinien	4:0	(2:0)
30. 6.	Gelsenkirchen Holland–DDR	2:0	(1:0)
30. 6.	Hannover Brasilien–Argentinien	2:1	(1:1)
3. 7.	Dortmund Holland–Brasilien	2:0	(0:0)
3. 7.	Gelsenkirchen DDR–Argentinien	1:1	(1:1)

Tabelle

1. Holland	3	3	0	0	8:0	6:0
2. Brasilien	3	2	0	1	3:3	4:2
3. DDR	3	0	1	2	1:4	1:5
4. Argentinien	3	0	1	2	2:7	1:5

Mit einem 1:1 gegen Argentinien verabschiedete sich die DDR von ihrer ersten Endrundenteilnahme. Ruben Ayalas Kopfball geht am Tor von Jürgen Croy weit vorbei. In der Mitte DDR-Spielführer Bernd Bransch

Der Zweikampf, den der Junior gewann: Rainer Bonhof schaltete Polens Spielmacher Kazimierz Deyna aus

Die Frankfurter Wasserschlacht

Bilderbuchkombination schlug Polen 1:0

Zweite Finalrunde

Gruppe B

Deutschland–Polen
(1:0) (0:0)

Juni und Juli 1974 waren keine Sommermonate, wie man sie sich wünscht. Es regnete zuviel. Die Weltmeisterschaft litt von Anfang an unter den widrigen Witterungsverhältnissen. Den schweren Regenfällen am 30. Juni bei den Spielen DDR gegen Holland und Deutschland–Schweden folgte am 3. Juli in Frankfurt die Katastrophe.
Ein Unwetter jagte das andere, und eine halbe Stunde vor Beginn des Spiels Deutschland gegen Polen in Frankfurt stand das Waldstadion unter Wasser, denn nicht nur der an sich schon schlechte Rasen und die Laufbahn bildeten eine einzige Seenplatte, sondern auch die Tribüneneingänge waren nicht mehr passierbar. Schüchterne Versuche mit Wasserabsaugwalzen, Flachsaugern und Wasserstrahlpumpen erwiesen sich als untauglich. Kein Bundesliga- oder Länderspiel wäre auf solchem grundlosen Boden angepfiffen worden.
Mit halbstündiger Verzögerung aber begann die wichtige WM-Entscheidung Deutschland gegen Polen. Der österreichische Schiedsrichter Erich Linemayr übernahm die Verantwortung, die in Wirklichkeit ganz andere zu tragen hatten: der Deutsche Fußball-Bund, das WM-Organisationskomitee und die Stadt Frankfurt mit ihrer Stadionverwaltung.
Diese Vorbemerkungen sind notwendig, um die Leistungen der Spieler beider Mannschaften im rechten Licht zu sehen. Hunderte von Zufällen konnten darüber entscheiden, ob Polen oder Deutschland ins Finale vorstoßen würde. Flach und kurz gespielte Bälle blieben nach fünf Metern im Wasser liegen, hohe Flanken schossen beim Aufprall (Aquaplaning) auch dem besten Techniker vom Fuß. Hunderte von Zufällen, wie gesagt, hätten . . . Aber eine Bilderbuchkombination, wie sie in allen deutschen Spielen vorher nicht zu sehen gewesen war, führte von Bernd Hölzenbein über Rainer Bonhof zu dem freigelaufenen Gerd Müller, und er schoß das alles entscheidende Tor: 1:0 in der 76. Minute. Außer diesem Treffer war alles Glücksspiel. Die

(Fortsetzung S. 218)

Die Helfer, die nicht helfen konnten: Saugwalzen auf dem Rasen des Waldstadions

12

Wolkenbruchartige Regenfälle machten das Spiel Deutschland gegen Polen am 3. Juli in Frankfurt zum Roulette. Einer der besten Spieler unter diesen katastrophalen Bedingungen: Sepp Maier

So spritzte das Wasser im Frankfurter Waldstadion aus dem überschwemmten Rasen auf: Bernd Hölzenbein im Zweikampf mit Polens Antoni Szymanowski

Hohe Moral in tiefem Morast oder Match im Matsch: Deutschland gegen Polen 1:0

technisch brillanten Polen gewannen bei diesem Fußball-Roulette, bei dem man nie wußte, wo der Ball (genau wie die Kugel) nun liegen bleiben würde, eher Gewalt über Körper und Ball. Sie stürmten mit Moral durch den Morast. Grzegorz Lato und Robert Gadocha schlugen ihre gefährlichen Flanken, aber im Angriffszentrum fehlte ihnen der verletzte Andrzej Szarmach.
Die Deutschen begannen vorsichtig, aber nicht überzeugend, eher schwerfällig und fast begriffsstutzig. Franz Bekkenbauer wirkte mehr als Ausputzer denn als Libero. Polens Überlegenheit vor der Pause fand nur deshalb nicht ihren Ausdruck in Treffern, weil Torhüter Sepp Maier fehlerlos spielte. Wie der Münchner an diesem Tag Bälle aus allen Ecken fischte, sie fing, faustete oder festhielt, war meisterlich, um nicht zu sagen: weltmeisterlich. Noch einer überzeugte seine schärfsten Kritiker: Georg Schwarzenbeck kam mit Ball und Boden besser zurecht als mancher Techniker.
Die Polen, die diese Wasserschlacht auch hätten gewinnen können, ließen in der zweiten Hälfte nach. Mit fortschreitender Spielzeit hatte Vorstopper Wladislaw Zmuda immer mehr Mühe mit Gerd Müller. Ein kurzer Rückschlag, den Uli Hoeneß mit einem vergebenen Foulelfmeter verursachte, wurde bald überwunden. Der vor allem nach der Pause sehr klug spielende Bernd Hölzenbein war im Strafraum gelegt

Sechs Polen gegen drei Deutsche. Uli Hoeneß, Bernd Hölzenbein und Gerd Müller verstanden einander ausgezeichnet (oben)

76. Minute im Spiel Deutschland gegen Polen: Gerd Müller schießt das Tor des Tages (rechts)

»Kein Foul!« signalisiert Schiedsrichter Erich Linemayr. Wolfgang Overath gegen Adam Musial (10) und Jan Domarski (rechte Seite)

worden. Hoeneß schoß aber so schwach und auch noch in die falsche Ecke, daß Polens Hüter Jan Tomaszewski (wie schon einmal gegen Schweden) den Strafstoß halten konnte.
Sind mit Maier, Beckenbauer, Schwarzenbeck, Müller und Hölzenbein schon die stärksten deutschen Spieler genannt worden, so bleibt in Verbindung mit dem Müller-Tor in der 76. Minute der Name Rainer Bonhof. Der junge Mann aus Mönchengladbach schaltete auf sensationelle Weise Polens Spielmacher Kazimierz Deyna fast völlig aus.
Das Ende des Spiels ging unter in erneuten Wolkenbrüchen, die das Waldstadion nun wirklich in ein Schwimmstadion verwandelten. Kein Zweikampf mehr ohne Wasserbad; einer lag immer im Morast. Und trotzdem war es das fairste Spiel dieser Weltmeisterschaft. Der Elfmeter spricht nicht dagegen, und auch die wenigen Freistöße besagen nichts. Schiedsrichter Linemayr hatte es schwer, zwischen Absicht und Zufall zu unterscheiden. Dank der stärkeren physischen Leistung in der zweiten Halbzeit gewann Deutschland verdient, aber Polen war ein unglücklicher Verlierer.
In den Annalen wird die Begegnung, von den Bodenbedingungen her einer Weltmeisterschaft unwürdig, als Frankfurter Wasserschlacht festgehalten werden. Hätten die Polen gewonnen, wären die WM-Organisatoren und die Stadt Frankfurt in heiße Verlegenheit geraten.

Schweden-Sieg ohne Erfolgszwang

Kein Streß für Düsseldorfs Publikum

Zweite Finalrunde

Gruppe B

Schweden–Jugoslawien 2:1 (1:1)

Zwei Äußerungen von Spielern waren symptomatisch für den Düsseldorfer WM-Ausklang mit dem 2:1 (1:1) der Schweden über Jugoslawien. Schwedens Ove Grahn in seinem im Wahldomizil Zürich angeeigneten Schwyzerdütsch: »Das war nicht mehr als ein normales Freundschaftsspiel.« Der Jugoslawe Ivan Surjak, dessen späterer Führungstreffer nur für kurze Zeit Anlaß zur Siegesvorfreude bot, schwärmte davon, »endlich einmal nicht unter Erfolgszwang gestanden zu haben«.
Der Düsseldorfer WM-Abschied wurde dann auch zu einem gemütlichen Abend vor der spärlichen Kulisse von 15000 Zuschauern. Weitere 25000 Kartenbesitzer traten bei regenverhangenem Himmel gar nicht erst den Weg ins schmucke Rheinstadion an, wo – nach vorausgegangenem Dauerregen – die glänzende Verfassung des Spielfeldes die Aktiven vom Balkan und aus Skandinavien gleichermaßen entzückte. Jugoslawiens Trainer Miljan Miljanic im nachhinein: »Einen solchen Rasen hätte das heutige Nachmittagsspiel Deutschland gegen Polen in Frankfurt verdient gehabt . . .«
Bei der leidigen Pflichtübung fehlten beiderseits die zuvor so sattsam erlebten taktischen Winkelzüge. Die Schweden behielten dennoch ihr stereotypes Konzept bei, aus einer verstärkten Dekkung heraus mit Konterangriffen die Entscheidung zu erzwingen. Die Jugoslawen hingegen fühlten sich spürbar wohl, einmal aller taktischen Fesseln ledig zu sein und ihrer Spielauffassung ungehemmt huldigen zu können.
Aber gerade diese Zügellockerung, von der der athletische Ivan Surjak, der technisch elegante Dragan Dzajic und der eigenwillige Vladislav Bogicevic hinreichend Gebrauch machten, wurde ihnen letztlich zum Verhängnis. Der schnelle Schweden-Ausgleich zum 1:1 durch Ralf Edström (sein viertes WM-Tor) und der kalte Schlag des Münchner Bayern-Imports Conny Torstensson vier Minuten vor Schluß schreckten viel zu spät die spielfreudigen Jugoslawen aus der Selbstgefälligkeit.
Das war der Sieg der schnörkellosen Schweden in ihrem 25. WM-Endrundenspiel. Den Jugoslawen blieb der Schönheitspreis – und das unverhohlene Mitgefühl der Zuschauer, die zu dieser Stunde nicht mehr unter dem Streß der Düsseldorfer Deutschland-Spiele beim 2:0 über Jugoslawien und 4:2 über Schweden standen.

Gruppe B

26. 6.	Düsseldorf Deutschland–Jugoslawien	2:0	(1:0)
26. 6.	Stuttgart Polen–Schweden	1:0	(1:0)
30. 6.	Düsseldorf Deutschland–Schweden	4:2	(0:1)
30. 6.	Frankfurt Polen–Jugoslawien	2:1	(1:1)
3. 7.	Frankfurt Deutschland–Polen	1:0	(0:0)
3. 7.	Düsseldorf Schweden–Jugoslawien	2:1	(1:1)

Tabelle

1. Deutschland	3	3	0	0	7:2	6:0
2. Polen	3	2	0	1	3:2	4:2
3. Schweden	3	1	0	2	4:6	2:4
4. Jugoslawien	3	0	0	3	2:6	0:6

HENNES WEISWEILER über die letzten Vier: Polen setzten die Glanzlichter

Obwohl der Austragungsmodus dies nicht beabsichtigte, standen am 30. Juni bereits die letzten Vier fest, und diese Mannschaften – also Brasilien, Holland, Polen und Deutschland – trafen in ihren Gruppen am 3. Juli quasi in einem Halbfinale aufeinander. Hier wurden dann die Finalisten für München ermittelt: Holland und Deutschland.

Weltmeister Brasilien, von Holland gestoppt, die Niederländer selbst, Polen und Deutsche hatten bis zum 3. Juli ihren ureigenen Stil durchgesetzt, wobei man allerdings Einschränkungen, vornehmlich bei den Brasilianern, machen mußte.

Seit dem Eröffnungsspiel gegen Jugoslawien mit dem mittlerweile üblichen 0:0 wurde zwar die Abwehr der Südamerikaner gelobt, aber nicht ihre spielerische Kunst. Deshalb gaben alle Experten den Schützlingen von Mario Zagallo keine Chance für die Verteidigung der Fußballweltmeisterschaft. Dennoch konnte sich der brasilianische Trainer vor der Begegnung mit den Holländern rühmen, nie in einer Weltmeisterschaft verloren zu haben. Weder als Spieler 1958 in Schweden und 1962 in Chile noch als Trainer 1970 in Mexiko. So steigerten sich die Spieler um Roberto Rivelino von Spiel zu Spiel, aber an der wirklichen Klasse der Schützlinge von Rinus Michels scheiterten sie mit 0:2. Für diesen Sieg brauchten die Holländer 90 Minuten, denn in der ersten Halbzeit hatten die Südamerikaner die größeren Chancen. Es stellte sich aber dann doch heraus, daß Weltklassespieler wie Pele, Tostao, Gerson oder Clodoaldo nicht von heute auf morgen zu ersetzen sind.

Aber wie die Brasilianer letztlich untergingen, war beschämend oder auch bezeichnend für den Fußball Südamerikas, der bis dahin besonders durch die spielerischen Künste von Argentinien gut vertreten war. Es häuften sich die üblen Fouls, und der deutsche Schiedsrichter Kurt Tschenscher zeigte viel zu große Geduld, bis er nach einer Vielzahl von gelben Karten schließlich den brasilianischen Abwehrchef Luis Pereira vom Platz stellte.

In der anderen Gruppe erwarteten alle Fußballkenner mit der Begegnung Polen–Deutschland einen wirklichen Höhepunkt der WM 1974, denn die Schützlinge des Trainers Kazimierz Gorski waren mit ihrem klugen Angriffsspiel die Überraschung des Turniers. Eigentlich haben fast allein die polnischen Staatsamateure dieser Fußballweltmeisterschaft die Glanzlichter aufgesetzt. In der Vorrunde »verdammten« sie den großen Favoriten Italien schon zum Ausscheiden. Die Männer um den polnischen Spielmacher Kazimierz Deyna spielten herzerfrischenden Angriffsfußball. Bis zum Finale stellten sie mit Grzegorz Lato und Andrej Szarmach gleich zwei Torschützenkönige der WM 74. Außerdem besaßen die Polen mit Robert Gadocha den mit Abstand besten Linksaußen der WM, der jeden Vergleich mit dem sagenhaften Rechtsaußen Garrincha aushält, was Dribbelkunst und Schußkraft angeht.

Die entscheidende Begegnung zwischen einer nach der 0:1-Niederlage gegen die DDR gewandelten deutschen Elf und Polen hätte Zielsetzung für die nächsten Jahre im Fußball sein können: hier entfesselte Kampfkraft und dort geradliniger Angriffsfußball. Leider verhinderte ein wolkenbruchartiger Regen kurz vor dem Spiel diesen Vergleich. Das Spiel war besonders in der ersten Halbzeit irregulär. Die Spieler bestimmten nicht den Lauf des Balles. Das Streitobjekt tanzte selbstgefällig zwischen den Pfützen hin und her. Schließlich gewannen die Männer um Franz Beckenbauer mit 1:0, vielleicht aufgrund der kämpferischen Steigerung in der zweiten Halbzeit, nicht unverdient.

Polen gewann die Pflichtübung

Brasiliens Zauber wirkte nicht mehr

»Aufhören – aufhören«, riefen 79 000 enttäuschte Zuschauer im Münchner Olympiastadion vor der Pause. Henry Kissinger sprach nach den ersten 45 Minuten von »keinem guten Fußballspiel«. Und als dem von Autogrammjägern umlagerten US-Außenminister später die Frage gestellt wurde, ob er vom Spiel um den dritten Platz mehr erwartet habe, meinte er diplomatisch: »Dafür, daß ich das Match umsonst sah, konnte ich doch nicht mehr verlangen!«
Nach den Anstrengungen der beiden Finalrunden war der Kampf um den dritten Platz zwischen Polen und Brasilien, der die Polen für ihre bis dahin (und nicht in diesem Spiel) gezeigten Leistungen mit einer Bronzemedaille belohnte, so etwas wie eine Pflichtübung. So gesehen war der dritte Platz verdient. Ein Treffer des WM-Rekordschützen Grzegorz Lato in der 76. Minute entschied die Partie, in der die Brasilianer sehr viel Pech hatten. Man denke hier nur an den Pfostenschuß von Rivelino in der 62. Minute oder an das schwere Foul von Henryk Kasperczak an Mirandinha, als der 19-jährige Brasilianer sich im Alleingang auf dem Weg zum Tor der Polen befand (73. Minute) und der italienische Schiedsrichter Aurelio Angonese nur die gelbe Karte zückte.
War das Spiel der deutschen Mannschaft um den dritten Platz vier Jahre zuvor in Mexiko gegen Uruguay (1:0 durch Wolfgang Overath) besser? Karl-Heinz Schnellinger, der als aufmerksamer Beobachter im Olympiastadion auf der Tribüne saß, hatte die Erklärung dafür, weshalb die Spiele um den dritten Platz meist ein solch schwaches Niveau aufweisen: »Die Mannschaften, die um den dritten Platz kämpfen, hatten noch einige Tage zuvor die große Hoffnung auf den Einzug ins Finale. Die Niederlage aber deprimiert derart, daß es zu einem fast zwangsläufigen Nachlassen der Konzentration und inneren Einstellung kommt!« Die Brasilianer haben selbst als Titelverteidiger mit dem vierten Platz mehr erreicht, als viele Kritiker vorher prophezeiten. Keine andere Elf hatte so viele Balljongleure in ihren Reihen. Schade nur, daß dieser Zauber mehr noch als in früheren Jahren über den Erfolg gestellt wird. Wie oft lief sich Jairzinho in der gegnerischen Abwehr fest, nachdem er bereits drei oder gar vier Gegenspieler hinter sich gelassen hatte! Was brachten die unnachahmlichen Tricks von Rivelino ein? Noch wenige Meter vor dem Tor des Gegners sollten die Kombinationen weiterlaufen! Solange am Zuckerhut kein

Spiel um den dritten Platz

Polen–Brasilien 1:0 (0:0) am 6. Juli in München.

Polen: Jan Tomaszewski (26 Jahre/21 Länderspiele), Antoni Szymanowski (23/37), Jerzy Gorgon (24/40), Wladislaw Zmuda (20/9), Adam Musial (25/32), Henryk Kasperczak (27/25), Zygmunt Maszczyk (29/31), Kazimierz Deyna (26/60), Grzegorz Lato (24/21), Andrzej Szarmach (23/11), Robert Gadocha (28/57); ab 73. Minute Zdislaw Kapka (19/3) für Szarmach und Leslaw Cmikiewicz (25/38) für Kasperczak.

Brasilien: Emerson Leao (24/29), José Zemaria (25/38), Mario Marinho (27/10), Mostardo Alfredo (27/2), Francisco Marinho (22/14), Roberto Rivelino (28/75), Paulo Cesar II (25/10), Ademir da Guia (32/14), Franco Valdomiro (28/17), Jair Jairzinho (29/96), Jose Dirceu (22/9); ab 66. Minute Joao Mirandinha (22/6) für Ademir da Guia.

Tor: Lato (76.).

Schiedsrichter: Aurelio Angonese (Italien).

Zuschauer: 75 334.

Kein Freistilringen, sondern Zusammenprall zwischen Brasiliens Torhüter Leao und Polens Mittelstürmer Andrzej Szarmach. Dahinter Mario Marinho

neuer Pele oder Didi als Regisseur entdeckt wird, solange wird der dreimalige Weltmeister wohl auf den nächsten Titel warten müssen.
Daß die Polen in diesem Spiel enttäuschen würden, hatten dem Olympiasieger viele vorausgesagt: Drei Tage zuvor hatte die Frankfurter Wasserschlacht gegen Deutschland stattgefunden. Und da die Polen sehr viel Kraft in ihr Spiel legten, konnte man gegen die Brasilianer kaum mehr erwarten. Es war das siebente Spiel innerhalb von 23 Tagen! Polen war wohl die größte Überraschung der Weltmeisterschaft. Hand aufs Herz: Wer hatte dieser Mannschaft schon einen dritten Platz zugetraut? Ebenso zufrieden wie in Warschau oder Lodz wird man am Abend des 6. Juli in London oder Manchester gewesen sein. Immerhin können die Engländer heute sagen: Wir sind gegen den Bronzemedaillengewinner auf der Strecke geblieben!

Deutschland Weltmeister

Kampfkraft entschied dramatisches Finale

Als Schiedsrichter John Taylor das Finale der WM 1974 abpfiff, als die Spieler im schwarz-weißen Dreß plötzlich die Arme hochwarfen, als Trainer Helmut Schön – ein wenig linkisch fast – die Mütze schwenkte und auf dem Jubelweg zuerst Torhüter Sepp Maier aufsuchte, als alles vorbei war und dennoch die Dramatik und Hektik dieses Endspiels fortlebten, hieß der Weltmeister Deutschland. Weltmeister nach einem 2:1 (2:1)-Sieg gegen Holland.

Wurde dieses Spiel schon in der ersten Minute entschieden? Als nämlich Johan Cruyff, dessen Schlaksigkeit man gar nicht soviel Kraft zutraut, plötzlich, den Ball am Fuß führend, dem kleinen Berti Vogts einfach davonlief, als Uli Hoeneß nur noch die Möglichkeit eines Fouls blieb, als der andere Johan, Neeskens, den Strafstoßball erbarmungslos ins Netz hieb. Noch nie hat es in einem solch entscheidenden Spiel schon so früh ein Tor gegeben, noch nie hat wohl auch ein Schiedsrichter die Courage besessen, so früh auf einen Elfmeter zu entscheiden – wenn die Erinnerung nicht trügt: Von den Deutschen hatte überhaupt noch niemand den Ball berührt, da stand es schon 1:0 für die Holländer.

Unter den vielen Banalitäten, die über dieses Spiel in aller Welt verbreitet sind, gibt es eine, die besagt, daß ein Spiel neunzig Minuten dauert. In der dreiundzwanzigsten davon gelang dem Frankfurter Bernd Hölzenbein (welch wunderschöner Name für einen erstklassigen Fußballspieler!) – Hölzenbein gelang ein Sturmlauf, er überlief einen Holländer, umspielte noch einen – dem dritten oder vierten Spieler in dem Oranje-Hemd fiel als letzte Rettung nicht mehr ein als zuvor dem blonden Hoeneß: Er stellte einfach sein Bein in den Weg, und John Taylor war gezwungen, erneut auf den Elfmeterpunkt zu deuten. Und der Wuschelkopf Paul Breitner, einer der jüngsten, aber auch einer der kühlsten, ja kältesten Akteure, nahm den Ball und gab ihn nicht mehr her. Niemand hatte ihn vorher dazu ausersehen, einen möglichen Strafstoß zu treten; Breitner soll gesagt haben: »Ich hätte das Ding keinem anderen mehr überlassen!« Er schoß den Ball in die linke untere Ecke – wie gesagt: kühl.

Und dann Müller! Man müßte einmal zählen, wieviel spielentscheidende Treffer er eigentlich schon erzielte. Dieses Mal kam der Ball flach von der rechten Seite von Rainer Bonhof, dem jüngsten Deutschen. Gerd Müller erwischte ihn irgendwie und lenkte ihn in irgendwie in die Ecke, die der holländische Torhüter nicht bewachte. So etwas dauert bei Gerd Müller etwa ein Hun-

Endspiel

Deutschland–Holland 2:1 (2:1)
am 7. Juli in München.

Deutschland: Sepp Maier (30 Jahre/57 Länderspiele), Berti Vogts (27/58), Georg Schwarzenbeck (26/30), Franz Beckenbauer (29/85), Paul Breitner (22/26), Uli Hoeneß (22/27), Rainer Bonhof (22/8), Wolfgang Overath (30/81), Jürgen Grabowski (30/44), Gerd Müller (28/62), Bernd Hölzenbein (28/10).

Holland: Jan Jongbloed (32/9), Wim Suurbier (29/34), Wim Rijsbergen (22/8), Arie Haan (25/17), Ruud Krol (25/27), Wim Jansen (27/32), Wim van Hanegem (30/35), Johan Neeskens (22/24), Johnny Rep (22/11), Johan Cruyff (27/35), Bob Rensenbrink (26/19); ab 46. Minute René van de Kerkhof (22/5) für Rensenbrink.

Tore: Neeskens (2., Elfmeter), Breitner (25., Elfmeter), Müller (43.).

Schiedsrichter: John Taylor (England).

Zuschauer: 75 334.

Die Weltmeister 1974: Franz Beckenbauer, Sepp Maier, Georg Schwarzenbeck, Rainer Bonhof, Bernd Hölzenbein, Jürgen Grabowski, Gerd Müller, Wolfgang Overath, Berti Vogts, Paul Breitner und Uli Hoeneß

dertstel von jener Zeit, die man braucht, um den Vorgang wahrzunehmen. Es war die 43. Minute. Natürlich ist eine Führung in einem Fußballspiel immer wichtig – besonders wichtig ist sie wenige Minuten vor der Pause, weil sie dem Gegner mehr zu denken aufgibt während dieser kurzen Zeit, weil sie den Führenden nach 45 Minuten so etwas wie eine »Teil-Euphorie« vermittelt. Kurz nachdem das Spiel wieder begonnen hatte, köpfte Bonhof – er war wohl die größte Entdeckung dieser Weltmeisterschaft in der deutschen Mannschaft – einen Ball nur Zentimeter neben den Pfosten. Und dann begann jene Zeit des Finales, die paradoxerweise ihre Spannung daraus bezog, daß keine Tore fielen.
Wann jemals hatte in einem Weltmeisterschaftsendspiel eine Mannschaft über so lange Zeit so überlegen gespielt wie die Niederländer und trotzdem kein Tor erzielt? Torhüter Sepp Maier flog, fing, faustete, und wenn er einmal den Ball verfehlte, bereinigten die Vogts, Breitner, Beckenbauer und Bonhof die Situationen. Ein medizinisch vorgebildeter Kollege rechter Hand konstatierte sich in Selbst-Diagnose einen Puls von etwa hundertvierzig. Hätten die Holländer in dieser Zeit zwei, vielleicht drei Tore erzielt – niemand hätte sagen können, es sei unverdient gewonnen. Sie schossen keines.
Man kann es den be-

Alka-Seltzer

Der Schock in der zweiten Minute: Johan Neeskens verwandelt den Elfmeter, den Uli Hoeneß gegen Johan Cruyff herausgefordert hatte

Paul Breitner rettet für den geschlagenen Sepp Maier mit Kopfball auf der Torlinie. Daneben Rainer Bonhof, Wolfgang Overath und Johan Cruyff (Bild links)

Verlierer und Gewinner des Endspiels: Johan Cruyff und Franz Beckenbauer (rechts)

Massierte Torsicherung gegen Johan Neeskens (13); von links: Sepp Maier, Georg Schwarzenbeck, Franz Beckenbauer und Berti Vogts

sonderen Sinn für Dramatik nennen, den die Deutschen gerne entwickeln – auf das Fußballspiel übertragen bleibt festzustellen, daß es gerade diese Mannschaft sowohl 1970 in Mexiko als auch nun in München merkwürdigerweise öfter als andere nötig hatte, in Rückstand zu geraten, um jene kämpferische Tugend zu entwickeln, mit der man gewinnt. Es scheint, als ob jenes frühe Tor der Holländer mehr den Deutschen nutzte als den Gegnern, die es erzielten.
Während des Verlaufs der Spiele hatten sich mehr und mehr zwei Stars aus den rund 350 angereisten Spielern herausgeschält: Johan Cruyff und Franz Beckenbauer. Beckenbauer hat dieses Duell schließlich zu seinen Gunsten entschieden. Nicht, weil er den Titel gewann, sondern weil Cruyff irgendwann Mitte der ersten Halbzeit schon seine Ausstrahlung, seine Glorie verlor. Äußeres Zeichen dieser Tatsache war eine kleine Diskussion während der Halbzeitpause mit Schiedsrichter John Taylor.
Der Metzger aus Wolverhampton zeigte dem Star auf dem Weg zur Kabine die gelbe Karte. Ein Kuriosum, aber ein bezeichnendes.

Paul Breitner schießt den 1 : 1-Ausgleich durch Elfmeter nach vorangegangenem Jansen-Foul an Bernd Hölzenbein

Das Tor, das die Weltmeisterschaft für Deutschland bedeutete: Gerd Müller hat die gesamte holländische Abwehr ausgespielt und schießt an Jan Jongbloed vorbei ins Netz

Einige Stunden vor dem Endspiel hielten übrigens zehn Männer hof in einem Münchner Hotel: die Brüder Walter, Toni Turek, Max Morlock, Jupp Posipal, Horst Eckel, Karl Mai, Werner Liebrich, Helmut Rahn, Hans Schäfer. Werner Kohlmeyer war vor kurzem gestorben. Zwanzig Jahre und drei Tage waren sie Weltmeister. Jetzt heißen die Helden anders.

Da sind: das Unikum Sepp Maier, der es versteht, Bälle zu fangen wie kaum ein anderer; dieses kleine Kraftbündel Berti Vogts, von dem jemand sagte, es sei eine Strafe, gegen ihn spielen zu müssen; der schlichte und zuverlässige Georg Schwarzenbeck, dem der englische Sir Alf Ramsey einmal nachsagte, daß solche Spieler Weltmeisterschaften entscheiden; der nonchalante Franz Beckenbauer, der in einem Fußballspiel das besitzt, was man Brillanz nennt; der wusselige Paul Breitner, dessen kühle Intelligenz überhaupt nicht zu dem Bild des »typischen« Fußballspielers paßt; der noch so junge Uli Hoeneß, dessen Stern bei diesem Turnier erst aufging, als sein Stolz geknickt war; der Rainer Bonhof, um den sich die Mannschaft des Jahres 1980 bilden könnte; der Wolfgang Overath, der die eigenen Zweifel überspielte; der Techniker Jürgen Grabowski, der sich kämpferisch bis zum Umfallen erschöpfte; der Gerd Müller, der inzwischen bei Weltmeisterschaften mehr Tore erzielte als jeder andere in der Welt; der gescheite Bernd Hölzenbein, der zu Beginn sicherlich nicht zu jener Elf gehörte, von der man den Titel erwartete, und der in drei Wochen zum Weltklassespieler wurde.

Werden sie die »Helden« für weitere zwanzig Jahre sein? Als sie um den Platz liefen, um den Zuschauern und sich selbst die neue Trophäe zu zeigen, gingen elf Männer in Orange-Hemden und weißen Shorts in die Katakomben zurück. Niemand beachtete sie.

Fußball, dieses wunderbare Spiel: es gebärt innerhalb Stunden Idole, und es zerstört andere. In Amsterdam – so wurde noch am Abend des gleichen Tages berichtet – brach man eine bereits vorsorglich errichtete Tribüne und einen Musik-Pavillon wieder ab. Die Holländer waren ja »nur« Zweiter.

Gerd Müller, mit 14 Toren
erfolgreichster Schütze aller
Weltmeisterschaften seit 1930,
mit dem neuen WM-Pokal

7. Juli 1974: Schlußfeier des
X. FIFA-Turniers mit Chören und
Choreographie

Namen – Spiele – Tore – Rekorde

Die Torschützenkönige
der Weltmeisterschaften 1930–1974

		Tore
1930 in Uruguay	Stabile (Argentinien)	8
1934 in Italien	Nejedly (Tschechosl.)	5
1938 in Frankreich	Leonidas (Brasilien)	7
1950 in Brasilien	Ademir (Brasilien)	7
1954 in der Schweiz	Kocsis (Ungarn)	11
1958 in Schweden	Fontaine (Frankreich)	13
1962 in Chile	Garrincha (Brasilien) (durch Los entschieden)	4
1966 in England	Eusebio (Portugal)	9
1970 in Mexiko	Müller (Deutschland)	10
1974 in Deutschland	Lato (Polen)	7

Die erfolgreichsten WM-Torschützen aller Zeiten

Tore	
14	Gerd Müller (Deutschland), 1970, 1974
13	Just Fontaine (Frankreich), 1958
12	Pele (Brasilien), 1958, 1962, 1966, 1970
11	Sandor Kocsis (Ungarn), 1954
10	Helmut Rahn (Deutschland), 1954, 1958
9	Ademir (Brasilien), 1950
	Vava (Brasilien), 1958, 1962
	Uwe Seeler (Deutschl.), 1958, 1962, 1966, 1970
	Eusebio (Portugal), 1966
	Jairzinho (Brasilien), 1970, 1974
8	Guillermo Stabile (Argentinien), 1930
	Leonidas (Brasilien), 1934, 1938
7	Oldrich Nejedly (Tschechosl.), 1934, 1938
	Juan Alberto Schiaffino (Uruguay), 1950, 1954
	Hans Schäfer (Deutschland), 1954, 1958
	Lajos Tichy (Ungarn), 1958, 1962
	Grzegorz Lato (Polen), 1974

Deutsche Spieler bei Weltmeisterschaften

	Spiele					Tore
Uwe Seeler	21	1958	1962	1966	1970	9
Wolfgang Overath	19	1966	1970	1974		3
Franz Beckenbauer	18	1966	1970	1974		5
K.-H. Schnellinger	17	1958	1962	1966	1970	1
Hans Schäfer	15	1954	1958	1962		7
Willi Schulz	13	1962	1966	1970		–
Gerd Müller	13	1970	1974			14
Berti Vogts	13	1970	1974			–
Sepp Maier	12	1970	1974			–
Fritz Walter	11	1954	1958			3
Jürgen Grabowski	11	1970	1974			1
Helmut Rahn	10	1954	1958			10
Horst Eckel	10	1954	1958			–
Herbert Erhardt	10	1958	1962			–
Horst Szymaniak	10	1958	1962			1
Horst-Dieter Höttges	10	1966	1970	1974		–
Helmut Haller	9	1962	1966	1970		6
Siegfried Held	9	1966	1970			1
Wolfgang Weber	8	1966	1970			1
G. Schwarzenbeck	7	1974				–
Paul Breitner	7	1974				3
Uli Hoeneß	7	1974				1
Ernst Lehner	6	1934	1938			2
Georg Stollenwerk	6	1958				–
Albert Brülls	6	1962	1966			1
Hans Tilkowski	6	1966				–
Johannes Löhr	6	1970				–
Bernd Hölzenbein	6	1974				–

Je 5 Spiele: Fritz Szepan (1934, 1938), Ottmar Walter, Max Morlock, Karl Mai, Jupp Posipal, Werner Kohlmeyer, Toni Turek (alle 1954), Fritz Herkenrath, Erich Juskowiak (1958), Klaus Fichtel und Reinhard Libuda (1970)

Rekordteilnahmen an WM 1930–1974

5 WM	Antonio Carbajal (Mexiko)	1950	1954	1958	1962	1966
4 WM	Djalmar Santos (Brasilien)	1954	1958	1962	1966	
	Pele (Brasilien)	1958	1962	1966	1970	
	K. H. Schnellinger (Deutschland)	1958	1962	1966	1970	
	Uwe Seeler (Deutschland)	1958	1962	1966	1970	

HENNES WEISWEILER nach dem WM-Finale:

Ein Triumph der Entschlossenheit

Die deutsche Nationalmannschaft ist glücklich, aber letztlich doch verdient Weltmeister 1974 geworden. Ihr unbedingter Siegeswillen und ihr restloser Einsatz, kämpferische Tugenden, die vor allem der perfekte Franz Beckenbauer vorlebte, rechtfertigen den großartigen Welterfolg. Vielleicht spielten die Holländer über die vollen 90 Minuten etwas schöner, in der zweiten Hälfte sogar eindrucksvoller, aber am Ende zählen die Tore. Der Vergleich zwischen den beiden Kapitänen Franz Beckenbauer und Johan Cruyff ist bezeichnend: Der Münchner verband mit seiner Spielkunst absolute Entschlossenheit in allen Phasen des Spiels. Der holländische Weltstar dagegen demonstrierte nur zeitweise sein hervorragendes Können und resignierte allzu früh vor dem harten Zugriff des kleinen Mönchengladbachers Berti Vogts. Das war einer der Hauptgründe für den Erfolg der deutschen Nationalmannschaft.
Eine halbe Stunde hat die Elf um Beckenbauer in der ersten Halbzeit exzellenten Fußball gespielt. In diesen dreißig Minuten war Bernd Hölzenbein ein wirklicher Linksaußen, und auch das Zusammenspiel am rechten Flügel im laufenden Positionswechsel zwischen Jürgen Grabowski und Uli Hoeneß klappte ausgezeichnet.
Der 2:1-Sieg war schließlich ein Sieg der Abwehr, in der Franz Beckenbauer die zentrale Figur war und Sepp Maier auch in den schwierigsten Situationen die Ruhe behielt. Der Münchner entwickelte sich im Lauf des Turniers zum besten Torwart der Welt. Paul Breitner beherrschte seine Gegenspieler und behielt vor allem beim Elfmeter die Nerven zum wichtigen 1:1. Auch Georg Schwarzenbeck konnte sich von Spiel zu Spiel steigern. Johan Neeskens, der vielgerühmte Mittelfeldspieler der Holländer und Antreiber ihres Spiels, stand diesmal ganz im Schatten seines Kontrahenten Rainer Bonhof. Der jüngste der deutschen Nationalspieler und sicher auch die große Entdeckung des Turniers bereitete nicht nur das Tor von Gerd Müller vor, sondern sorgte in der Drangperiode der Holländer für die notwendige Entlastung.
Auch die anderen deutschen Mittelfeldspieler, Wolfgang Overath und Uli Hoeneß, waren kämpferisch und läuferisch sehr stark. Der Kölner spielte in der ersten Halbzeit gute Pässe und vergaß in der zweiten Hälfte nie, seiner Abwehr beizustehen. Hoeneß ließ seinem Gegenspieler Wim Jansen ebenfalls keine Angriffsmöglichkeiten und war außerdem zeitweilig eine gefährliche zweite Spitze. Mittelstürmer Gerd Müller schoß nicht nur das alles entscheidende zweite Tor – das einzige echte Feldtor gegen die Holländer im ganzen Turnier –, sondern beschäftigte auch seine beiden Gegenspieler Wim Rijsbergen und Wim Jansen so stark, daß die Holländer nicht wie gewohnt ihr Spiel aus der Verteidigung entwickeln konnten.
Die holländische Abwehr zeigte genau jene Schwächen, die man vorher vermutet hatte, die aber von den Gegnern der beiden Finalrunden nicht aufgedeckt werden konnten. Besonders in der guten halben Stunde der deutschen Elf, als die Stürmer noch frisch und schnell waren, merkte man bei einigen niederländischen Abwehrspielern die fehlende Schnelligkeit. Durch das Ausschalten des Spielmachers Cruyff riß auch die Verbindung zu den Flügelstürmern. Man mußte feststellen, daß Johnny Rep und Rob Rensenbrink für höchste Maßstäbe noch einiges fehlt.
Die deutsche Mannschaft spielte einen technisch hervorragenden Fußball. Vielleicht hat der Europameister 1972 in Brüssel in spielerischer Hinsicht mehr brilliert, kämpferisch war er nicht stärker. Der Fußballweltmeister von 1974 wird ein Vorbild bleiben an Kampfkraft, Entschlossenheit und Siegeswillen. Bundestrainer Helmut Schön hat für die nächste Weltmeisterschaft 1978 in Argentinien, an der die DFB-Elf ohne Qualifikation teilnehmen kann, eine solide Basis. Um den besten Fußballspieler der Welt, um Franz Beckenbauer, scharen sich eine Menge junger Talente, die dafür sorgen können, daß der deutsche Fußball weiter Weltgeltung behält.

PEPSI
16

Die Statistik

Die erfolgreichsten WM-Teilnehmer

Punktwertung
In dieser Tabelle werden die Teilnahme an der Endrunde und die Plazierung unter den ersten Vier berücksichtigt. Für die Weltmeisterschaft gibt es 7 Punkte, für den zweiten Platz 5 Punkte, für den dritten Platz oder für das Erreichen der Vorschlußrunde 3 Punkte, für den vierten Platz 2 Punkte, für den Vorstoß in die Endrunde 1 Punkt.
Bei Punktgleichheit entschied die bessere Plazierung auf den vorderen Rängen. Bei Punkt- und Platzgleichheit wurde chronologisch in der Reihenfolge des Auftretens bei Weltmeisterschaften vorgegangen. 1930 gab es kein Spiel um den dritten Platz, so daß die USA und Jugoslawien gemeinsam als Dritte erscheinen. In dieser Tabelle sind damit zehn Weltmeister und zehn Vizeweltmeister, aber elf WM-Dritte aufgeführt.

Land		WM-Starts	Plazierung I.	II.	III.	IV.	Endrunde	
1.	Brasilien	10	3	1	1	1	4	35
2.	Deutschland	8	2	1	2	1	2	29
3.	Italien	8	2	1	0	0	5	24
4.	Uruguay	7	2	0	0	2	3	21
5.	Ungarn	6	0	2	0	0	4	14
	Tschechoslowakei	6	0	2	0	0	4	14
7.	Schweden	6	0	1	1	1	3	13
8.	England	6	1	0	0	0	5	12
9.	Argentinien	6	0	1	0	0	5	10
10.	Jugoslawien	6	0	0	1	1	4	9
11.	Frankreich	6	0	0	1	0	5	8
12.	Holland	3	0	1	0	0	2	7
	Mexiko	7	0	0	0	0	7	7
	Chile	5	0	0	1	0	4	7
15.	Österreich	3	0	0	1	1	1	6
	Schweiz	6	0	0	0	0	6	6
17.	USA	3	0	0	1	0	2	5
	Spanien	4	0	0	0	1	3	5
	UdSSR	4	0	0	0	1	3	5
	Belgien	5	0	0	0	0	5	5
21.	Polen	2	0	0	1	0	1	4
	Rumänien	4	0	0	0	0	4	4
	Bulgarien	4	0	0	0	0	4	4
24.	Portugal	1	0	0	1	0	0	3
	Paraguay	3	0	0	0	0	3	3
	Schottland	3	0	0	0	0	3	3
27.	Bolivien	2	0	0	0	0	2	2
	Peru	2	0	0	0	0	2	2
29.	Ägypten	1	0	0	0	0	1	1
	Norwegen	1	0	0	0	0	1	1
	Niederl.-Indien	1	0	0	0	0	1	1
	Kuba	1	0	0	0	0	1	1
	Türkei	1	0	0	0	0	1	1
	Südkorea	1	0	0	0	0	1	1
	Nordirland	1	0	0	0	0	1	1
	Wales	1	0	0	0	0	1	1
	Kolumbien	1	0	0	0	0	1	1
	Nordkorea	1	0	0	0	0	1	1
	El Salvador	1	0	0	0	0	1	1
	Israel	1	0	0	0	0	1	1
	Marokko	1	0	0	0	0	1	1
	DDR	1	0	0	0	0	1	1
	Australien	1	0	0	0	0	1	1
	Haiti	1	0	0	0	0	1	1
	Zaire	1	0	0	0	0	1	1

Effektivität
Die höchste Effektivität bei allen WM-Endrunden erzielte Deutschland mit dem Erfolgsquotienten 3,625. Dieser ergibt sich, indem man die in der Punktwertung errechneten Gesamtpunkte durch die Zahl der WM-Starts dividiert. Absoluter Erfolgsquotient wäre demnach 7,000 bei einem Start und gleichzeitigem Titelgewinn. Mit einer einzigen WM-Endrundenteilnahme (1966) erzielte Portugal den Erfolgsquotienten 3,000 (dritter Platz):

1.	Deutschland	3,625
2.	Brasilien	3,500
3.	Uruguay	3,000
	Portugal	3,000
	Italien	3,000
6.	Holland	2,333
	Ungarn	2,333
	Tschechoslowakei	2,333
9.	Schweden	2,167
10.	England	2,000
	Österreich	2,000
	Polen	2,000

WM-Länderspieltabelle
In dieser ewigen Länderspieltabelle sind alle Begegnungen der WM-Endrunden 1930 bis 1974 registriert; es ist die Statistik in Toren und Punkten.

1.	Brasilien	45	29	7	9	109:53	65:25
2.	Deutschland	41	27	5	9	100:63	59:23
3.	Italien	29	16	5	8	53:34	37:21
4.	Uruguay	29	14	5	10	57:39	33:25
5.	Ungarn	23	13	2	8	70:34	28:18
6.	Schweden	25	11	5	9	47:43	27:23
7.	England	24	10	6	8	34:28	26:22
8.	Jugoslawien	25	10	5	10	45:34	25:25
9.	UdSSR	19	10	3	6	30:21	23:15
10.	Argentinien	22	9	4	9	40:41	22:22
11.	Tschechoslowakei	22	8	3	11	32:36	19:25
12.	Chile	18	7	3	8	23:24	17:19
13.	Frankreich	17	7	1	9	38:33	15:19
14.	Spanien	15	6	2	7	20:23	14:16
15.	Österreich	12	6	1	5	26:26	13:11
16.	Polen	8	6	0	2	21:11	12:4
17.	Schweiz	18	5	2	11	28:44	12:24
18.	Holland	9	5	1	3	17:9	11:7
19.	Portugal	6	5	0	1	17:8	10:2
20.	Mexiko	21	3	4	14	19:50	10:32
21.	DDR	6	2	2	2	5:5	6:6
22.	Paraguay	7	2	2	3	12:19	6:8
23.	USA	7	3	0	4	12:21	6:8
24.	Wales	5	1	3	1	4:4	5:5
25.	Rumänien	8	2	1	5	12:17	5:11
26.	Schottland	8	1	3	4	7:15	5:11
27.	Peru	6	2	0	4	10:13	4:8
28.	Bulgarien	12	0	4	8	9:29	4:20
29.	Kuba	3	1	1	1	5:12	3:3
30.	Nordkorea	4	1	1	2	5:9	3:5
31.	Nordirland	4	1	1	2	4:9	3:5
32.	Belgien	9	1	1	7	12:35	3:15
33.	Türkei	3	1	0	2	10:11	2:4
34.	Israel	3	1	0	2	1:3	2:4
35.	Marokko	3	0	1	2	2:6	1:5
36.	Kolumbien	3	0	1	2	5:11	1:5
37.	Australien	3	0	1	2	0:5	1:5
38.	Ägypten	1	0	0	1	2:4	0:2
39.	Norwegen	1	0	0	1	1:2	0:2
40.	Niederl.-Indien	1	0	0	1	0:6	0:2
41.	Südkorea	2	0	0	2	0:16	0:4
42.	El Salvador	3	0	0	3	0:9	0:6
43.	Haiti	3	0	0	3	2:14	0:6
44.	Zaire	3	0	0	3	0:14	0:6
45.	Bolivien	3	0	0	3	0:16	0:6

I. Weltmeisterschaft
(13. bis 30. Juli 1930 in Uruguay)

Endrunde
(13 Teilnehmer)

Gruppe 1: Frankreich–Mexiko 4 : 1, Argentinien–Chile 3 : 1, Frankreich–Chile 0 : 1, Mexiko–Argentinien 3 : 6, Frankreich–Argentinien 0 : 1, Mexiko–Chile 0 : 3.

1. Argentinien	3	3	0	0	10 : 4	6 : 0
2. Chile	3	2	0	1	5 : 3	4 : 2
3. Frankreich	3	1	0	2	4 : 3	2 : 4
4. Mexiko	3	0	0	3	4 : 13	0 : 6

Gruppe 2: Jugoslawien–Brasilien 2 : 1, Jugoslawien–Bolivien 4 : 0, Brasilien – Bolivien 4 : 0.

1. Jugoslawien	2	2	0	0	6 : 1	4 : 0
2. Brasilien	2	1	0	1	5 : 2	2 : 2
3. Bolivien	2	0	0	2	0 : 8	0 : 4

Gruppe 3: Rumänien–Peru 3 : 1, Uruguay–Peru 1 : 0, Uruguay–Rumänien 4 : 0.

1. Uruguay	2	2	0	0	5 : 0	4 : 0
2. Rumänien	2	1	0	1	3 : 5	2 : 2
3. Peru	2	9	0	2	1 : 4	0 : 4

Gruppe 4: USA–Belgien 3 : 0, USA–Paraguay 3 : 0, Paraguay–Belgien 1 : 0.

1. USA	2	2	0	0	6 : 0	4 : 0
2. Paraguay	2	1	0	1	1 : 3	2 : 2
3. Belgien	2	0	0	2	0 : 4	0 : 4

Halbfinale: Argentinien–USA 6 : 1, Uruguay–Jugoslawien 6 : 1.

Finale: Uruguay–Argentinien 4 : 2.

Uruguay: Ballesteros, Nasazzi, Tejera, Mascheroni, Andrade, Fernandez, Gestido, Urdinarian, Dorado, Castro, Petrone, Scarone, Anselmo, Cea, Iriarte.

Argentinien: Bossio, Botasso, della Torre, Muttis, Paternoster, Juarez, Monti, J. Evaristo, Cividini, Zumelzu, Orlandini, Perinetti, Varallo, Ferreira, Gierro, M. Evaristo, Peucelle, Stabile, Demaria, Spadaro, Scopelli.

Torschützenkönig: Guillermo Stabile (Argentinien) 8 Tore.

Höchste Zuschauerzahl: Uruguay–Jugoslawien, 93000.

Niedrigste Zuschauerzahl: Rumänien–Peru, 300.

Spielort: Montevideo.

II. Weltmeisterschaft
(27. Mai bis 10. Juni 1934 in Italien)

Ausscheidungen
(31 eingeschriebene Länder)

Gruppe 1: Haiti–Kuba 0 : 6, 1 : 3, 1 : 1, Mexiko–Kuba 3 : 2, 5 : 0, 4 : 1, USA–Mexiko 4 : 2; USA und Mexiko trafen am 24. Mai 1934 in Rom aufeinander, es ging um den 16. Platz im Endrundenturnier. *Qualifiziert:* USA.

Gruppe 2: Peru verzichtet. *Qualifiziert:* Brasilien.

Gruppe 3: Chile verzichtet. *Qualifiziert:* Argentinien.

Gruppe 4: Ägypten–Palästina 7 : 1, 4 : 1. *Qualifiziert:* Ägypten.

Gruppe 5: Schweden–Estland 6 : 2, 2 : 0. *Qualifiziert:* Schweden.

Gruppe 6: Spanien–Portugal 9 : 0, 2 : 1. *Qualifiziert:* Spanien.

Gruppe 7: Italien–Griechenland 4 : 0. *Qualifiziert:* Italien.

Gruppe 8: Ungarn–Bulgarien 4 : 1, 4 : 1, Österreich–Bulgarien 6 : 1. *Qualifiziert:* Ungarn und Österreich.

Gruppe 9: Tschechoslowakei–Polen 2 : 1. *Qualifiziert:* Tschechoslowakei.

Gruppe 10: Jugoslawien–Schweiz 2 : 2, Schweiz–Rumänien 2 : 2, Rumänien–Jugoslawien 2 : 1.

1. Rumänien	2	1	1	0	4 : 3	3 : 1
2. Schweiz	2	0	2	0	4 : 4	2 : 2
3. Jugoslawien	2	0	1	1	3 : 4	1 : 3

Qualifiziert: Rumänien und die Schweiz.

Gruppe 11: Irland–Belgien 4 : 4, Holland–Irland 5 : 2, Holland–Belgien 4 : 2.

1. Holland	2	2	0	0	9 : 4	4 : 0
2. Belgien	2	0	1	1	6 : 8	1 : 3
3. Irland	2	0	1	1	6 : 9	1 : 3

Qualifiziert: Holland und Belgien.

Gruppe 12: Deutschland–Luxemburg 9 : 1, Frankreich–Luxemburg 6 : 1. *Qualifiziert:* Deutschland und Frankreich.

Endrunde
(16 Teilnehmer)

Achtelfinale: Italien–USA 7 : 1, Tschechoslowakei–Rumänien 2 : 1, Österreich–Frankreich 3 : 2, Spanien–Brasilien 3 : 1, Schweiz–Holland 3 : 2, Schweden–Argentinien 3 : 2, Ungarn–Ägypten 4 : 2, Deutschland–Belgien 5 : 2.

Viertelfinale: Tschechoslowakei–Schweiz 3 : 2, Österreich–Ungarn 2 : 1, Italien–Spanien 1 : 1, 1 : 0, Deutschland–Schweden 2 : 1.

Halbfinale: Italien–Österreich 1 : 0, Tschechoslowakei–Deutschland 3 : 1.

Spiel um den dritten Platz: Deutschland–Österreich 3 : 2.

Finale: Italien–Tschechoslowakei 2 : 1.

Italien: Combi, Rossetta, Allemandi, Monzeglio, Pizziolo, Monti, Bertolini, Castelazzi, Ferraris IV, Guarisi, Meazza, Schiavio, Ferrari, Orsi, Guaita, Borel, de Maria.

Tschechoslowakei: Planicka, Zenicek, Ctyroky, Burger, Kostalek, Cambal, Krcil, Junek, Silny, Sobotka, Nejedly, Puc, Svoboda.

Deutschland: Kress, Jakob, Haringer, Schwartz, Busch, Janes, Szepan, Zielinski, Gramlich, Bender, Münzenberg, Lehner, Hohmann, Conen, Siffling, Kobierski, Noack, Heidemann.

Österreich: Platzer, Cisar, Sesta, Wagner, Smistik, Urbanek, Zischek, Bican, Sindelar, Schall, Viertel, Horwarth, Braun.

Torschützenkönig: Oldrich Nejedly (Tschechoslowakei) 6 Tore.

Höchste Zuschauerzahl: Italien–Österreich in Mailand, 43000.

Niedrigste Zuschauerzahl: Deutschland–Schweden in Mailand, 3000.

Spielorte: Rom, Neapel, Florenz, Genua, Triest, Turin, Mailand, Bologna.

III. Weltmeisterschaft

(4. bis 19. Juni 1938 in Frankreich)

Ausscheidungen
(31 eingeschriebene Länder)

Gruppe 1: Schweden–Finnland 4 : 0, Schweden–Estland 7 : 2, Deutschland–Finnland 2 : 0, Estland–Finnland 1 : 0, Deutschland–Estland 4 : 1, Deutschland–Schweden 5 : 0.

1. Deutschland	3	3	0	0	11 : 1	6 : 0
2. Schweden	3	2	0	1	11 : 7	4 : 2
3. Estland	3	1	0	2	4 : 11	2 : 4
4. Finnland	3	0	0	3	0 : 7	0 : 6

Qualifiziert: Deutschland und Schweden.

Gruppe 2: Norwegen–Irland 3 : 2, 3 : 3, Polen–Jugoslawien 4 : 0, 0 : 1. *Qualifiziert:* Norwegen und Polen.

Gruppe 3: Ägypten verzichtet. *Qualifiziert:* Rumänien.

Gruppe 4: Schweiz–Portugal 2 : 1. *Qualifiziert:* Schweiz.

Gruppe 5: Griechenland–Palästina 3 : 1, 1 : 0, Ungarn–Griechenland 11 : 1. *Qualifiziert:* Ungarn.

Gruppe 6: Tschechoslowakei–Bulgarien 1 : 1, 6 : 0. *Qualifiziert:* Tschechoslowakei.

Gruppe 7: Lettland–Litauen 4 : 2, 5 : 1, Österreich–Lettland 2 : 1. *Qualifiziert:* Österreich. Der »Anschluß« Österreichs an Deutschland 1938 verhinderte den Start in Frankreich; die österreichischen Spieler wirkten in der deutschen Mannschaft mit.

Gruppe 8: Holland–Luxemburg 4 : 0, Belgien–Luxemburg 3 : 2, Belgien–Holland 1 : 1.

1. Holland	2	1	1	0	5 : 1	3 : 1
2. Belgien	2	1	1	0	4 : 3	3 : 1
3. Luxemburg	2	0	0	2	2 : 7	0 : 4

Qualifiziert: Holland und Belgien.

Gruppe 9: USA verzichtet. *Qualifiziert:* Kuba.

Gruppe 10: Argentinien verzichtet. *Qualifiziert:* Brasilien.

Gruppe 11: Japan verzichtet. *Qualifiziert:* Niederländisch-Indien.

Italien als Weltmeister und Frankreich als Veranstalter ohne Qualifikation teilnahmeberechtigt.

Endrunde
(15 Teilnehmer)

Achtelfinale: Deutschland–Schweiz 1 : 1, 2 : 4, Frankreich–Belgien 3 : 1, Brasilien–Polen 6 : 5, Tschechoslowakei–Holland 3 : 0, Kuba–Rumänien 3 : 3, 2 : 1, Italien–Norwegen 2 : 1, Ungarn–Niederländisch-Indien 6 : 0, Schweden kampflos durch das Fehlen Österreichs.

Viertelfinale: Ungarn–Schweiz 2 : 0, Brasilien–Tschechoslowakei 1 : 1, 2 : 1, Italien–Frankreich 3 : 1, Schweden–Kuba 8 : 0.

Halbfinale: Ungarn–Schweden 5 : 1, Italien–Brasilien 2 : 1.

Spiel um den dritten Platz: Brasilien–Schweden 4 : 2.

Finale: Italien–Ungarn 4 : 2.

Italien: Olivieri, Monzeglio, Rava, Foni, Serantoni, Andreolo, Locatelli, Pasinati, Meazza, Piola, Ferrari, Ferraris, Biavati, Colaussi.

Ungarn: Hada, Szabo, Koranyi, Biro, Polgar, Lazar, Turay, Balogh, Szalay, Szücs, Sas, Zsengeller, Sarosi, Toldi, Kohut, Vincze, Titkos.

Brasilien: Batatoes, Walter, Domingas, Machados, Jahu, Nariz, Zeze, Martin, Alfonsinho, Britto, Brandao, Algemiro, Lopez, Romeo, Leonidas, Peracio, Hercules, Roberto, Luisinho, Tim, Patesko.

Torschützenkönig: Jose Leonidas (Brasilien) 8 Tore.

Höchste Zuschauerzahl: Italien–Frankreich in Paris, 60000.

Niedrigste Zuschauerzahl: Kuba–Rumänien in Toulouse (Wiederholung), 6000.

Spielorte: Paris, Straßburg, Reims, Le Havre, Marseille, Bordeaux, Toulouse, Lille.

IV. Weltmeisterschaft

(24. Juni bis 16. Juli 1950 in Brasilien)

Ausscheidungen
(31 eingeschriebene Länder)

Gruppe 1: Österreich verzichtet gegen die Türkei; Türkei–Syrien 7 : 0, Türkei verzichtet auch.

Gruppe 2: Jugoslawien–Israel 6 : 0, 5 : 2, Jugoslawien–Frankreich 1 : 1, 1 : 1, 3 : 2. *Qualifiziert:* Jugoslawien.

Gruppe 3: Belgien verzichtet, Schweiz–Luxemburg 5 : 2, 3 : 2. *Qualifiziert:* Schweiz.

Gruppe 4: Irland–Finnland 3 : 0, 1 : 1, Schweden–Irland 3 : 1, 3 : 1. *Qualifiziert:* Schweden.

Gruppe 5: Spanien–Portugal 5 : 1, 2 : 2. *Qualifiziert:* Spanien.

Gruppe 6: England–Schottland 1 : 0, Nordirland–Wales 0 : 0.

England–Wales 4 : 1, Schottland–Nordirland 8 : 2, England–Nordirland 9 : 2, Schottland–Wales 2 : 0.

1. England	3	3	0	0	14 : 3	6 : 0
2. Schottland	3	2	0	1	10 : 3	4 : 2
3. Nordirland	3	0	1	2	4 : 17	1 : 5
4. Wales	3	0	1	2	1 : 6	1 : 5

Qualifiziert: England und Schottland, Schottland verzichtet.

Gruppe 7: Argentinien verzichtet. *Qualifiziert:* Bolivien und Chile.

Gruppe 8: Peru und Ekuador verzichten. *Qualifiziert:* Uruguay und Paraguay.

Gruppe 9: Mexiko–USA 6 : 0, 6 : 2, USA–Kuba 1 : 1, 5 : 2, Mexiko–Kuba 2 : 0, 3 : 0.

1. Mexiko	4	4	0	0	17 : 2	8 : 0
2. USA	4	1	1	2	8 : 15	3 : 5
3. Kuba	4	0	1	3	3 : 11	1 : 7

Qualifiziert: Mexiko und USA.

Gruppe 10: Burma und Philippinen verzichten. *Qualifiziert:* Indien. Indien verzichtet später.

Brasilien als Veranstalter und Italien als Weltmeister ohne Qualifikation teilnahmeberechtigt.

Endrunde
(13 Teilnehmer)

Vorrunde, Gruppe 1: Brasilien–Mexiko 4 : 0, Jugoslawien–Schweiz 3 : 0, Jugoslawien–Mexiko 4 : 1, Brasilien–Schweiz 2 : 2, Brasilien–Jugoslawien 2 : 0, Schweiz–Mexiko 2 : 1.

1. Brasilien	3	2	1	0	8 : 2	5 : 1
2. Jugoslawien	3	2	0	1	7 : 3	4 : 2
3. Schweiz	3	1	1	1	4 : 6	3 : 3
4. Mexiko	3	0	0	3	2 : 10	0 : 6

Vorrunde, Gruppe 2: Spanien–USA 3 : 1, England–Chile 2 : 0, Spanien–Chile 2 : 0, USA–England 1 : 0, Spanien–England 1 : 0, Chile–USA 5 : 2.

1. Spanien	3	3	0	0	6 : 1	6 : 0
2. England	3	1	0	2	2 : 2	2 : 4
3. Chile	3	1	0	2	5 : 6	2 : 4
4. USA	3	1	0	2	4 : 8	2 : 4

Vorrunde, Gruppe 3: Schweden–Italien 3 : 2, Schweden–Paraguay 2 : 2, Italien–Paraguay 2 : 0; Indien nicht angereist.

1. Schweden	2	1	1	0	5 : 4	3 : 1
2. Italien	2	1	0	1	4 : 3	2 : 2
3. Paraguay	2	0	1	1	2 : 4	1 : 3

Vorrunde, Gruppe 4: Uruguay–Bolivien 8 : 0. Österreich und Schottland verzichten; die entgegen dem Reglement der FIFA eingeladenen (in der Qualifikation gescheiterten) Frankreich und Portugal lehnen Teilnahme ab.

1. Uruguay	1	1	0	0	8 : 0	2 : 0
2. Bolivien	1	0	0	1	0 : 8	0 : 2

Finalrunde der vier Gruppensieger: Brasilien–Schweden 7 : 1, Uruguay–Spanien 2 : 2, Brasilien–Spanien 6 : 1, Uruguay–Schweden 3 : 2, Brasilien–Uruguay 1 : 2, Schweden–Spanien 3 : 1.

1. Uruguay	3	2	1	0	7 : 5	5 : 1
2. Brasilien	3	2	0	1	14 : 4	4 : 2
3. Schweden	3	1	0	2	6 : 11	2 : 4
4. Spanien	3	0	1	2	4 : 11	1 : 5

Uruguay: Maspoli, Paz, M. Gonzalves, Tejera, J. Gonzalves, Varela, Andrade, Gambetta, Ghiggia, Perez, Miguez, Schiaffino, Vidal, Moran.

Brasilien: Barbosa, Augusto, Juvenal, Eli, Danilo, Bigode, Bauer, Nuy, Noronha, Maneca, Ademir, Baltazar, Jair, Friaca, Alfredo, Zizinho, Chico.

Torschützenkönig: Ademir (Brasilien) 9 Tore.

Höchste Zuschauerzahl: Brasilien–Uruguay in Rio de Janeiro, 185000.

Niedrigste Zuschauerzahl: Schweiz–Mexiko in Sao Paulo, 2500.

Spielorte: Rio de Janeiro, Sao Paulo, Belo Horizonte, Curitiba, Porto Alegre, Recife.

V. Weltmeisterschaft
(16. Juni bis 4. Juli 1954 in der Schweiz)

Ausscheidungen
(38 eingeschriebene Länder)

Gruppe 1: Norwegen–Saarland 2 : 3, 0 : 0, Deutschland–Saarland 3 : 0, 3 : 1, Deutschland–Norwegen 1 : 1, 5 : 1.

1. Deutschland	4	3	1	0	12 : 3	7 : 1
2. Saarland	4	1	1	2	4 : 8	3 : 5
3. Norwegen	4	0	2	2	4 : 9	2 : 6

Qualifiziert: Deutschland.

Gruppe 2: Finnland–Belgien 2 : 4, 2 : 2, Belgien–Schweden 3 : 2, 2 : 0, Finnland–Schweden 3 : 3, 0 : 4.

1. Belgien	4	3	1	0	11 : 6	7 : 1
2. Schweden	4	1	1	2	9 : 8	3 : 5
3. Finnland	4	0	2	1	7 : 13	2 : 6

Qualifiziert: Belgien.

Gruppe 3: Nordirland–Schottland 1 : 3, Wales–England 1 : 4, Schottland–Wales 2 : 2, England–Nordirland 3 : 1, Wales–Nordirland 1 : 2, Schottland–England 2 : 3.

1. England	3	3	0	0	10 : 4	6 : 0
2. Schottland	3	1	1	1	7 : 6	3 : 3
3. Nordirland	3	1	0	2	4 : 7	2 : 4
4. Wales	3	0	1	2	4 : 8	1 : 5

Qualifiziert: England und Schottland.

Gruppe 4: Frankreich–Luxemburg 6 : 1, 8 : 0, Irland–Luxemburg 4 : 0, 1 : 0, Frankreich–Irland 5 : 3, 1 : 0.

1. Frankreich	4	4	0	0	20 : 4	8 : 0
2. Irland	4	2	0	2	8 : 6	4 : 4
3. Luxemburg	4	0	0	4	1 : 19	0 : 8

Qualifiziert: Frankreich.

Gruppe 5: Österreich–Portugal 9 : 1, 0 : 0. *Qualifiziert:* Österreich.

Gruppe 6: Türkei–Spanien 1 : 4, 1 : 0, 2 : 2; nach dem 2 : 2 nach Verlängerung in Rom entschied das Los für die Türkei. *Qualifiziert:* Türkei.

Gruppe 7: Polen verzichtet. *Qualifiziert:* Ungarn.

Gruppe 8: Tschechoslowakei–Rumänien 2 : 1, 1 : 0, Tschechoslowakei–Bulgarien 2 : 1, 0 : 0, Rumänien–Bulgarien 3 : 1, 2 : 1.

1. Tschechoslowakei	4	3	1	0	5:2	7:1
2. Rumänien	4	2	0	2	6:5	4:4
3. Bulgarien	4	0	1	3	3:7	1:7

Qualifiziert: Tschechoslowakei.

Gruppe 9: Italien–Ägypten 2 : 1, 5 : 1. *Qualifiziert:* Italien.

Gruppe 10: Jugoslawien–Israel 1 : 0, 1 : 0, Jugoslawien–Griechenland 1 : 0, 1 : 0, Griechenland–Israel 2 : 0, 1 : 0.

1. Jugoslawien	4	4	0	0	4:0	8:0
2. Griechenland	4	2	0	2	3:2	4:4
3. Israel	4	0	0	4	0:5	0:8

Qualifiziert: Jugoslawien.

Gruppe 11: Mexiko–Haiti 8 : 0, 4 : 0, Mexiko–USA 3 : 1, 4 : 0, USA–Haiti 3 : 0, 3 : 2.

1. Mexiko	4	4	0	0	19:1	8:0
2. USA	4	2	0	2	7:9	4:4
3. Haiti	4	0	0	4	2:18	0:8

Qualifiziert: Mexiko.

Gruppe 12: Paraguay–Chile 4 : 0, 3 : 1, Brasilien–Chile 2 : 0, 1 : 0, Brasilien–Paraguay 4 : 1, 1 : 0.

1. Brasilien	4	4	0	0	8:1	8:0
2. Paraguay	4	3	0	2	8:6	4:4
3. Chile	4	0	0	4	1:10	0:8

Qualifiziert: Brasilien.

Gruppe 13: China verzichtet, Südkorea–Japan 5 : 1, 2 : 2. *Qualifiziert:* Südkorea.

Uruguay als Weltmeister und die Schweiz als Veranstalter ohne Qualifikation teilnahmeberechtigt.

Endrunde
(16 Teilnehmer)

Gruppe 1: Jugoslawien–Frankreich 1 : 0, Brasilien–Mexiko 5 : 0, Frankreich–Mexiko 3 : 2, Brasilien–Jugoslawien 1 : 1. *Qualifiziert* für das Viertelfinale: Brasilien und Jugoslawien.

Gruppe 2: Ungarn–Südkorea 9 : 0, Deutschland–Türkei 4 : 1, 7 : 2, Ungarn–Deutschland 8 : 3, Türkei–Südkorea 7 : 0. *Qualifiziert* für das Viertelfinale: Ungarn und Deutschland.

Gruppe 3: Uruguay–Tschechoslowakei 2 : 0, Österreich–Schottland 1 : 0, Uruguay–Schottland 7 : 0, Österreich–Tschechoslowakei 5 : 0. *Qualifiziert* für das Viertelfinale: Uruguay und Österreich.

Gruppe 4: England–Belgien 4 : 4, Schweiz–Italien 2 : 1, 4 : 1, England–Schweiz 2 : 0, Italien–Belgien 4 : 1. *Qualifiziert* für das Viertelfinale: England und die Schweiz.

Viertelfinale: Uruguay–England 4 : 2, Österreich–Schweiz 7 : 5, Deutschland–Jugoslawien 2 : 0, Ungarn–Brasilien 4 : 2.

Halbfinale: Deutschland–Österreich 6 : 1, Ungarn–Uruguay 4 : 2.

Spiel um den dritten Platz: Österreich–Uruguay 3 : 1.

Finale: Deutschland–Ungarn 3 : 2.

Deutschland: Turek, Kwiatkowski, Laband, Kohlmeyer, Bauer, Posipal, Eckel, Mai, Liebrich, Mebus, Klodt, Morlock, O. Walter, F. Walter, Schäfer, Rahn, Pfaff, Herrmann.

Ungarn: Grosics, Buzansky, Lantos, Bozsik, Lorant, Szojka, Zakarias, Budai, Kocsis, Palotas, Puskas, Czibor, M. Toth, Hidegkuti, J. Toth.

Österreich: Schmied, Zeman, Hanappi, Barschandt, Schleger, Ocwirk, Happel, Koller, Kollmann, R. Körner, Dienst, Probst, A. Körner, Wagner, Stojaspal.

Torschützenkönig: Sandor Kocsis (Ungarn) 11 Tore.

Höchste Zuschauerzahl: Deutschland–Ungarn in Bern, 60 000.

Niedrigste Zuschauerzahl: Türkei–Südkorea in Genf, 4000.

Spielorte: Zürich, Bern, Lausanne, Genf, Basel, Lugano.

VI. Weltmeisterschaft

(8. bis 29. Juni 1958 in Schweden)

Ausscheidungen
(52 eingeschriebene Länder)

Gruppe 1: Irland–Dänemark 2 : 1, 2 : 0, England–Dänemark 5 : 2, 4 : 1, England–Irland 5 : 1, 1 : 1.

1. England	4	3	1	0	15:5	7:1
2. Irland	4	2	1	1	6:7	5:3
3. Dänemark	4	0	0	4	4:13	0:8

Qualifiziert: England.

Gruppe 2: Frankreich–Belgien 6 : 3, 0 : 0, Frankreich–Island 8 : 0, 5 : 1, Belgien–Island 8 : 3, 5 : 2.

1. Frankreich	4	3	1	0	19:4	7:1
2. Belgien	4	2	1	1	16:11	5:3
3. Island	4	0	0	4	6:26	0:8

Qualifiziert: Frankreich.

Gruppe 3: Ungarn–Bulgarien 4 : 1, 2 : 1, Norwegen–Bulgarien 1 : 2, 0 : 7, Ungarn–Norwegen 1 : 2, 5 : 0.

1. Ungarn	4	3	0	1	12:4	6:2
2. Bulgarien	4	2	0	2	11:7	4:4
3. Norwegen	4	1	0	3	3:15	2:6

Qualifiziert: Ungarn.

Gruppe 4: Tschechoslowakei–DDR 3 : 1, 4 : 1, Tschechoslowakei–Wales 0 : 1, 2 : 0, Wales–DDR 1 : 2, 4 : 1.

1. Tschechoslowakei	4	3	0	1	9:3	6:2
2. Wales	4	2	0	2	6:5	4:4
3. DDR	4	1	0	3	5:12	2:6

Qualifiziert: Tschechoslowakei.

Gruppe 5: Österreich–Luxemburg 7 : 0, 3 : 0, Holland–Luxemburg 4 : 1, 5 : 2, Österreich–Holland 3 : 2, 1 : 1.

1. Österreich	4	3	1	0	14:3	7:1
2. Holland	4	2	1	1	12:7	5:3
3. Luxemburg	4	0	0	3	3:19	0:8

Qualifiziert: Österreich.

Gruppe 6: UdSSR–Polen 3 : 0, 1 : 2, Polen–Finnland 3 : 1, 4 : 0, Finnland–UdSSR 1 : 2, 0 : 10.

1. UdSSR	4	3	0	1	16:3	6:2
2. Polen	4	3	0	1	9:5	6:2
3. Finnland	4	0	0	4	2:19	0:8

Qualifiziert: UdSSR.

Gruppe 7: Jugoslawien–Griechenland 0 : 0, 4 : 1, Rumänien–Griechenland 2 : 1, 3 : 0, Jugoslawien–Rumänien 1 : 1, 2 : 0.

1. Jugoslawien	4	2	2	0	7 : 2	6 : 2
2. Rumänien	4	2	1	1	6 : 4	5 : 3
3. Griechenland	4	0	1	3	2 : 9	1 : 7

Qualifiziert: Jugoslawien.

Gruppe 8: Nordirland–Portugal 1 : 1, 3 : 0, Nordirland–Italien 0 : 1, 2 : 1, Portugal–Italien 3 : 0, 0 : 3.

1. Nordirland	4	2	1	1	6 : 3	5 : 3
2. Italien	4	2	0	2	5 : 5	4 : 4
3. Portugal	4	1	1	2	4 : 7	3 : 5

Qualifiziert: Nordirland.

Gruppe 9: Schottland–Schweiz 2 : 1, 3 : 2, Schottland–Spanien 4 : 2, 1 : 4, Schweiz–Spanien 2 : 2, 1 : 4.

1. Schottland	4	3	0	1	10 : 9	6 : 2
2. Spanien	4	2	1	1	12 : 8	5 : 3
3. Schweiz	4	0	1	3	6 : 11	1 : 7

Qualifiziert: Schottland.

Gruppe 10: Brasilien–Peru 1 : 0, 1 : 1. *Qualifiziert:* Brasilien.

Gruppe 11: Chile–Bolivien 2 : 1, 0 : 3, Argentinien–Bolivien 0 : 2, 4 : 0, Argentinien–Chile 2 : 0, 4 : 0.

1. Argentinien	4	3	0	1	10 : 2	6 : 2
2. Bolivien	4	2	0	2	6 : 6	4 : 4
3. Chile	4	1	0	3	2 : 10	2 : 6

Qualifiziert: Argentinien.

Gruppe 12: Uruguay–Kolumbien 1 : 1, 1 : 0, Paraguay–Uruguay 5 : 0, 0 : 2, Kolumbien–Paraguay 2 : 3, 0 : 3.

1. Paraguay	4	3	0	1	11 : 4	6 : 2
2. Uruguay	4	2	1	1	4 : 6	5 : 3
3. Kolumbien	4	0	1	3	3 : 8	1 : 7

Gruppe 13: Untergruppe I: Costarica–Guatemala 6 : 2, 3 : 1, Costarica–Curaçao 4 : 0, 2 : 1, Curaçao–Guatemala 3 : 1 und kampflos für Curaçao.

1. Costarica	4	4	0	0	15 : 4	8 : 0
2. Curaçao	4	2	0	2	4 : 7	4 : 4
3. Guatemala	4	0	0	4	4 : 12	0 : 8

Untergruppe II: Mexiko–Kanada 3 : 0, 2 : 0, Kanada–USA 5 : 1, 3 : 2, Mexiko–USA 6 : 0, 7 : 2.

1. Mexiko	4	4	0	0	18 : 2	8 : 0
2. Kanada	4	2	0	2	8 : 8	4 : 4
3. USA	4	0	0	4	5 : 21	0 : 8

Ausscheidung der Untergruppensieger: Mexiko–Costarica 2 : 0, 0 : 0. *Qualifiziert:* Mexiko.

Gruppe 14: Untergruppe I: Nationalchina verzichtet, Indonesien–Rotchina 2 : 0, 2 : 3, 0 : 0, Los für Indonesien. – *Untergruppe II:* Türkei verzichtet, Israel kampflos Sieger. – *Untergruppe III:* Zypern verzichtet, Ägypten kampflos Sieger. – *Untergruppe IV:* Sudan–Syrien 1 : 0, 1 : 1. Da Indonesien, Ägypten und der Sudan als Untergruppensieger sich weigern, ohne Bedingungen gegen Israel anzutreten, wird Israel zum Sieger der Gruppe 14 proklamiert.
Die FIFA entschloß sich jedoch, Israel einen Gegner zu stellen, da die Israelis sonst ohne Spiel in der Ausscheidung die Endrunde in Schweden erreicht hätten. Als Gruppenzweiter aus Europa wurde Wales ausgelost und trat um den 16. Endrundenplatz gegen Israel an: Wales–Israel 2 : 0, 2 : 0. *Qualifiziert:* Wales.

Deutschland als Weltmeister und Schweden als Veranstalter ohne Qualifikation teilnahmeberechtigt.

Endrunde
(16 Teilnehmer)

Gruppe 1: Deutschland–Argentinien 3 : 1, Deutschland–Tschechoslowakei 2 : 2, Deutschland–Nordirland 2 : 2, Nordirland–Tschechoslowakei 1 : 0, 2 : 1, Argentinien–Nordirland 3 : 1, Tschechoslowakei–Argentinien 6 : 1.

1. Deutschland	3	1	2	0	7 : 5	4 : 2
2. Nordirland	3	1	1	1	4 : 5	3 : 3
3. Tschechoslowakei	3	1	1	1	8 : 4	3 : 3
4. Argentinien	3	1	0	2	5 : 10	2 : 4

(Der zweite und dritte Platz wurden in einem zusätzlichen Spiel Nordirland–Tschechoslowakei 2 : 1 vergeben.)

Gruppe 2: Jugoslawien–Frankreich 3 : 2, Frankreich–Paraguay 7 : 3, Frankreich–Schottland 2 : 1, Jugoslawien–Paraguay 3 : 3, Jugoslawien–Schottland 1 : 1, Paraguay–Schottland 3 : 2.

1. Frankreich	3	2	0	1	11 : 7	4 : 2
2. Jugoslawien	3	1	2	0	7 : 6	4 : 2
3. Paraguay	3	1	2	1	9 : 12	3 : 3
4. Schottland	3	0	1	2	4 : 6	1 : 5

Gruppe 3: Schweden–Wales 0 : 0, Schweden–Ungarn 2 : 1, Schweden–Mexiko 3 : 0, Wales–Ungarn 1 : 1, 2 : 1, Wales–Mexiko 1 : 1, Ungarn–Mexiko 4 : 0.

1. Schweden	3	2	1	0	5 : 1	5 : 1
2. Wales	3	0	3	0	2 : 2	3 : 3
3. Ungarn	3	1	1	1	6 : 3	3 : 3
4. Mexiko	3	0	1	2	1 : 8	1 : 5

(Der zweite und dritte Platz wurden in einem zusätzlichen Spiel Wales–Ungarn 2 : 1 vergeben).

Gruppe 4: Brasilien–UdSSR 2 : 0, Brasilien–England 0 : 0, Brasilien–Österreich 3 : 0, UdSSR–England 2 : 2, 1 : 0, UdSSR–Österreich 2 : 0, England–Österreich 2 : 2.

1. Brasilien	3	2	1	0	5 : 0	5 : 1
2. UdSSR	3	1	1	1	4 : 4	3 : 3
3. England	3	0	3	0	4 : 4	3 : 3
4. Österreich	3	0	1	2	2 : 7	1 : 5

(Der zweite und dritte Platz wurden in einem zusätzlichen Spiel UdSSR–England 1 : 0 vergeben.)

Viertelfinale: Deutschland–Jugoslawien 1 : 0, Schweden–UdSSR 2 : 0, Frankreich–Nordirland 4 : 0, Brasilien–Wales 1 : 0.

Halbfinale: Schweden–Deutschland 3 : 1, Brasilien–Frankreich 5 : 2.

Spiel um den dritten Platz: Frankreich–Deutschland 6 : 3.

Finale: Brasilien–Schweden 5 : 2.

Brasilien: Gylmar, de Sordi, N. Santos, D. Santos, Dino, Bellini, Orlando, Zito, Joel, Didi, Mazzola, Vava, Zagallo, Garrincha, Pele.

Schweden: Svensson, Bergmark, Axbom, Liedholm, Gustavsson, Parling, Börjesson, Hamrin, Mellberg, Simonsson, Gren, Skoglund, Berndtsson, Selmosson, Källgren, Löfgren.

Frankreich: Remetter, Abbès, Kaelbel, Lerond, Marche, Penverne, Jonquet, Marcel, Lafond, Wiesnieski, Fontaine, Kopa, Piantoni, Vincent, Douis.

Deutschland: Herkenrath, Kwiatkowski, Stollenwerk, Juskowiak, Erhardt, Eckel, Szymaniak, Schnellinger, Wewers, Rahn, F. Walter, Seeler, Schmidt, Schäfer, Klodt, Cieslarczyk, Sturm, Kelbassa.

Torschützenkönig: Just Fontaine (Frankreich) 13 Tore.

Höchste Zuschauerzahl: Brasilien–UdSSR in Göteborg, 51 000.

Niedrigste Zuschauerzahl: Wales–Ungarn in Stockholm, 3000.

Spielorte: Stockholm, Malmö, Halmstad, Hälsingborg, Norrköping, Västeras, Örebrö, Eskilstuna, Sandwiken, Uddevalla, Göteborg, Boras.

VII. Weltmeisterschaft

(30. Mai bis 17. Juni 1962 in Chile)

Ausscheidungen
(57 eingeschriebene Länder)

Gruppe 1: Schweiz–Belgien 4 : 2, 2 : 1, Schweden–Belgien 2 : 0, 2 : 0, Schweiz–Schweden 3 : 2, 0 : 4, 2 : 1.

1. Schweiz	4	3	0	1	9 : 9	6 : 2
2. Schweden	4	3	0	1	10 : 3	6 : 2
3. Belgien	4	0	0	4	3 : 10	0 : 8

(Der erste Platz wurde in einem dritten Spiel Schweiz–Schweden 2 : 1 vergeben.) *Qualifiziert:* Schweiz.

Gruppe 2: Bulgarien–Frankreich 0 : 3, 1 : 0, 1 : 0, Frankreich–Finnland 2 : 1, 5 : 1, Bulgarien–Finnland 2 : 0, 3 : 1.

1. Bulgarien	4	3	0	1	6 : 4	6 : 2
2. Frankreich	4	3	0	1	10 : 3	6 : 2
3. Finnland	4	0	0	4	3 : 12	0 : 8

(Der erste Platz wurde in einem dritten Spiel Bulgarien–Frankreich 1 : 0 vergeben.) *Qualifiziert:* Bulgarien.

Gruppe 3: Deutschland–Griechenland 3 : 0, 2 : 1, Deutschland–Nordirland 4 : 3, 2 : 1, Nordirland–Griechenland 2 : 0, 1 : 2.

1. Deutschland	4	4	0	0	11 : 5	8 : 0
2. Nordirland	4	1	0	3	7 : 8	2 : 6
3. Griechenland	4	1	0	3	3 : 8	2 : 6

Qualifiziert: Deutschland.

Gruppe 4: Ungarn–DDR 2 : 0, 3 : 2, Ungarn–Holland 3 : 0, 3 : 3, DDR–Holland 1 : 1, wegen Visaschwierigkeiten kein Rückspiel in Holland.

1. Ungarn	4	3	1	0	11 : 5	7 : 1
2. Holland	3	0	2	1	4 : 7	2 : 4
3. DDR	3	0	1	2	3 : 6	1 : 5

Qualifiziert: Ungarn.

Gruppe 5: UdSSR–Türkei 1 : 0, 2 : 1, UdSSR–Norwegen 5 : 2, 3 : 0, Türkei–Norwegen 1 : 0, 2 : 1.

1. UdSSR	4	4	0	0	11 : 3	8 : 0
2. Türkei	4	2	0	2	4 : 4	4 : 4
3. Norwegen	4	0	0	4	3 : 11	0 : 8

Qualifiziert: UdSSR.

Gruppe 6: England–Portugal 1 : 1, 2 : 0, England–Luxemburg 4 : 1, 9 : 0, Portugal–Luxemburg 6 : 0, 2 : 4.

1. England	4	3	1	0	16 : 2	7 : 1
2. Portugal	4	1	1	2	9 : 7	3 : 5
3. Luxemburg	4	1	0	3	5 : 21	2 : 6

Qualifiziert: England.

Gruppe 7: Untergruppe Naher Osten: Israel–Zypern 1 : 1, 6 : 1, Israel–Äthiopien 1 : 0, 3 : 2. – *Untergruppe Europa:* Rumänien verzichtet, Italien kampflos Sieger. – *Ausscheidung der Gruppensieger:* Italien–Israel 4 : 2, 6 : 0. – *Qualifiziert:* Italien.

Gruppe 8: Tschechoslowakei–Schottland 4 : 0, 2 : 3, 4 : 2, Tschechoslowakei–Irland 3 : 1, 7 : 1, Schottland–Irland 4 : 1, 3 : 0.

1. Tschechoslowakei	4	3	0	1	16 : 5	6 : 2
2. Schottland	4	3	0	1	10 : 7	6 : 2
3. Irland	4	0	0	4	3 : 17	0 : 8

(Der erste Platz wurde in einem dritten Spiel Tschechoslowakei–Schottland 4 : 2 vergeben.) *Qualifiziert:* Tschechoslowakei.

Gruppe 9: Untergruppe Afrika (Ausscheidungsspiele): Sudan und Vereinigte Arabische Republik verzichten; Ghana–Nigeria 4 : 1, 2 : 2, *Sieger* Ghana; Marokko–Tunis 2 : 1, 1 : 2, 1 : 1 (Los für Marokko), *Sieger* Marokko; Endspiel der Afrika-Gruppe Marokko–Ghana 0 : 0, 1 : 0. – *Untergruppe Europa:* Spanien–Wales 2 : 1, 1 : 1, *Sieger* Spanien. – Ausscheidung der Untergruppensieger: Spanien–Marokko 1 : 0, 3 : 2. – *Qualifiziert:* Spanien.

Gruppe 10: Untergruppe Asien: Südkorea–Japan 2 : 1, 2 : 0. – *Untergruppe Europa:* Jugoslawien–Polen 2 : 1, 1 : 1. – *Ausscheidung der Untergruppensieger:* Jugoslawien–Südkorea 5 : 1, 3 : 1. – *Qualifiziert:* Jugoslawien.

Gruppe 11: Argentinien–Ekuador 6 : 3, 5 : 0. *Qualifiziert:* Argentinien.

Gruppe 12: Uruguay–Bolivien 1 : 1, 2 : 1. *Qualifiziert:* Uruguay.

Gruppe 13: Kolumbien–Peru 1 : 0, 1 : 1. *Qualifiziert:* Kolumbien.

Gruppe 14: Untergruppe I: Kanada verzichtet, Mexiko–USA 3 : 3, 3 : 0, *Sieger* Mexiko. – *Untergruppe II:* Costarica–Guatemala 3 : 2, 4 : 4, Costarica–Honduras 1 : 2, 5 : 0, Honduras–Guatemala 1 : 1, kampflos für Honduras.

1. Costarica	4	2	1	1	13 : 8	5 : 3
2. Honduras	4	2	1	1	3 : 7	5 : 3
3. Guatemala	4	0	2	2	7 : 8	2 : 6

Entscheidungstreffen Costarica–Honduras 1 : 0, *Sieger* Costarica. – *Untergruppe III:* Niederländisch-Antillen–Surinam 2 : 1, 0 : 0, *Sieger* Niederländisch-Antillen. – *Runde der Untergruppensieger:* Mexiko–Costarica 0 : 1, 4 : 1, Niederländisch-Antillen–Costarica 0 : 6, 2 : 0, Mexiko–Niederländisch Antillen 7 : 0, 0 : 0.

1. Mexiko	4	2	1	1	11 : 2	5 : 3
2. Costarica	4	2	0	2	8 : 6	4 : 4
3. N.-Antillen	4	1	1	2	2 : 13	3 : 5

Untergruppe IV: Paraguay gesetzt. – Ausscheidung des Untergruppensiegers Mittelamerika (Mexiko) gegen Paraguay: Mexiko–Paraguay 1 : 0, 0 : 0. – *Qualifiziert:* Mexiko.

Brasilien als Weltmeister und Chile als Veranstalter ohne Qualifikation teilnahmeberechtigt.

Endrunde
(16 Teilnehmer)

Gruppe 1: UdSSR–Jugoslawien 2 : 0, UdSSR–Kolumbien 4 : 4, UdSSR–Uruguay 2 : 1, Jugoslawien–Kolumbien 5 : 0, Jugoslawien–Uruguay 3 : 1, Uruguay–Kolumbien 2 : 1.

1. UdSSR	3	2	1	0	8 : 5	5 : 1
2. Jugoslawien	3	2	0	1	8 : 3	4 : 2
3. Uruguay	3	1	0	2	4 : 6	2 : 4
4. Kolumbien	3	0	1	2	5 : 11	1 : 5

Gruppe 2: Deutschland–Italien 0 : 0, Deutschland–Chile 2 : 0, Deutschland–Schweiz 2 : 1, Chile–Schweiz 3 : 1, Chile–Italien 2 : 0, Italien–Schweiz 3 : 0.

1. Deutschland	3	2	1	0	4 : 1	5 : 1
2. Chile	3	2	0	1	5 : 3	4 : 2
3. Italien	3	1	1	1	3 : 2	3 : 3
4. Schweiz	3	0	0	3	2 : 8	0 : 6

Gruppe 3: Brasilien–Tschechoslowakei 0 : 0, Brasilien–Mexiko 2 : 0, Brasilien–Spanien 2 : 1, Tschechoslowakei–Spanien 1 : 0, Tschechoslowakei–Mexiko 1 : 3, Spanien–Mexiko 1 : 0.

1. Brasilien	3	2	1	0	4 : 1	5 : 1
2. Tschechoslowakei	3	1	1	1	2 : 3	3 : 3
3. Mexiko	3	1	0	2	3 : 4	2 : 4
4. Spanien	3	1	0	2	2 : 3	2 : 4

Gruppe 4: Ungarn–England 2 : 1, Ungarn–Bulgarien 6 : 1, Ungarn–Argentinien 0 : 0, England–Argentinien 3 : 1, England–Bulgarien 0 : 0, Bulgarien–Argentinien 0 : 1.

1. Ungarn	3	2	1	0	8 : 2	5 : 1
2. England	3	1	1	1	4 : 3	3 : 3
3. Argentinien	3	1	1	1	2 : 3	3 : 3
4. Bulgarien	3	0	1	2	1 : 7	1 : 5

Viertelfinale: Chile–UdSSR 2 : 1, Jugoslawien–Deutschland 1 : 0, Brasilien–England 3 : 1, Tschechoslowakei–Ungarn 1 : 0.

Halbfinale: Brasilien–Chile 4 : 2, Tschechoslowakei–Jugoslawien 3 : 1.

Spiel um den dritten Platz: Chile–Jugoslawien 1 : 0.

Finale: Brasilien–Tschechoslowakei 3 : 1.

Brasilien: Gylmar, D. Santos, Mauro, N. Santos, Zito, Zozimo, Garrincha, Didi, Vava, Pele, Zagallo, Amarildo.

Tschechoslowakei: Schroif, Lala, Novak, Tichy, Pluskal, Popluhar, Masopoust, Stibranyi, Scherer, Kvasnak, Adamec, Jelinek, Masek, Pospichal, Kadraba.

Torschützenkönig: Garrincha (Brasilien) 4 Tore (durch Los, weil weitere Spieler ebenfalls vier Tore).

Höchste Zuschauerzahl: Brasilien–Chile in Santiago, 77000.

Niedrigste Zuschauerzahl: Tschechoslowakei–Jugoslawien in Vina del Mar, 4800.

Spielorte: Arica, Santiago, Vina del Mar, Rancagua.

VIII. Weltmeisterschaft

(11. bis 30. Juli 1966 in England)

Ausscheidungen
(71 eingeschriebene Länder)

Gruppe 1: Belgien–Israel 1 : 0, 5 : 0, Bulgarien–Belgien 3 : 0, 0 : 5, 2 : 1, Bulgarien–Israel 4 : 0, 2 : 1.

1. Bulgarien	4	3	0	1	9 : 6	6 : 2
2. Belgien	4	3	0	1	11 : 3	6 : 2
3. Israel	4	0	0	4	1 : 12	0 : 8

(Der erste Platz wurde in einem dritten Spiel Bulgarien–Belgien 2 : 1 vergeben.) *Qualifiziert:* Bulgarien.

Gruppe 2: Deutschland–Schweden 1 : 1, 2 : 1, Deutschland–Zypern 5 : 0, 6 : 0, Schweden–Zypern 3 : 0, 5 : 0.

1. Deutschland	4	3	1	0	14 : 2	7 : 1
2. Schweden	4	2	1	1	10 : 3	5 : 3
3. Zypern	4	0	0	4	0 : 19	0 : 8

Qualifiziert: Deutschland.

Gruppe 3: Frankreich–Norwegen 1 : 0, 1 : 0, Frankreich–Jugoslawien 0 : 1, 1 : 0, Frankreich–Luxemburg 2 : 0, 4 : 1, Norwegen–Jugoslawien 3 : 0, 1 : 1, Norwegen–Luxemburg 4 : 2, 2 : 0, Jugoslawien–Luxemburg 3 : 1, 5 : 2.

1. Frankreich	6	5	0	1	9 : 2	10 : 2
2. Norwegen	6	3	1	2	10 : 5	7 : 5
3. Jugoslawien	6	3	1	2	10 : 8	7 : 5
4. Luxemburg	6	0	0	6	6 : 20	0 : 12

Qualifiziert: Frankreich.

Gruppe 4: Portugal–Tschechoslowakei 1 : 0, 0 : 0, Portugal–Rumänien 2 : 1, 0 : 2, Portugal–Türkei 5 : 1, 1 : 0, Tschechoslowakei–Rumänien 0 : 1, 3 : 1, Tschechoslowakei–Türkei 6 : 0, 3 : 1, Rumänien–Türkei 3 : 0, 1 : 2.

1. Portugal	6	4	1	1	9 : 4	9 : 3
2. Tschechoslowakei	6	3	1	2	12 : 4	7 : 5
3. Rumänien	6	3	0	3	9 : 7	6 : 6
4. Türkei	6	1	0	5	4 : 19	2 : 10

Qualifiziert: Portugal.

Gruppe 5: Schweiz–Albanien 2 : 0, 1 : 0, Schweiz–Nordirland 0 : 1, 2 : 1, Schweiz–Holland 0 : 0, 2 : 1, Nordirland–Holland 2 : 1, 0 : 0, Nordirland–Albanien 4 : 1, 1 : 1, Holland–Albanien 2 : 0, 2 : 0.

1. Schweiz	6	4	1	1	7 : 3	9 : 3
2. Nordirland	6	3	2	1	9 : 5	8 : 4
3. Holland	6	2	2	2	6 : 4	6 : 6
4. Albanien	6	0	1	5	2 : 12	1 : 11

Qualifiziert: Schweiz.

Gruppe 6: Ungarn–DDR 1 : 1, 3 : 2, Ungarn–Österreich 1 : 0, 3 : 0, DDR–Österreich 1 : 1, 1 : 0.

1. Ungarn	4	3	1	0	8 : 3	7 : 1
2. DDR	4	1	2	1	5 : 5	4 : 4
3. Österreich	4	0	1	3	1 : 6	1 : 7

Qualifiziert: Ungarn.

Gruppe 7: UdSSR–Wales 2 : 1, 1 : 2, UdSSR–Griechenland 3 : 1, 4 : 1, UdSSR–Dänemark 6 : 0, 3 : 1, Wales–Griechenland 0 : 2, 4 : 1, Wales–Dänemark 0 : 1, 4 : 2, Griechenland–Dänemark 4 : 2, 1 : 1.

1. UdSSR	6	5	0	1	19 : 6	10 : 2
2. Wales	6	3	0	3	11 : 9	6 : 6
3. Griechenland	6	2	1	3	10 : 14	5 : 7
4. Dänemark	6	1	1	4	7 : 18	3 : 9

Qualifiziert: UdSSR.

Gruppe 8: Italien–Schottland 0 : 1, 3 : 0, Italien–Polen 0 : 0, 6 : 1, Italien–Finnland 6 : 1, 2 : 0, Schottland–Polen 1 : 1, 1 : 2, Schottland–Finnland 3 : 0, 2 : 1, Polen–Finnland 0 : 2, 7 : 0.

1. Italien	6	4	1	1	17 : 3	9 : 3
2. Schottland	6	3	1	2	8 : 8	7 : 5
3. Polen	6	2	2	2	11 : 10	6 : 6
4. Finnland	6	1	0	5	5 : 20	2 : 10

Qualifiziert: Italien.

Gruppe 9: Syrien verzichtet; Spanien–Irland 0 : 1, 4 : 1, 1 : 0. *Qualifiziert:* Spanien.

Gruppe 10: Uruguay–Peru 1 : 0, 2 : 1, Uruguay–Venezuela 5 : 0, 3 : 1, Peru–Venezuela 1 : 0, 6 : 3.

1. Uruguay	4	4	0	0	11 : 2	8 : 0
2. Peru	4	2	0	2	8 : 6	4 : 4
3. Venezuela	4	0	0	4	4 : 15	0 : 8

Qualifiziert: Uruguay.

Gruppe 11: Chile–Ekuador 2 : 2, 3 : 1, 2 : 1, Chile–Kolumbien 7 : 2, 0 : 2, Ekuador–Kolumbien 1 : 0, 2 : 0.

1. Chile	4	2	1	1	12 : 7	5 : 3
2. Ekuador	4	2	1	1	6 : 5	5 : 3
3. Kolumbien	4	1	0	3	4 : 10	2 : 6

(Der erste Platz wurde in einem dritten Spiel Chile–Ekuador 2 : 1 vergeben). *Qualifiziert:* Chile.

Gruppe 12: Argentinien–Paraguay 3 : 0, 0 : 0, Argentinien–Bolivien 4 : 1, 2 : 1, Paraguay–Bolivien 2 : 0, 1 : 2.

1. Argentinien	4	3	1	0	9 : 2	7 : 1
2. Paraguay	4	1	1	2	3 : 5	3 : 5
3. Bolivien	4	1	0	3	4 : 9	2 : 6

Qualifiziert: Argentinien.

Gruppe 13: Untergruppe I: Jamaika–Kuba 1 : 0, 1 : 2, Jamaika–Niederl.-Antillen 2 : 0, 0 : 0, Niederl.-Antillen–Kuba 1 : 1, 1 : 0.

1. Jamaika	4	2	1	1	4 : 2	5 : 3
2. Niederl.-Antillen	4	1	2	1	2 : 3	4 : 4
3. Kuba	4	1	1	2	3 : 4	3 : 5

Untergruppe II: Costarica–Surinam 1 : 0, 3 : 1, Costarica–Trinidad 4 : 0, 1 : 0, Surinam–Trinidad 1 : 4, 6 : 1.

1. Costarica	4	4	0	0	9 : 1	8 : 0
2. Surinam	4	1	0	3	8 : 9	2 : 6
3. Trinidad	4	1	0	3	5 : 12	2 : 6

Untergruppe III: Mexiko–USA 2 : 2, 2 : 0, Mexiko–Honduras 1 : 0, 3 : 0, USA–Honduras 1 : 0, 1 : 1.

1. Mexiko	4	3	1	0	8 : 2	7 : 1
2. USA	4	1	2	1	4 : 5	4 : 4
3. Honduras	4	0	1	3	1 : 6	1 : 7

Ausscheidung der Gruppensieger: Mexiko–Costarica 0 : 0, 1 : 0, Mexiko–Jamaika 3 : 2, 8 : 0, Costarica–Jamaika 7 : 0, 1 : 1.

1. Mexiko	4	3	1	0	12 : 2	7 : 1
2. Costarica	4	1	2	1	8 : 2	4 : 4
3. Jamaika	4	0	1	3	3 : 19	1 : 7

Qualifiziert: Mexiko.

Gruppe 14: Südkorea verzichtet; 15 afrikanische Verbände ziehen ihre Meldung zurück; Südafrika wegen seiner Rassenpolitik (Apartheid) von der FIFA suspendiert; Nordkorea–Australien 6 : 1, 3 : 1. *Qualifiziert:* Nordkorea.

Brasilien als Weltmeister und England als Veranstalter ohne Qualifikation teilnahmeberechtigt.

Endrunde
(16 Teilnehmer)

Gruppe 1: England–Uruguay 0 : 0, England–Mexiko 2 : 0, England–Frankreich 2 : 0, Uruguay–Mexiko 0 : 0, Uruguay–Frankreich 2 : 1, Mexiko–Frankreich 1 : 1.

1. England	3	2	1	0	4 : 0	5 : 1
2. Uruguay	3	1	2	0	2 : 1	4 : 2
3. Mexiko	3	0	2	1	1 : 3	2 : 4
4. Frankreich	3	0	1	2	2 : 5	1 : 5

Gruppe 2: Deutschland–Argentinien 0 : 0, Deutschland–Spanien 2 : 1, Deutschland–Schweiz 5 : 0, Argentinien–Spanien 2 : 1, Argentinien–Schweiz 2 : 0, Spanien–Schweiz 2 : 1.

1. Deutschland	3	2	1	0	7 : 1	5 : 1
2. Argentinien	3	2	1	0	4 : 1	5 : 1
3. Spanien	3	1	0	2	4 : 5	2 : 4
4. Schweiz	3	0	0	3	1 : 9	0 : 6

Gruppe 3: Portugal–Brasilien 3 : 1, Portugal–Ungarn 3 : 1, Portugal–Bulgarien 3 : 0, Ungarn–Brasilien 3 : 1, Ungarn–Bulgarien 3 : 1, Brasilien–Bulgarien 2 : 0.

1. Portugal	3	3	0	0	9 : 2	6 : 0
2. Ungarn	3	2	0	1	7 : 5	4 : 2
3. Brasilien	3	1	0	2	4 : 6	2 : 4
4. Bulgarien	3	0	0	3	1 : 8	0 : 6

Gruppe 4: UdSSR–Nordkorea 3 : 0, UdSSR–Italien 1 : 0, UdSSR–Chile 2 : 1, Nordkorea–Italien 1 : 0, Nordkorea–Chile 1 : 1, Italien–Chile 2 : 0.

1. UdSSR	3	3	0	0	6 : 1	6 : 0
2. Nordkorea	3	1	1	1	2 : 4	3 : 3
3. Italien	3	1	0	2	2 : 2	2 : 4
4. Chile	3	0	1	2	2 : 5	1 : 5

Viertelfinale: England–Argentinien 1 : 0, Deutschland–Uruguay 4 : 0, Portugal–Nordkorea 5 : 3, UdSSR–Ungarn 2 : 1.

Halbfinale: Deutschland–UdSSR 2 : 1, England–Portugal 2 : 1.

Spiel um den dritten Platz: Portugal–UdSSR 2 : 1.

Finale: England–Deutschland 4 : 2.

England: Banks, Cohen, Stiles, J. Charlton, Wilson, Moore, R. Charlton, Ball, Greaves, Hunt, Connelly, Callaghan, Peters, Hurst.

Deutschland: Tilkowski, Höttges, Weber, Schulz, Schnellinger, Lutz, Beckenbauer, Haller, Overath, Brülls, Seeler, Held, Krämer, Emmerich.

Portugal: Carvalho, Pereira, Morais, Baptista, Vicente, Hilario, Festa, Germano, Carlos, Graca, Coluna, Augusto, Eusebio, Torres, Simoes.

Torschützenkönig: Eusebio (Portugal) 9 Tore.

Höchste Zuschauerzahl: England–Deutschland in London, 93000.

Niedrigste Zuschauerzahl: Nordkorea–Chile in Middlesbrough, 14000.

Spielorte: London, Sheffield, Birmingham, Liverpool, Manchester, Middlesbrough, Sunderland.

IX. Weltmeisterschaft
(3. Mai bis 21. Juni 1970 in Mexiko)

Ausscheidungen
(78 eingeschriebene Länder)

Gruppe 1: Rumänien–Schweiz 2 : 0, 1 : 0, Rumänien–Griechenland 2 : 2, 1 : 1, Rumänien–Portugal 0 : 3, 1 : 0, Griechenland–Schweiz 0 : 1, 4 : 1, Griechenland–Portugal 4 : 2, 2 : 2, Schweiz–Portugal 2 : 0, 1 : 1.

1. Rumänien	6	3	2	1	7 : 6	8 : 4
2. Griechenland	6	2	3	1	13 : 9	7 : 5
3. Schweiz	6	2	1	3	5 : 8	5 : 7
4. Portugal	6	1	2	3	8 : 10	4 : 8

Qualifiziert: Rumänien.

Gruppe 2: Tschechoslowakei–Ungarn 0 : 2, 3 : 3, 4 : 1, Tschechoslowakei–Dänemark 3 : 0, 1 : 0, Tschechoslowakei–Irland 2 : 1, 3 : 0, Ungarn–Dänemark 2 : 3, 3 : 0, Ungarn–Irland 2 : 1, 4 : 0, Dänemark–Irland 2 : 0, 1 : 1.

1. Tschechoslowakei	6	4	1	1	12 : 6	9 : 3
2. Ungarn	6	4	1	1	16 : 7	9 : 3
3. Dänemark	6	2	1	3	6 : 10	5 : 7
4. Irland	6	0	1	5	3 : 14	1 : 11

(Der erste Platz wurde in einem dritten Spiel Tschechoslowakei –Ungarn 4 : 1 vergeben). *Qualifiziert:* Tschechoslowakei.

Gruppe 3: Italien–DDR 2 : 2, 3 : 0, Italien–Wales 1 : 0, 4 : 1, DDR–Wales 2 : 1, 3 : 1.

1. Italien	4	3	1	0	10 : 3	7 : 1
2. DDR	4	2	1	1	7 : 7	5 : 3
3. Wales	4	0	0	4	3 : 10	0 : 8

Qualifiziert: Italien.

Gruppe 4: UdSSR–Nordirland 0 : 0, 2 : 0, UdSSR–Türkei 3 : 0, 3 : 1, Nordirland–Türkei 4 : 1, 3 : 0.

1. UdSSR	4	3	1	0	8 : 1	7 : 1
2. Nordirland	4	2	1	1	7 : 3	5 : 3
3. Türkei	4	0	0	4	2 : 13	0 : 8

Qualifiziert: UdSSR.

Gruppe 5: Schweden–Frankreich 2 : 0, 0 : 3, Schweden–Norwegen 5 : 0, 5 : 2, Frankreich–Norwegen 0 : 1, 3 : 1.

1. Schweden	4	3	0	1	12 : 5	6 : 2
2. Frankreich	4	2	0	2	6 : 4	4 : 4
3. Norwegen	4	1	0	3	4 : 13	2 : 6

Qualifiziert: Schweden.

Gruppe 6: Belgien–Jugoslawien 3 : 0, 0 : 4, Belgien–Spanien 2 : 1, 1 : 1, Belgien–Finnland 2 : 1, 6 : 1, Jugoslawien–Spanien 0 : 0, 1 : 2, Jugoslawien–Finnland 9 : 1, 5 : 1, Spanien–Finnland 0 : 2, 6 : 0.

1. Belgien	6	4	1	1	14 : 8	9 : 3
2. Jugoslawien	6	3	1	2	19 : 7	7 : 5
3. Spanien	6	2	2	2	10 : 6	6 : 6
4. Finnland	6	1	0	5	6 : 28	2 : 10

Qualifiziert: Belgien.

Gruppe 7: Deutschland–Schottland 1 : 1, 3 : 2, Deutschland–Österreich 2 : 0, 1 : 0, Deutschland–Zypern 1 : 0, 12 : 0, Schottland–Österreich 2 : 1, 2 : 0, Schottland–Zypern 5 : 0, 8 : 0, Österreich–Zypern 7 : 1, 2 : 1.

1. Deutschland	6	5	1	0	20 : 3	11 : 1
2. Schottland	6	3	1	2	18 : 7	7 : 5
3. Österreich	6	3	0	3	12 : 7	6 : 6
4. Zypern	6	0	0	6	2 : 35	0 : 12

Qualifiziert: Deutschland.

Gruppe 8: Bulgarien–Polen 4 : 1, 0 : 3, Bulgarien–Holland 2 : 0, 1 : 1, Bulgarien–Luxemburg 2 : 1, 3 : 1, Polen–Holland 2 : 1, 0 : 1, Polen–Luxemburg 8 : 1, 5 : 1, Holland–Luxemburg 2 : 0, 4 : 0.

1. Bulgarien	6	4	1	1	12 : 7	9 : 3
2. Polen	6	4	0	2	19 : 8	8 : 4
3. Holland	6	3	1	2	9 : 5	7 : 5
4. Luxemburg	6	0	0	6	4 : 24	0 : 12

Qualifiziert: Bulgarien.

Gruppe 9: Peru–Bolivien 1 : 2, 3 : 0, Peru–Argentinien 1 : 0, 2 : 2, Bolivien–Argentinien 3 : 1, 1 : 0.

1. Peru	4	2	1	1	7 : 4	5 : 3
2. Bolivien	4	2	0	2	5 : 6	4 : 4
3. Argentinien	4	1	1	2	4 : 6	3 : 5

Qualifiziert: Peru.

Gruppe 10: Brasilien–Paraguay 3 : 0, 1 : 0, Brasilien–Kolumbien 2 : 0, 6 : 2, Brasilien–Venezuela 5 : 0, 6 : 0, Paraguay–Kolumbien 1 : 0, 2 : 1, Paraguay–Venezuela 2 : 0, 1 : 0, Kolumbien–Venezuela 3 : 0, 1 : 1.

1. Brasilien	6	6	0	0	23 : 2	12 : 0
2. Paraguay	6	4	0	2	6 : 5	8 : 4
3. Kolumbien	6	1	1	4	7 : 12	3 : 9
4. Venezuela	6	0	1	5	1 : 18	1 : 11

Qualifiziert: Brasilien.

Gruppe 11: Uruguay–Chile 0 : 0, 2 : 0, Uruguay–Ekuador 2 : 0, 1 : 0, Chile–Ekuador 4 : 1, 1 : 1.

1. Uruguay	4	3	1	0	5 : 0	7 : 1
2. Chile	4	1	2	1	5 : 4	4 : 4
3. Ekuador	4	0	1	3	2 : 8	1 : 7

Qualifiziert: Uruguay.

Gruppe 12: Untergruppe I: Honduras–Costarica 1 : 0, 1 : 1, Honduras–Jamaika 3 : 1, 2 : 0, Costarica–Jamaika 3 : 0, 3 : 1.

1. Honduras	4	3	1	0	7 : 2	7 : 1
2. Costarica	4	2	1	1	7 : 3	5 : 3
3. Jamaika	4	0	0	4	2 : 11	0 : 8

Untergruppe II: Haiti–Guatemala 2 : 0, 1 : 1, Haiti–Trinidad 4 : 0, 2 : 4, Guatemala–Trinidad 4 : 0, 0 : 0.

1. Haiti	4	2	1	1	9 : 5	5 : 3
2. Guatemala	4	1	2	1	5 : 3	4 : 4
3. Trinidad	4	1	1	2	4 : 10	3 : 5

Untergruppe III: El Salvador–Surinam 6 : 0, 4 : 1, El Salvador–Niederl.-Antillen 1 : 0, 2 : 1, Surinam–Niederl.-Antillen 6 : 0, 0 : 2.

1. El Salvador	4	4	0	0	13 : 2	8 : 0
2. Surinam	4	1	0	3	7 : 12	2 : 6
3. Niederl.-Antillen	4	1	0	3	3 : 9	2 : 6

Untergruppe IV: USA–Kanada 2 : 4, 1 : 0, USA–Bermudas 6 : 2, 2 : 0, Kanada–Bermudas 4 : 0, 0 : 0.

1. USA	4	3	0	1	11 : 6	6 : 2
2. Kanada	4	2	1	1	8 : 3	5 : 3
3. Bermudas	4	0	1	3	2 : 12	1 : 7

Zwischenrunde der Untergruppensieger: Haiti–USA 2 : 0, 1 : 0, El Salvador–Honduras 0 : 1, 3 : 0, 3 : 2.

Endausscheidung der Gruppe 12: El Salvador–Haiti 2 : 1, 0 : 3, 1 : 0. *Qualifiziert:* El Salvador.

Gruppe 13: Untergruppe I: Australien–Südkorea 2 : 1, 1 : 1, Australien–Japan 3 : 1, 1 : 1, Südkorea–Japan 2 : 2, 2 : 0.

1. Australien	4	2	2	0	7 : 4	6 : 2
2. Südkorea	4	1	2	1	6 : 5	4 : 4
3. Japan	4	0	2	2	4 : 8	2 : 6

Ausscheidungsspiel Untergruppensieger 1 (Australien) gegen Rhodesien (Afrika): Australien–Rhodesien 1 : 1, 0 : 0, 3 : 1.

Untergruppe II: Nordkorea disqualifiziert wegen Ablehnung eines Spiels in Israel, Israel–Neuseeland 4 : 0, 2 : 0.

Endausscheidung der Gruppe 13: Israel–Australien 1 : 0, 1 : 1. *Qualifiziert:* Israel.

Gruppe 14: Untergruppe I: Tunis–Algerien 2 : 1, 0 : 0. – *Untergruppe II:* Marokko–Senegal 1 : 0, 1 : 2, 2 : 0. – *Untergruppe III:* Äthiopien–Libyen 5 : 1, 0 : 2. – *Untergruppe IV:* Sudan–Zambia 2 : 4, 4 : 2 (Sudan qualifiziert, weil es im zweiten Spiel mehr Tore erzielte). – *Untergruppe V:* Nigeria–Kamerun 1 : 1, 3 : 2. – *Untergruppe VI:* Ghana (Freilos). – Zwischenrunde der *Gruppensieger:* Marokko–Tunis 0 : 0, 0 : 0, 2 : 2 (Los für Marokko), Sudan–Äthiopien 1 : 1, 3 : 1, Nigeria–Ghana 2 : 1, 2 : 1. – *Endausscheidung der Zwischenrundensieger:* Marokko–Nigeria 2 : 1, 0 : 2, Marokko–Sudan 0 : 0, 3 : 0, Nigeria–Sudan 2 : 2, 3 : 3.

1. Marokko	4	2	1	1	5:3	5:3
2. Nigeria	4	1	2	1	8:7	4:4
3. Sudan	4	0	3	1	5:8	3:5

Qualifiziert: Marokko.

England als Weltmeister und Mexiko als Veranstalter ohne Qualifikation teilnahmeberechtigt.

Endrunde
(16 Teilnehmer)

Gruppe 1: UdSSR–Mexiko 0 : 0, Belgien–El Salvador 3 : 0, UdSSR–Belgien 4 : 1, Mexiko–El Salvador 4 : 0, UdSSR–El Salvador 2 : 0, Mexiko–Belgien 1 : 0.

1. UdSSR	3	2	1	0	6:1	5:1
2. Mexiko	3	2	1	0	5:0	5:1
3. Belgien	3	1	0	2	4:5	2:4
4. El Salvador	3	0	0	3	0:9	0:6

Gruppe 2: Uruguay–Israel 2 : 0, Italien–Schweden 1 : 0, Uruguay–Italien 0 : 0, Schweden–Israel 1 : 1, Schweden–Uruguay 1 : 0, Israel–Italien 0 : 0.

1. Italien	3	1	2	0	1:0	4:2
2. Uruguay	3	1	1	1	2:1	3:3
3. Schweden	3	1	1	1	2:2	3:3
4. Israel	3	0	2	1	1:3	2:4

Gruppe 3: England–Rumänien 1 : 0, Brasilien–Tschechoslowakei 4 : 1, Rumänien–Tschechoslowakei 2 : 1, Brasilien–England 1 : 0, Brasilien–Rumänien 3 : 2, England–Tschechoslowakei 1 : 0.

1. Brasilien	3	3	0	0	8:3	6:0
2. England	3	2	0	1	2:1	4:2
3. Rumänien	3	1	0	2	4:5	2:4
4. Tschechoslowakei	3	0	0	3	2:7	0:6

Gruppe 4: Peru–Bulgarien 3 : 2, Deutschland–Marokko 2 : 1, Peru–Marokko 3 : 0, Deutschland–Bulgarien 5 : 2, Deutschland–Peru 3 : 1, Bulgarien–Marokko 1 : 1.

1. Deutschland	3	3	0	0	10:4	6:0
2. Peru	3	2	0	1	7:5	4:2
3. Bulgarien	3	0	1	2	5:9	1:5
4. Marokko	3	0	1	2	2:6	1:5

Viertelfinale: Uruguay–UdSSR 1 : 0, Italien–Mexiko 4 : 1, Brasilien–Peru 4 : 2, Deutschland–England 3 : 2.

Halbfinale: Italien–Deutschland 4 : 3, Brasilien–Uruguay 3 : 1.

Spiel um den dritten Platz: Deutschland–Uruguay 1 : 0.

Finale: Brasilien–Italien 4 : 1.

Brasilien: Felix, Carlos Alberto, Brito, Piazza, Everaldo, Clodoaldo, Gerson, Cezar, Rivelino, Jairzinho, Tostao, Pele, Fontana, Roberto, Marco Antonio, Edu.

Italien: Albertosi, Burgnich, Facchetti, Cera, Niccolai, Rosato, Bertini, Riva, Domenghini, Mazzola, de Sisti, Boninsegna, Furino, Rivera, Gori, Poletti.

Deutschland: Maier, Wolter, Vogts, Schulz, Fichtel, Höttges, Löhr, Haller, Grabowski, Beckenbauer, Overath, Seeler, Müller, Held, Schnellinger, Weber, Libuda, Patzke, Lorenz.

Torschützenkönig: Gerd Müller (Deutschland) 10 Tore.

Höchste Zuschauerzahl: Mexiko–UdSSR in Mexiko, 112000.

Niedrigste Zuschauerzahl: Bulgarien–Marokko in Leon, 3000.

Spielorte: Mexiko, Puebla, Toluca, Guadalajara, Leon.

X. Weltmeisterschaft

(13. Juni bis 7. Juli 1974 in Deutschland)

Ausscheidungen
(97 eingeschriebene Länder)

Gruppe 1: Ungarn–Malta 2:0, 3:0, Österreich–Malta 4:0, 2:0, Schweden–Ungarn 0:0, 3:3, Österreich–Schweden 2:0, 2:3, Österreich–Ungarn 2:2, 2:2, Schweden–Malta 7:0, 2:1.

1. Schweden	6	3	2	1	15:8	8:4
2. Österreich	6	3	2	1	14:7	8:4
3. Ungarn	6	2	4	0	12:7	8:4
4. Malta	6	0	0	6	1:20	0:12

Entscheidungsspiel zwischen den punkt- und torgleichen Schweden und Österreich in Gelsenkirchen: Schweden–Österreich 2:1. *Qualifiziert:* Schweden.

Gruppe 2: Italien–Luxemburg 4:0, 5:0, Italien–Schweiz 0:0, 2:0, Italien–Türkei 0:0, 1:0, Türkei–Schweiz 0:0, 2:0, Türkei–Luxemburg 3:0, 0:2, Schweiz–Luxemburg 1:0, 1:0.

1. Italien	6	4	2	0	12:0	10:2
2. Türkei	6	2	2	2	5:3	6:6
3. Schweiz	6	2	2	2	2:4	6:6
4. Luxemburg	6	1	0	5	2:14	2:10

Qualifiziert: Italien.

Gruppe 3: Belgien–Island 4:0, 4:0, Holland–Belgien 0:0, 0:0, Holland–Norwegen 9:0, 2:1, Holland–Island 5:0, 8:1, Belgien–Norwegen 2:0, 2:0, Norwegen–Island 4:1, 4:0.

1. Holland	6	4	2	0	24:2	10:2
2. Belgien	6	4	2	0	12:0	10:2
3. Norwegen	6	2	0	4	9:16	4:8
4. Island	6	0	0	6	2:29	0:12

Qualifiziert: Holland.

Gruppe 4: DDR–Rumänien 0:1, 2:0, DDR–Finnland 5:0, 5:1, DDR–Albanien 2:0, 4:1, Rumänien–Finnland 1:1, 9:0, Rumänien–Albanien 2:0, 4:1, Finnland–Albanien 1:0, 0:1

1. DDR	6	5	0	8	18:3	10:2
2. Rumänien	6	4	1	1	17:4	9:3
3. Finnland	6	1	1	4	3:21	3:9
4. Albanien	6	1	0	5	3:13	2:10

Qualifiziert: DDR.

Gruppe 5: Polen–England 0:0, 1:1, Polen–Wales 0:2, 3:0, England–Wales 1:0, 1:1.

1. Polen	4	2	1	1	6:3	5:3
2. England	4	1	2	1	3:4	4:4
3. Wales	4	1	1	2	3:5	3:5

Qualifiziert: Polen.

Gruppe 6: Bulgarien–Portugal 2:1, 2:2, Bulgarien–Nordirland 3:0, 0:0, Bulgarien–Zypern 4:0, 2:0, Portugal–Nordirland 1:1, 1:1, Portugal–Zypern 4:0, 1:0, Nordirland–Zypern 0:1, 3:0.

1. Bulgarien	6	4	2	0	13:13	10:2
2. Portugal	6	2	3	1	10:6	7:5
3. Nordirland	6	1	3	2	5:6	5:7
4. Zypern	6	1	0	5	1:14	2:10

Qualifiziert: Bulgarien.

Gruppe 7: Jugoslawien–Spanien 2:2, 0:0, Jugoslawien–Griechenland 1:0, 4:2, Spanien–Griechenland 3:2, 3:1.

1. Jugoslawien	4	2	2	0	7:4	6:2
2. Spanien	4	2	2	0	8:5	6:2
3. Griechenland	4	0	0	4	5:11	0:8

Qualifiziert: Jugoslawien (nach 1:0 im Entscheidungsspiel gegen Spanien in Frankfurt).

Gruppe 8: Schottland–Tschechoslowakei 2:1, 0:1, Schottland–Dänemark 4:1, 2:0, Tschechoslowakei–Dänemark 1:1, 6:0.

1. Schottland	4	3	0	1	8:3	6:2
2. Tschechoslowakei	4	2	1	1	9:3	5:3
3. Dänemark	4	0	1	3	2:12	1:7

Qualifiziert: Schottland.

Gruppe 9: Europa: UdSSR–Irland 2:1, 1:0, UdSSR–Frankreich 0:1, 2:0, Irland–Frankreich 2:1, 1:1.

1. UdSSR	4	3	0	1	5:2	6:2
2. Irland	4	1	1	2	4:5	3:5
3. Frankreich	4	1	1	2	3:5	3:5

Südamerika: Chile–Peru 0:2, 2:0 und 2:1 im Entscheidungsspiel; Venezuela verzichtete auf Teilnahme.
Ausscheidungsspiele: UdSSR–Chile 0:0, Chile–UdSSR 2:0 (UdSSR trat aus politischen Gründen in Chile nicht an; das Spiel wurde von der FIFA mit 2:0 für Chile gewertet).
Qualifiziert: Chile.

Gruppe 10: Turnier in Seoul: Japan–Südvietnam 4:0, Japan–Hongkong 0:1, Hongkong–Südvietnam 1:0.

1. Hongkong	2	2	0	0	2:0	4:0
2. Japan	2	1	0	1	4:1	2:2
3. Südvietnam	2	0	0	2	0:5	0:4

Turnier in Hongkong: Südkorea–Thailand 4:0, Israel–Malaysia 3:0, Israel–Thailand 6:0, Südkorea–Malaysia 3:0, Südkorea–Israel 0:0, Malaysia–Thailand 0:0.

1. Israel	3	2	1	0	9:0	5:1
2. Südkorea	3	1	2	0	4:0	4:2
3. Malaysia	3	1	1	1	2:3	3:3
4. Thailand	3	0	0	3	0:12	0:6

Halbfinale: Südkorea–Hongkong 3:1, Israel–Japan 1:0.

Untergruppenfinale: Südkorea–Israel 1:0 (Südkorea Untergruppensieger).

Turnier in Australien: Australien–Irak 3:1, 0:0, Australien–Indonesien 2:1, 6:0, Australien–Neuseeland 1:1, 3:3, Irak–Indonesien 1:1, 3:2, Irak–Neuseeland 2:0, 4:0, Indonesien–Neuseeland 1:1, 1:0.

1. Australien	6	3	3	0	15:6	9:3
2. Irak	6	3	2	1	11:6	8:4
3. Indonesien	6	1	2	3	6:13	4:8
4. Neuseeland	6	0	3	3	5:12	3:9

Turnier im Iran: Iran–Syrien 1:0, 0:1, Iran–Nordkorea 2:1, 0:0, Iran–Kuwait 2:0, 2:1, Syrien–Nordkorea 1:1, 0:3, Syrien–Kuwait 2:0, 2:1, Nordkorea–Kuwait 0:0, 0:2.

1. Iran	6	4	1	1	7:3	9:3
2. Syrien	6	3	1	2	6:3	7:5
3. Nordkorea	6	1	3	2	5:5	5:7
4. Kuwait	6	1	1	4	4:8	3:9

Untergruppenfinale: Australien–Iran 3:0, 0:2 (Australien Untergruppensieger)
Gruppenfinale Australien–Südkorea 0:0, 2:2 und 1:0 im Entscheidungsspiel.

Aus der Asien/Ozeanien-Gruppe zogen sich die Philippinen und Indien zurück. Für Indien wurde am 24. März 1973 (fast zwei Jahre nach dem offiziellen Meldeschluß) Nordkorea von der FIFA zugelassen.
Qualifiziert: Australien.

Gruppe 11: Uruguay–Kolumbien 0:0, 0:1, Uruguay–Ekuador 2:1, 4:0, Kolumbien–Ekuador 1:1, 1:1.

1. Uruguay	4	2	1	1	6:2	5:3
2. Kolumbien	4	1	3	0	3:2	5:3
3. Ekuador	4	0	2	2	3:8	2:6

Qualifiziert: Uruguay.

Gruppe 12: Argentinien–Paraguay 1:1, 3:1, Argentinien–Bolivien 4:0, 1:0, Paraguay–Bolivien 2:1, 4:0.

1. Argentinien	4	3	1	0	9:2	7:1
2. Paraguay	4	2	1	1	8:5	5:3
3. Bolivien	4	0	0	4	1:11	0:8

Qualifiziert: Argentinien.

Gruppe 13: Vorrunde 1: Mexiko–Kanada 1:0, 2:1, Mexiko–USA 3:1, 2:1, Kanada–USA 3:2, 2:2.

1. Mexiko	4	4	0	0	8:3	8:0
2. Kanada	4	1	1	2	6:7	3:5
3. USA	4	0	1	3	6:10	1:7

Vorrunde 2: Guatemala–El Salvador 1:0, 1:0. – *Vorrunde 3:* Honduras–Costarica 2:1, 3:3. – *Vorrunde 4:* Jamaika verzichtete, Niederl.-Antillen kampflos Vorrundensieger. – *Vorrunde 5:* Haiti–Puerto Rico 7:0, 5:0. – *Vorrunde 6:* Trinidad–Surinam 2:1, 1:1, Trinidad–Antigua 11:1, 6:0, Surinam–Antigua 3:1, 6:0.

1. Trinidad	4	3	1	0	20:3	7:1
2. Surinam	4	2	1	1	11:4	5:3
3. Antigua	4	0	0	4	2:26	0:8

Endturnier der Vorrundensieger: Honduras–Trinidad 2:1, Mexiko–Guatemala 0:0, Haiti–Niederl.-Antillen 3:0, Honduras–Mexiko 1:1, Haiti–Trinidad 2:1, Niederl.-Antillen–Guatemala 2:2, Haiti–Honduras 1:0, Mexiko–Niederl.-Antillen 8:0, Trinidad–Guatemala 1:0, Honduras–Niederl.-Antillen 2:2, Haiti–Guatemala 2:1, Trinidad–Mexiko 4:0, Honduras–Guatemala 1:1, Trinidad–Niederl.-Antillen 4:0, Mexiko–Haiti 1:0.

1. Haiti	5	4	0	1	8:3	8:2
2. Trinidad	5	3	0	2	11:4	6:4
3. Mexiko	5	2	2	1	10:5	6:4
4. Honduras	5	1	3	1	6:6	5:5
5. Guatemala	5	0	3	2	4:6	3:7
6. Antillen	5	0	2	3	4:19	2:8

Qualifiziert: Haiti.

Gruppe 14: Vorrunde 1: Marokko–Senegal 0:0, 2:1. – Vorrunde 2: Guinea–Algerien 0:1, 5:1. – Vorrunde 3: Tunesien–Ägypten 1:2, 2:0. – Vorrunde 4: Elfenbeinküste–Sierra Leone 1:0, 2:0. – Vorrunde 5: Sambia–Lesotho 0:0, 6:1. – Vorrunde 6: Kenia–Sudan 2:0, 0:1. – Vorrunde 7: Nigeria–Kongo/Brazzaville 2:1, 1:1. – Vorrunde 8: Ghana–Dahomey 5:0, 5:1. – Vorrunde 9: Zaire–Togo 0:0, 4:0. – Vorrunde 10: Äthiopien–Tansania 0:0, 1:0, 3:0. – Vorrunde 11: Madagaskar verzichtete, Mauritius Vorrundensieger. – Vorrunde 12: Gabun verzichtete, Kamerun Vorrundensieger. – Zwischenrunde 1: Marokko–Guinea 1:1, 2:0. – Zwischenrunde 2: Elfenbeinküste–Tunesien 1:1, 2:1. – Zwischenrunde 3: Kenia–Mauritius 3:1, 2:2. – Zwischenrunde 4: Sambia–Äthiopien 0:0, 4:2. – Zwischenrunde 5: Ghana–Nigeria 3:2 (abgebrochen, von der FIFA mit 2:0 für Ghana gewertet), 0:0. – Zwischenrunde 6: Zaire–Kamerun 1:0, 0:1, 2:0. – Vorschlußrunde 1: Marokko–Elfenbeinküste 1:1, 4:1. – Vorschlußrunde 2: Sambia–Kenia 2:0, 2:2. – Vorschlußrunde 3: Zaire–Ghana 0:1, 4:1. – Endrunde der Vorschlußrundensieger: Zaire–Sambia 2:0, 2:1, Zaire–Marokko 3:0, 2:0 (Marokko sagte das Heimspiel gegen Zaire ab, weil zu diesem Zeitpunkt selbst schon ausgeschaltet, FIFA entschied auf 2:0 für Zaire), Sambia–Marokko 0:2, 4:0.

1. Zaire	4	4	0	0	9:1	8:0
2. Sambia	4	1	0	3	5:6	2:6
3. Marokko	4	1	0	3	2:9	2:6

Qualifiziert: Zaire.

Brasilien als Weltmeister und Deutschland als Gastgeber ohne Qualifikation teilnahmeberechtigt.

Endrunde
(16 Teilnehmer)

1. Finalrunde

Gruppe 1

Deutschland–Chile 1:0 (1:0) am 14. Juni in Berlin.

Deutschland: Maier, Vogts, Schwarzenbeck, Beckenbauer, Breitner, Hoeneß, Cullmann, Overath (76. Hölzenbein), Grabowski, Müller, Heynckes.
Chile: Vallejos, Garcia, Figueroa, Quintano, Arias, Valdez (79. Veliz), Rodrigues (84. Lara), Reinoso, Caszely, Ahumada, Paez.

Tor: Breitner (16.).

Schiedsrichter: Dogan Babacan (Türkei).

Zuschauer: 83168.

DDR–Australien 2:0 (1:0) am 14. Juni in Hamburg.

DDR: Croy, Kische, Bransch, Weise, Wätzlich, Sparwasser, Irmscher, Pommerenke, Löwe (55. Hoffmann), Streich, Vogel.
Australien: Reilly, Utjesenovic, Schäfer, Wilson, Curran, Richards, Mackay, Rooney, Warren, Alston, Buljevic.

Tore: Curran/Eigentor nach Schuß von Sparwasser (56.), Streich (69.).

Schiedsrichter: Youssoupha N'Diaye (Senegal).

Zuschauer: 15000.

Chile–DDR 1:1 (0:0) am 18. Juni in Berlin.

Chile: Vallejos, Garcia, Figueroa, Quintano, Arias, Valdez (46. Yavar), Reinoso, Paez, Socias (65. Farias), Ahumada, Veliz.
DDR: Croy, Kische, Bransch, Weise, Wätzlich, Seguin (73. Kreische), Irmscher, Sparwasser, Hoffmann, Streich, Vogel (29. Ducke).

Tore: Hoffmann (56.), Ahumada (68.).

Schiedsrichter: Aurelio Angonese (Italien).

Zuschauer: 29696.

Deutschland–Australien 3:0 (2:0) am 17. Juni in Hamburg.

Deutschland: Maier, Vogts, Schwarzenbeck, Beckenbauer, Breitner, Hoeneß, Cullmann (67. Wimmer), Overath, Grabowski, Müller, Heynckes (46. Hölzenbein).
Australien: Reilly, Utjesenovic, Schäfer, Wilson, Curran, Richards, Rooney, Mackay, Campbell (46. Abonyi), Alston, Buljevic (60. Ollerton).

Tore: Overath (13.), Cullmann (35.), Müller (53.).

Schiedsrichter: Mustafa Kamel (Ägypten).

Zuschauer: 55000.

Australien–Chile 0:0 am 22. Juni in Berlin.

Australien: Reilly, Utjesenovic, Wilson, Schäfer, Curran (79. Williams), Richards, Rooney, Mackay, Alston (66. Ollerton), Buljevic.
Chile: Vallejos, Garcia, Quintano, Figueroa, Arias, Paez, Caszely, Reinoso, Valdez (57. Farias), Veliz (72. Yavar).

Schiedsrichter: Jafar Namdar (Iran).

Zuschauer: 16038.

DDR–Deutschland 1:0 (0:0) am 22. Juni in Hamburg.

DDR: Croy, Kische, Weise, Bransch, Wätzlich, Lauck, Irmscher (65. Hamann), Kreische, Kurbjuweit, Sparwasser, Hoffmann.
Deutschland: Maier, Vogts, Schwarzenbeck (68. Höttges), Beckenbauer, Breitner, Hoeneß, Cullmann, Overath (69. Netzer), Grabowski, Müller, Flohe.

Tor: Sparwasser (78.).

Schiedsrichter: Ramon Barreto (Uruguay).

Zuschauer: 60341.

Schlußtabelle

1.	DDR	3	2	1	0	4:1	5:1
2.	Deutschland	3	2	0	1	4:1	4:2
3.	Chile	3	0	2	1	1:1	2:4
4.	Australien	3	0	1	2	0:5	1:5

Gruppe 2

Brasilien–Jugoslawien 0:0 am 13. Juni in Frankfurt.

Brasilien: Leao, Nelinho, Mario Marinho, Pereira, Francisco Marinho, Piazza, Rivelino, Paulo Cesar I, Valdomiro, Jairzinho, Leivinha.
Jugoslawien: Maric, Buljan, Katalinski, Bogicevic, Enver Hadziabdic, Muzinic, Oblak, Acimovic, Petkovic, Surjak, Dzajic.

Schiedsrichter: Rudolf Scheurer (Schweiz).

Zuschauer: 61500.

Schottland–Zaire 2:0 (2:0) am 15. Juni in Dortmund.

Schottland: Harvey, Jardine, McGrain, Bremner, Holton, Blackley, Dalglish (75. Hutchinson), Hay, Lorimer, Jordan, Law.
Zaire: Kazadi, Mwepu, Mukombo, Bwanga, Lobilo, Kilasu, Mayanga (68. Kembo), Mana, Ndaye, Kidumu (75. Kibonge), Kakoko.

Tore: Lorimer (21.), Jordan (33.).

Schiedsrichter: Kurt Schulenburg (Deutschland).

Zuschauer: 20000.

Jugoslawien–Zaire 9:0 (6:0) am 18. Juni in Gelsenkirchen.

Jugoslawien: Maric, Buljan, Katalinski, Bogicevic, Enver Hadziabdic, Acimovic, Oblak, Surjak, Petkovic, Bajevic, Dzajic.
Zaire: Kazadi (21. Tubilando), Mwepu, Mukombo, Bwanga, Lobilo, Kilasu, Ndaye, Mana, Kembo, Kidumu, Kakoko (46. Mayanga).

Tore: Bajevic (6., 29., 70.), Dzajic (13.), Surjak (18.), Katalinski (20.), Bogicevic (34.), Oblak (60.), Petkovic (62.).

Schiedsrichter: Omar Delgado (Kolumbien).

Zuschauer: 23000.

Schottland–Brasilien 0:0 am 18. Juni in Frankfurt.

Schottland: Harvey, Jardine, McGrain, Buchan, Holton, Bremner, Dalglish, Hay, Morgan, Jordan, Lorimer.
Brasilien: Leao, Nelinho, Pereira, Mario Marinho, Francisco Marinho, Piazza, Rivelino, Paulo Cesar I, Jairzinho, Mirandinha, Leivinha (66. Paulo Cesar II).

Schiedsrichter: Arie van Gemert (Holland).

Zuschauer: 61500.

Jugoslawien–Schottland 1:1 (0:0) am 22. Juni in Frankfurt.

Jugoslawien: Maric, Buljan, Katalinski, Bogicevic, Enver Hadziabdic, Oblak, Surjak, Acimovic, Petkovic, Bajevic (72. Karasi), Dzajic.
Schottland: Harvey, Jardine, Buchan, Holton, McGrain, Bremner, Hay, Dalglish (65. Hutchinson), Morgan, Jordan, Lorimer.

Tore: Karasi (81.), Jordan (89.).

Schiedsrichter: Gonzales Archundia (Mexiko).

Zuschauer: 56000.

Brasilien–Zaire 3:0 (1:0) am 22. Juni in Gelsenkirchen.

Brasilien: Leao, Nelinho, Pereira, Mario Marinho, Francisco Marinho, Piazza (60. Mirandinha), Rivelino, Paulo Cesar I, Jairzinho, Leivinha (12. Valdomiro), Edu.
Zaire: Kazadi, Mwepu, Mukombo, Bwanga, Lobilo, Kibonge, Tschinabu (80. Kembo), Mana, Ntumba, Kidumu (61. Kilasu), Mayanga.

Tore: Jairzinho (14.), Rivelino (67.), Valdomiro (79.).

Schiedsrichter: Nicolae Rainea (Rumänien).

Zuschauer: 37200.

Schlußtabelle

1.	Jugoslawien	3	1	2	0	10:1	4:2
2.	Brasilien	3	1	2	0	3:0	4:2
3.	Schottland	3	1	2	0	3:1	4:2
4.	Zaire	3	0	0	3	0:14	0:6

Gruppe 3

Holland–Uruguay 2:0 (1:0) am 15. Juni in Hannover.

Holland: Jongbloed, Suurbier, Rijsbergen, Haan, Krol, Jansen, Neeskens, van Hanegem, Rep, Cruyff, Rensenbrink.
Uruguay: Mazurkiewicz, Forlan, Masnik, Jaureguy, Pavoni, Esparrago, Castillo, Rocha, Cubilla (65. Milar), Morena, Mantegazza.

Tore: Rep (7., 87.).

Schiedsrichter: Karoly Palotai (Ungarn).

Zuschauer: 55000.

Schweden–Bulgarien 0:0 am 15. Juni in Düsseldorf.

Schweden: Hellström, Olsson, Karlsson, Larsson, Andersson, Grahn, Kindvall, Tapper, Torstensson, Sandberg, Edström.
Bulgarien: Goranov, Vassilev, Ivkov, Penev, Velitschkov, Kolev, Bonev, Nikoimov, Voinov (71. Michailov), Panov (73. Vassiliev), Denev.

Schiedsrichter: Edison Perez Nunez (Peru).

Zuschauer: 20000.

Holland–Schweden 0:0 am 19. Juni in Dortmund.

Holland: Jongbloed, Suurbier, Rijsbergen, Haan, Krol, Jansen, Neeskens, van Hanegem (73. de Jong), Rep, Cruyff, Keizer.
Schweden: Hellström, Olsson (74. Grip), Andersson, Karlsson, Nordquist, Larsson, Eiderstedt, Tapper (61. Persson), Grahn, Edström, Sandberg.

Schiedsrichter: Werner Winsemann (Kanada).

Zuschauer: 54000.

Uruguay–Bulgarien 1:1 (0:0) am 19. Juni in Hannover.

Uruguay: Mazurkiewicz, Forlan, Garisto (71. Masnik), Jaureguy, Pavoni, Esparrago, Mantegazza (64. Cardaccio), Rocha, Milar, Morena, Corbo.
Bulgarien: Goranov, Vassilev, Ivkov, Penev, Velitschkov, Kolev, Bonev, Nikoimov (63. Michailov), Voinov, Panov, Denev.

Tore: Bonev (75.), Pavoni (87.).

Schiedsrichter: John Taylor (England).

Zuschauer: 10000.

Holland–Bulgarien 4:1 (2:0) am 23. Juni in Dortmund.

Holland: Jongbloed, Suurbier, Rijsbergen, Haan, Krol, Jansen, Neeskens (79. de Jong), van Hanegem (46. Israel), Rep, Cruyff, Rensenbrink.
Bulgarien: Staikov, Velitschkov, Ivkov, Penev, Vassilev, Kolev, Stojanov, Bonev, Voinov, Panov (57. Borissov), Denev.

Tore: Neeskens (5., Elfmeter, 44., Elfmeter), Rep (71.), Krol (78., Eigentor), de Jong (87.).

Schiedsrichter: Tony Boskovic (Australien).

Zuschauer: 53790.

Schweden–Uruguay 3:0 (0:0) am 23. Juni in Düsseldorf.

Schweden: Hellström, Andersson, Nordquist, Karlsson, Grip, Grahn, Kindvall, Larsson (77. Torstensson), Magnusson (62. Ahlström), Edström, Sandberg.
Uruguay: Mazurkiewicz, Forlan, Jaureguy, Garisto, Pavoni, Esparrago, Mantegazza, Rocha, Milar, Morena, Corbo.

Tore: Edström (46., 78), Sandberg (74.).

Schiedsrichter: Erich Linemayr (Österreich).

Zuschauer: 20000.

Schlußtabelle

1.	Niederlande	3	2	1	0	6:1	5:1
2.	Schweden	3	1	2	0	3:0	4:2
3.	Bulgarien	3	0	2	1	2:5	2:4
4.	Uruguay	3	0	1	2	1:6	1:5

Gruppe 4

Italien–Haiti 3:1 (0:0) am 15. Juni in München.

Italien: Zoff, Spinosi, Morini, Burgnich, Facchetti, Mazzola, Capello, Rivera, Benetti, Chinaglia (69. Anastasi), Riva.
Haiti: Francillon, Bayonne, Nazaire, Jean-Joseph, Auguste, François, Vorbe, Desir, Antoine, Saint-Vil (73. Barthelemy), Sanon.

Tore: Sanon (46.), Rivera (52.), Benetti (66.), Anastasi (78.).

Schiedsrichter: Vicente Llobregat (Venezuela).

Zuschauer: 60000.

Polen–Argentinien 3:2 (2:0) am 15. Juni in Stuttgart.

Polen: Tomaszewski, Szymanowski, Zmuda, Gorgon, Musial, Kasperczak, Maszczyk, Deyna, Lato, Szarmach (72. Domarski), Gadocha (83. Cmikiewicz).
Argentinien: Carnevali, Wolff, Perfumo, Heredia, Sa, Bargas (69. Telch), Brindisi (46. Houseman), Babington, Balbuena, Ayala, Kempes.

Tore: Lato (6., 64.), Szarmach (8.), Heredia (62.), Babington (67.).

Schiedsrichter: Clive Thomas (Wales).

Zuschauer: 30000.

Italien–Argentinien 1:1 (1:1) am 19. Juni in Stuttgart.

Italien: Zoff, Spinosi, Morini (66. Wilson), Burgnich, Facchetti, Mazzola, Capello, Rivera (66. Causio), Benetti, Riva, Anastasi. *Argentinien:* Carnevali, Wolff (60. Glaria), Perfumo, Heredia, Sa, Telch, Houseman, Babington, Ayala, Kempes, Yazalde (77. Chazaretta).

Tore: Houseman (19.), Perfumo (34., Eigentor).

Schiedsrichter: Pawel Kasakow (UdSSR).

Zuschauer: 73000.

Polen–Haiti 7:0 (5:0) am 19. Juni in München.

Polen: Tomaszewski, Szymanowski, Zmuda, Gorgon, Musial (71. Gut), Kasperczak, Maszczyk (65. Cmikiewicz), Deyna, Lato, Szarmach, Gadocha. *Haiti:* Francillon, Bayonne, Nazaire, Andre (37. Barthelemy), Auguste, François, Vorbe, Desir, Antoine, Sanon, Saint-Vil (46. Racine).

Tore: Lato (17., 87.), Deyna (18.), Szarmach (30., 34., 50.), Gorgon (32.).

Schiedsrichter: Govindasamy Suppiah (Singapur).

Zuschauer: 20000.

Argentinien–Haiti 4:1 (2:0) am 23. Juni in München.

Argentinien: Carnevali, Wolff, Perfumo, Heredia, Sa, Babington, Telch, Houseman (59. Brindisi), Yazalde, Ayala, Kempes (57. Balbuena). *Haiti:* Francillon, Ducoste, Bayonne, Nazaire (25. Mario Leandre), Louis, Vorbe, Desir, Saint-Vil (54. Fritz Leandre), Antoine, Racine, Sanon.

Tore: Yazalde (14., 66.), Houseman (17.), Ayala (58.), Sanon (63.).

Schiedsrichter: Pablo Sanchez-Ibanez (Spanien).

Zuschauer: 17000.

Polen–Italien 2:1 (2:0) am 23. Juni in Stuttgart.

Polen: Tomaszewski, Szymanowski, Zmuda, Gorgon, Musial, Maszczyk, Deyna, Kasperczak, Lato, Szarmach (75. Cmikiewicz), Gadocha. *Italien:* Zoff, Spinosi, Morini, Burgnich (33. Wilson), Facchetti, Mazzola, Benetti, Capello, Causio, Chinaglia (46. Boninsegna).

Tore: Szarmach (39.), Deyna (44.), Capello (87.).

Schiedsrichter: Hans-Joachim Weyland (Deutschland).

Zuschauer: 73058.

Schlußtabelle

1. Polen	3	3	0	0	12:3	6:0
2. Argentinien	3	1	1	1	7:5	3:3
3. Italien	3	1	1	1	5:4	3:3
4. Haiti	3	0	0	3	2:14	0:6

2. Finalrunde

Gruppe A

Brasilien–DDR 1:0 (0:0) am 26. Juni in Hannover.

Brasilien: Leao, Zemaria, Pereira, Mario Marinho, Francisco Marinho, Paulo Cesar I, Rivelino, Paulo Cesar II, Valdomiro, Jairzinho, Dirceu. *DDR:* Croy, Kische, Bransch, Weise, Wätzlich, Lauck (66. Löwe), Sparwasser, Hamann (46. Irmscher), Kurbjuweit, Streich, Hoffmann.

Tor: Rivelino (61.).

Schiedsrichter: Clive Thomas (Wales).

Zuschauer: 55000.

Holland–Argentinien 4:0 (2:0) am 26. Juni in Gelsenkirchen.

Holland: Jongbloed, Suurbier (86. Israel), Rijsbergen, Haan, Krol, Jansen, Neeskens, van Hanegem, Rep, Cruyff, Rensenbrink. *Argentinien:* Carnevali, Wolff (46. Glaria), Perfumo, Heredia, Sa, Squeo, Telch, Houseman (64. Kempes), Balbuena, Yazalde, Ayala.

Tore: Cruyff (12., 90.), Krol (24.), Rep (74.).

Schiedsrichter: Robert Davidson (Schottland).

Zuschauer: 57000.

Brasilien–Argentinien 2:1 (1:1) am 30. Juni in Hannover.

Brasilien: Leao, Zemaria, Luis Pereira, Mario Marinho, Francisco Marinho, Rivelino, Paulo Cesar I, Paulo Cesar II, Valdomiro, Jairzinho, Dirceu. *Argentinien:* Carnevali, Glaria, Bargas, Heredia, Sa (46. Carrascosa), Brindisi, Squeo, Babington, Balbuena, Ayala, Kempes (46. Houseman).

Tore: Rivelino (31.), Brindisi (34.), Jairzinho (48.).

Schiedsrichter: Vital Loraux (Belgien).

Zuschauer: 29500.

Holland–DDR 2:0 (1:0) am 30. Juni in Gelsenkirchen.

Holland: Jongbloed, Suurbier, Rijsbergen, Haan, Krol, Jansen, Neeskens, van Hanegem, Rep, Cruyff, Rensenbrink. *DDR:* Croy, Kische, Weise, Bransch, Kurbjuweit, Lauck (65. Kreische), Schnuphase, Sparwasser, Pommerenke, Löwe (55. Ducke), Hoffmann.

Tore: Neeskens (8.), Rensenbrink (59.).

Schiedsrichter: Rudolf Scheurer (Schweiz).

Zuschauer: 69971.

Holland–Brasilien 2:0 (0:0) am 3. Juli in Dortmund.

Holland: Jongbloed, Suurbier, Rijsbergen, Haan, Krol, Jansen, Neeskens (84. Israel), van Hanegem, Rep, Cruyff, Rensenbrink (67. de Jong). *Brasilien:* Leao, Zemaria, Luis Pereira, Mario Marinho, Francisco Marinho, Paulo Cesar I (62. Mirandinho), Rivelino, Paulo Cesar II, Valdomiro, Jairzinho, Dirceu.

Tore: Neeskens (50.), Cruyff (65.).

Schiedsrichter: Kurt Tschenscher (Deutschland).

Zuschauer: 54000.

DDR–Argentinien 1:1 (1:1) am 3. Juli in Gelsenkirchen.

DDR: Croy, Kische, Weise, Bransch, Kurbjuweit, Sparwasser, Schnuphase, Pommerenke, Löwe (66. Vogel), Streich (80. Ducke), Hoffmann. *Argentinien:* Fillol, Wolff, Heredia, Bargas, Carrascosa, Telch, Brindisi, Babington, Houseman, Ayala, Kempes.

Tore: Streich (14.), Houseman (22.).

Schiedsrichter: John Taylor (England).

Zuschauer: 30000.

Schlußtabelle

1.	Holland	3	3	0	0	8:0	6:0
2.	Brasilien	3	2	0	1	3:3	4:2
3.	DDR	3	0	1	2	1:4	1:5
4.	Argentinien	3	0	1	2	2:7	1:5

Gruppe B

Deutschland–Jugoslawien 2:0 (1:0) am 26. Juni in Düsseldorf.

Deutschland: Maier, Vogts, Beckenbauer, Schwarzenbeck, Breitner, Wimmer (66. Hoeneß), Bonhof, Overath, Hölzenbein (73. Flohe), Müller, Herzog.
Jugoslawien: Maric, Hadziabdic, Katalinski, Muzinic, Buljan, Acimovic, Surjak, Oblak (78. Petkovic), Popivoda, Karasi, Dzajic (78. Jerkovic).

Tore: Breitner (38.), Müller (77.).

Schiedsrichter: Armando Marques (Brasilien).

Zuschauer: 67000.

Polen–Schweden 1:0 (1:0) am 26. Juni in Stuttgart.

Polen: Tomaszewski, Gut, Gorgon, Zmuda, Szymanowski, Kasperczak, Deyna, Maszczyk, Lato, Szarmach (63. Cmikiewicz), Gadocha.
Schweden: Hellström, Andersson (63. Augustsson), Grip, Nordquist, Tapper (80. Ahlström), Larsson, Torstensson, Grahn, Karlsson, Edström, Sandberg.

Tor: Lato (43.).

Schiedsrichter: Ramon Barreto (Uruguay).

Zuschauer: 35000 (47000 verkaufte Karten!).

Polen–Jugoslawien 2:1 (1:1) am 30. Juni in Frankfurt.

Polen: Tomaszewski, Szymanowski, Gorgon, Zmuda, Musial, Kasperczak, Maszczyk, Deyna (80. Domarski), Lato, Szarmach (58. Cmikiewicz), Gadocha.
Jugoslawien: Maric, Buljan, Katalinski, Bogicevic, Hadziabdic, Karasi, Oblak (19. Jerkovic), Acimovic, Petkovic (80. Petrovic), Bajevic, Surjak.

Tore: Deyna (26., Elfmeter), Karasi (43.), Lato (64.).

Schiedsrichter: Rudolf Glöckner (DDR).

Zuschauer: 57000.

Deutschland–Schweden 4:2 (0:1) am 30. Juni in Düsseldorf.

Deutschland: Maier, Vogts, Schwarzenbeck, Beckenbauer, Breitner, Hoeneß, Bonhof, Overath, Hölzenbein (83. Flohe), Müller, Herzog (65. Grabowski).
Schweden: Hellström, Olsson, Karlsson, Nordquist, Augustsson, Tapper, Larsson (34. Eiderstedt), Grahn, Torstensson, Edström, Sandberg.

Tore: Edström (27.), Overath (50.), Bonhof (51.), Sandberg (53.), Grabowski (78.), Hoeneß (90., Foulelfmeter).

Schiedsrichter: Pawel Kasakow (UdSSR).

Zuschauer: 67861.

Deutschland–Polen 1:0 (0:0) am 3. Juli in Frankfurt.

Deutschland: Maier, Vogts, Schwarzenbeck, Beckenbauer, Breitner, Hoeneß, Bonhof, Overath, Grabowski, Müller, Hölzenbein.
Polen: Tomaszewski, Szymanowski, Gorgon, Zmuda, Musial, Kasperczak (79. Cmikiewicz), Deyna, Maszczyk (79. Kmiecik), Lato, Domarski, Gadocha.

Tor: Müller (76.).

Schiedsrichter: Erich Linemayr (Österreich).

Zuschauer: 61249.

Schweden–Jugoslawien 2:1 (1:1) am 3. Juli in Düsseldorf.

Schweden: Hellström, Olsson, Karlsson, Nordquist, Augustsson, Tapper, Grahn, Persson, Torstensson, Edström, Sandberg.
Jugoslawien: Maric, Buljan, Katalinski, Hadziabdic, Pavlovic (78. Peruzovic), Bogicevic, Acimovic, Jerkovic, Petrovic (69. Karasi), Surjak, Dzajic.

Tore: Surjak (27.), Edström (30.), Torstensson (86.).

Schiedsrichter: Luis Pestarino (Argentinien).

Zuschauer: 15000.

Schlußtabelle

1.	Deutschland	3	3	0	0	7:2	6:0
2.	Polen	3	2	0	1	3:2	4:2
3.	Schweden	3	1	0	2	4:6	2:4
4.	Jugoslawien	3	0	0	3	2:6	0:6

Spiel um den dritten Platz

Polen–Brasilien 1:0 (0:0) am 6. Juli in München.

Polen: Tomaszewski, Szymanowski, Gorgon, Zmuda, Musial, Kasperczak (73. Cmikiewicz), Maszczyk, Deyna, Lato, Szarmach (73. Kapka), Gadocha.
Brasilien: Leao, Zemaria, Maria Marinho, Alfredo, Francisco Marinho, Rivelino, Paulo Cesar II, Ademir (66. Mirandinha), Valdomiro, Jairzinho, Dirceu.

Tor: (Lato 76.).

Schiedsrichter: Aurelio Angonese (Italien).

Zuschauer: 75334.

Endspiel

Deutschland–Holland 2:1 (2:1) am 7. Juli in München.

Deutschland: Maier, Vogts, Schwarzenbeck, Beckenbauer, Breitner, Hoeneß, Bonhof, Overath, Grabowski, Müller, Hölzenbein.
Holland: Jongbloed, Suurbier, Rijsbergen, Haan, Krol, Jansen, van Hanegem, Neeskens, Rep, Cruyff, Rensenbrink (46. van de Kerkhof).

Tore: Neeskens (2., Elfmeter), Breitner (25., Elfmeter), Müller (43.).

Schiedsrichter: John Taylor (England).

Zuschauer: 75334.

Inhalt

FOTONACHWEIS

Farbfotos: Giuliano Bevilacqua, Stockholm (13), Colorsports, London (6), dpa, Frankfurt (40), Horst Müller, Düsseldorf (22), Christa Metelmann, Hamburg (3), Maria Mühlberger, München (12), Sven Simon, Essen (22), VSW, München (39), WEREK, München (6), Wilfried Witters, Hamburg (11).

Schwarzweißfotos: AP, Frankfurt (1), Victor Banciulescu, Bukarest (1), Dr. Friedebert Becker, Gmund (2), dpa, Frankfurt (7), Dieter Hennig, Düsseldorf (5), Karl-Heinz Huba, München (7), Christa Metelmann, Hamburg (1), Nordbild Kaiser, Hamburg (1), Pressebild-Agentur Schirner, Düsseldorf (11), Ernst Werner, Travemünde (1).